# 劳动创造美好生活——劳动教育教程（第二版）

主　编　朱学荣　郭　宇
副主编　高　妍　牛　慧　魏　波　段金凯　袁玮荣　韩　奕

同济大学出版社
·上海·

## 内 容 提 要

本书是"十四五"职业教育国家规划教材的修订版。全书分为劳动认知篇、劳动保障篇和劳动实践篇。劳动认知篇全面阐述了劳动的概念、意义，劳动观、劳动教育的内涵，劳动在人类文明演进中的轨迹、中国文化中的劳动之美，中国志愿服务实践和志愿服务精神，劳动精神、劳模精神、工匠精神和职业安全问题，并介绍了具有劳动教育意义的影视作品。劳动保障篇系统介绍了劳动法体系、劳动用工和劳动争议解决途径。劳动实践篇精心设计了4个实践情境、16个劳动实践项目，并附有活动评价标准。本书把理论融入事实，用事实讲清道理，以道理获得认同，将认同付诸实践，有利于大学生亲身体悟劳动。

本书可作为高等职业院校劳动教育通识教材，也可供对劳动发展历史、劳动文化、劳动与职业、劳动与未来、劳动与法律等内容感兴趣的普通读者阅读。

**图书在版编目(CIP)数据**

劳动创造美好生活：劳动教育教程 / 朱学荣，郭宇主编. -- 2版. -- 上海：同济大学出版社，2024.7.
ISBN 978-7-5765-1253-3
Ⅰ. G40-015
中国国家版本馆CIP数据核字第20242VK383号

## 劳动创造美好生活——劳动教育教程（第二版）

| 主　　编 | 朱学荣　郭　宇 | | | | |
|---|---|---|---|---|---|
| 副主编 | 高　妍　牛　慧　魏　波　段金凯　袁玮荣　韩　奕 | | | | |
| 策划编辑 | 张　莉 | 责任编辑 | 任学敏 | 助理编辑 | 夏晗丹 |
| 责任校对 | 徐春莲 | 装帧设计 | 张　微 | | |

| 出版发行 | 同济大学出版社　www.tongjipress.com.cn |
|---|---|
| | （地址：上海市四平路1239号　邮编：200092　电话：021-65985622） |
| 经　　销 | 全国各地新华书店、网络书店 |
| 排版制作 | 南京展望文化发展有限公司 |
| 印　　刷 | 安徽新华印刷股份有限公司 |
| 开　　本 | 787mm×1092mm　1/16 |
| 印　　张 | 17.5 |
| 字　　数 | 393 000 |
| 版　　次 | 2024年7月第2版 |
| 印　　次 | 2024年7月第1次印刷 |
| 书　　号 | ISBN 978-7-5765-1253-3 |
| 定　　价 | 58.00元 |

本书若有印装质量问题，请向本社发行部调换　　版权所有　侵权必究

# 前言

本书第一版是"十四五"职业教育国家规划教材，深入贯彻落实2018年全国教育大会精神，参照中共中央、国务院印发的《关于全面加强新时代大中小学劳动教育的意见》及教育部发布的《大中小学劳动教育指导纲要（试行）》相关要求编写，立足中华优秀传统文化和世界先进文化，科学构建了高等职业教育劳动教育通识课程内容体系，展现了劳动的创造本质，以引导新时代大学生牢固树立马克思主义劳动观，正确理解劳动的本质。

自2021年6月出版以来，本书被选作内蒙古自治区、山东省、福建省、贵州省、江西省等省（自治区）多所高职院校劳动教育通识课程配套教材，使用效果良好。同时，这些院校也对编写团队提出了新希望——提供更加多元化的配套学习资源，满足不同地域院校开课需求，支持学生的自主化和泛在式学习。为更有效服务全国高职院校劳动教育通识课程教学，本书编写团队组织劳动教育相关学科骨干力量，启动了教材修订工作。

本书在保持了第一版编写体例的基础上，在内容编排上进行了全面优化。修订后的本书具有以下3个特点：

一是落实立德树人根本任务，进一步突出教材思政功能。本书坚持"为党育人、为国育才"的理念，深入挖掘劳动实践中的思政元素，以劳动教育驱动铸魂育人。例如：专题一增设独立单元"马克思主义劳动观"，对马克思主义劳动观、新时代的劳动观念、党的二十大报告有关劳动教育的论述等内容进行了集中阐述；专题三深入阐述中国志愿服务精神的文化渊源、历史发展和生动实践，彰显公益劳动的中国立场和中国力量。本书进一步将中国精神、中国历史、中国实践、中国战略、中国成就融入教材，使学生明确"祖国的需要就是我前进的方向"。

二是坚持"五育"并举育人理念，进一步促进学生全面发展。本书融合"五育"理论知识，对劳动认知篇专题内容进行了优化调整。例如：专题一结合社会发展新趋势，增加了"创造性劳动"以及从"五育"融合视角解读何为劳动教育的内容；专题二重新梳理劳动与文化的联系，形成单元二"中国文化中的劳动之美"，展现劳动思想、技艺之美，陶冶学生情操，激发学生创新创造活力。同时，将第一版附录"佳片有约"调整为劳动认知篇各专题后的"观影启智"板块，强化推荐影视作品的针对性。融合"五育"资源，培养学生成为德智体美劳全面发展的社会主义建设者和接班人。

三是丰富劳动教育教学资源，进一步满足不同院校教学需求。本书根据教学实践反馈，新增了若干能够展现中华优秀传统文化、反映时代发展趋势的拓展学习资源，适当调整劳动实践篇的实践项目内容，以便满足不同院校劳动教育教学需要。

本书由内蒙古建筑职业技术学院朱学荣和郭宇担任主编，高妍、牛慧、魏波、段金凯、袁玮荣、韩奕担任副主编。其中：朱学荣、郭宇、高妍、魏波、段金凯、袁玮荣、韩奕负责编写上篇；牛慧负责编写中篇；高妍、魏波负责编写下篇；高妍、魏波、段金凯承担资料搜集、案例整理、插图制作等工作。内蒙古蒙草生态环境（集团）股份有限公司梁瑞丰、中国华能集团华北分公司刘春英、株洲中车时代电气股份有限公司高永岗、内蒙古电力（集团）有限责任公司乌海供电分公司冯建利等相关企业人员参与了内容设计和文献整理等工作。内蒙古建筑职业技术学院王恩甜、郭宜雨、樊金伟、高曼琳、田江龙、孙瑞海、朱子龙、李桧参与了本书的视频资源设计与制作。

本书在修订过程中得到了同济大学出版社的大力支持，在此深表谢意。编写团队热忱盼望广大读者提出宝贵意见和建议。

朱学荣　郭　宇<br>
2024 年 3 月

# 第一版前言

人民创造历史，劳动开创未来。建党以来，中国共产党带领全国各族人民艰苦奋斗，实现了开天辟地、改天换地、翻天覆地、惊天动地的伟大飞跃，综合国力大幅提升，人民生活极大改善。习近平总书记在党的二十大报告中明确提出："必须坚持在发展中保障和改善民生，鼓励共同奋斗创造美好生活，不断实现人民对美好生活的向往。"在这伟大的奋斗历程中，劳动创造与劳动教育始终同党的各项事业紧密相连，充分展现了劳动教育基础性、综合性的育人价值及其意义深远的政治、经济和社会价值。劳动教育是党的一项根本教育方针，是中国特色社会主义教育制度的重要内容，是全面发展教育体系的重要组成部分。

新时代的劳动教育肩负着新的历史使命。2018年9月，习近平总书记在全国教育大会上提出，"要努力构建德智体美劳全面培养的教育体系，形成更高水平的人才培养体系"，推动实现建设人力资源强国、科技创新强国、制造强国的战略目标。2020年3月，中共中央、国务院出台《关于全面加强新时代大中小学劳动教育的意见》，同年7月，教育部印发《大中小学劳动教育指导纲要（试行）》，明确劳动教育的目标指向和行动指引。2021年4月，新修订的《中华人民共和国教育法》中规定"教育必须为社会主义现代化建设服务、为人民服务，必须与生产劳动和社会实践相结合，培养德智体美劳全面发展的社会主义建设者和接班人"，为实施劳动教育提供了法律保障。2022年10月，党的二十大报告中强调"培养造就大批德才兼备的高素质人才，是国家和民族长远发展大计""坚持尊重劳动、尊重知识、尊重人才、尊重创造""加快建设国家战略人才力量，努力培养造就更多大师、战略科学家、一流科技领军人才和创新团队、青年科技人才、卓越工程师、大国工匠、高技能人才"，为推进劳动教育与科教兴国战略有机融合指明方向。

本书的编写坚持和运用习近平新时代中国特色社会主义思想的世界观和方法论，对标国家政策文件要求，紧扣职业院校开展劳动教育的目标，坚持"知行合一"的实践取向，着眼于国家战略发展和人的全面发展，着力于价值观教育和劳动素养提升，系统构建劳动教育内容框架，努力实现以劳树德、以劳增智、以劳强体、以劳育美、以劳创新的综合育人目标。首先，引导学生在具体情境中感受劳动、参与劳动，在国家发展和个人前途的交汇点上，思考未来、重塑自我、应对挑战、有所担当、有所贡献。其次，以学生为中心、以教师为主导，师生共研共创，校企深度合作，学生在接受劳动教育过程中，参与劳动协作、磨炼劳动技能、进行劳动创造，体会劳动价值、展示劳动成果、分享劳动体验。最后，结合社会发展新动态、新特点、新趋势和产业发展新知识、新技术、新方法，梳理经典知识、积极吸收有益观点、概括凝练典型案例，尝试构建符合高职学生实际的通识性劳动教育内容体系，传播劳动思想、弘扬劳动精神，培育更多高素质技术技能人才、能工巧匠、大国工匠。

本书分为四部分：

第一部分，上篇，劳动专题教育。本部分包括六个专题。专题一明确了劳动是人的本质，而劳动的本质是创造。专题二和专题三勾勒了劳动推动人类文明演进的历史轨迹、中华文化创造的劳动成就及其蕴含的劳动之美。专题四和专题五从公民和职业人的角度展现劳动者的社会责任以及应当具备的精神品质。专题六立足当下洞悉未来，厘清新时代劳动者核心素养的轮廓，使劳动者能够以创造性劳动应对科技发展和产业革命带来的新挑战。

第二部分，中篇，劳动法治教育。本部分包括五个专题，以丰富而充满思辨的方式呈现了新时代劳动者应当具备的劳动法律知识，以提升劳动者在劳动关系中控制法律风险、履行法律责任的意识和能力，为劳动者排除参与发展、分享发展成果的障碍，使劳动者能够体面劳动、全面发展。

第三部分，下篇，劳动实践教育。本部分包括四个实践情境，场景涉及家庭、社会和校园，类型涵盖日常生活劳动、生产劳动和服务性劳动，内容包括涵养劳动情怀、践行志愿精神、贯彻发展理念和强化价值引领。

第四部分，附录，佳片有约。本部分选择了具有劳动教育意义的不同类型、题材的优秀影视作品进行剖析，引导学生思考探究。

本书由内蒙古建筑职业技术学院朱学荣和郭宇担任主编，负责全书结构设计、人员分工、内容编写和全书统稿等工作，牛慧、贾爱清、薛景丽、高妍、魏波和冯研担任副主编，并承担了相应资料搜集、案例整理和内容编写等工作。中国华能华北分公司刘春英、内蒙古云图教育咨询有限公司张兴、内蒙古电力（集团）有限责任公司乌海供电分公司冯建利、株洲中车时代电气股份有限公司高永岗等相关企业人员参与了内容设计和文献整理等工作。内蒙古建筑职业技术学院王恩甜、郭宜雨、樊金伟、高曼琳、田江龙、孙瑞海参与了本书的视频资源设计与制作。

本书可作为高等职业院校劳动教育通识教材，也可供对文明发展历史、劳动文化、劳动与职业、劳动与未来、劳动者与法律等内容感兴趣的普通读者学习使用。热忱欢迎使用者提出宝贵意见和建议。

朱学荣　郭　宇
2022年11月

# 目录

前言
第一版前言

## 上篇 劳动认知篇

**专题一　劳动与劳动教育**　　2
　　单元一　认识劳动　　5
　　单元二　马克思主义劳动观　　13
　　单元三　认识劳动教育　　24

**专题二　劳动与人类文明**　　31
　　单元一　人类文明中的劳动伟力　　34
　　单元二　中国文化中的劳动之美　　44

**专题三　劳动与志愿服务**　　56
　　单元一　认识志愿服务　　58
　　单元二　中国志愿服务的历史发展　　63
　　单元三　当代中国志愿服务的主要实践形式　　68

**专题四　劳动与职业人生**　　78
　　单元一　社会分工与职业发展　　81
　　单元二　劳动新发展与职业新趋势　　87
　　单元三　劳动品质与职业精神　　93

| 专题五 | 劳动与职业健康 | 106 |
| --- | --- | --- |
| 单元一 | 劳动中的职业安全 | 108 |
| 单元二 | 劳动中的职业健康 | 114 |
| 单元三 | 劳动中的职业应急 | 121 |

## 中篇 劳动保障篇

127

| 专题一 | 认识劳动法 | 128 |
| --- | --- | --- |
| 单元一 | 劳动法概述 | 130 |
| 单元二 | 劳动者 | 132 |

| 专题二 | 劳动合同 | 139 |
| --- | --- | --- |
| 单元一 | 劳动合同的概念和分类 | 141 |
| 单元二 | 劳动合同的订立 | 142 |
| 单元三 | 劳动合同的解除和终止 | 145 |
| 单元四 | 劳动合同的经济补偿和赔偿 | 147 |

| 专题三 | 劳务派遣和非全日制用工 | 157 |
| --- | --- | --- |
| 单元一 | 劳务派遣 | 159 |
| 单元二 | 非全日制用工 | 168 |

| 专题四 | 失业保险和工伤保险制度 | 172 |
| --- | --- | --- |
| 单元一 | 失业保险制度 | 174 |
| 单元二 | 工伤保险制度 | 177 |

| 专题五 | 劳动争议仲裁和诉讼 | 184 |
| --- | --- | --- |
| 单元一 | 劳动争议的定义和处理程序 | 186 |
| 单元二 | 劳动争议仲裁与诉讼的具体规定 | 186 |

| 实践情境一 | 涵养劳动情怀 崇尚劳动光荣 | 190 |
| --- | --- | --- |
| 项目一 | 传承农耕文化 体会辛勤劳动 | 190 |
| 项目二 | 诚信助农销售 践行诚实劳动 | 194 |
| 项目三 | 体验办公文化 促进协作劳动 | 199 |
| 项目四 | 还原纠纷案件 维护劳动权益 | 203 |
| 项目五 | 识别日常危险 保障劳动安全 | 207 |

## 下篇 劳动实践篇

**实践情境二　践行志愿精神　感悟劳动崇高**　　214
　　项目一　推进社区发展　服务百姓生活　214
　　项目二　志愿服务基层　助力乡村振兴　220
　　项目三　服务文化场馆　助力文化发展　225

**实践情境三　贯彻发展理念　体悟劳动伟大**　　230
　　项目一　敢想敢创敢秀　育人育质育新　230
　　项目二　共建最美校园　共助协调发展　234
　　项目三　争当环保先锋　推动绿色发展　239
　　项目四　开放宿舍空间　共筑美好家园　243
　　项目五　促进职普融通　共享职业发展　247

**实践情境四　强化价值引领　体会劳动美丽**　　253
　　项目一　体验基层工作　培育职业精神　253
　　项目二　感悟榜样力量　弘扬劳模精神　258
　　项目三　学习手工技艺　赓续工匠精神　262

参考文献　　267

# 上篇

# 劳动认知篇

专题一　劳动与劳动教育

专题二　劳动与人类文明

专题三　劳动与志愿服务

专题四　劳动与职业人生

专题五　劳动与职业健康

# 专题一　劳动与劳动教育

 **言之有理**

　　我的精神生活和物质生活都依靠着别人(包括活着的人和死去的人)的劳动,我必须尽力以同样的分量来报偿我所领受了的和至今还在领受着的东西。

——爱因斯坦,选自《纪念爱因斯坦译文集》

 **核心问题**

1. 人的本质是什么?
2. 劳动的本质是什么?
3. 新时代大学生劳动教育的目标是什么?
4. 如何从劳动中获得教育?

> **导引阅读**

## 实干兴邦，创造伟大

古往今来，凡事成于真、兴于实，败于虚、毁于假。劳动最光荣，劳动最崇高，劳动最伟大，劳动最美丽。中华民族是一个崇尚劳动美德，勤劳、勇敢、奋斗的民族，在五千年的历史长河中创造了无比璀璨的文明，在实现伟大复兴的征程中付出了无数的努力，历经磨难而百折不挠、勇于奋起、敢于超越。

中华人民共和国成立以来，在中国共产党的坚强领导下，凭着"敢教日月换新天"的豪情，靠着"杀出一条血路"的气概，在"改革不停顿、开放不止步"的奋斗中，迎来了从站起来、富起来，到强起来的伟大飞跃，成功开辟了中国特色社会主义道路，推动中国特色社会主义进入新时代；中国人民将个人理想、家庭幸福融入国家富强、民族复兴之中，披荆斩棘、风雨兼程、勇于探索、不断实践，发愤图强、艰苦创业，创造了无数人间奇迹，绘就了最美建设画卷。

中华人民共和国的建设者们，通过苦干、实干和巧干，在生产、生活、生态领域创造了"当惊世界殊"的伟大成就。从"156项工程"初步建立工业化的物质技术基础，到"神舟"飞天、"蛟龙"探海、高铁飞驰、"北斗"组网……从高端装备到精密仪器，从重大工程到基础材料，中国制造体系逐渐完善，结构优化升级，竞争力与日俱增；中华人民共和国成立初期至今，按不变价格计算，工业增加值增长900余倍，主要工业产品产量进入世界前列，从不足到充沛，工业供给能力显著增强，创新、协调、绿色、开放、共享的制造新格局正在形成；从20世纪50年代人们对"四大件"的向往，到今天人民群众对美好生活的向往，点滴细节证明了幸福是奋斗出来的，劳动创造美好生活。从塞罕坝荒原变为青山绿水，不毛之地变为绿树成荫的"塞上江南"，到毛乌素沙地变为鸟语花香的茵茵绿洲，走上绿色发展之路的中国，正在构建人与自然生命共同体。中华人民共和国的劳动者们，通过苦干，面对各种任务、责任和困难，吃苦耐劳、不畏艰难、意志坚定、持之以恒；通过实干，滴水穿石、集腋成裘，奋力实现民族复兴的伟大梦想，并且为人类进步与发展贡献中国智慧、中国方案；通过巧干，开拓创新、独辟蹊径，运用科学的方法和工具干事，达到事半功倍之效。

中华人民共和国成立70多年来，在中国共产党的正确领导下，中国人民通过辛勤劳动、诚实劳动、创造性劳动，收获了巨大的物质财富，更收获了宝贵的精神财富。如热爱祖国、无私奉献，自力更生、艰苦奋斗，大力协同、勇于登攀的"两弹一星"精神，"宁肯少活二十年，拼命也要拿下大油田"的铁人精神，战天斗地的大寨精神，自力更生、艰苦创业、团结协作、无私奉献的红旗渠精神，艰苦创业、无私奉献、团结协作、勇于创新的三线精神，公而忘私、甘当螺丝钉的雷锋精神，亲民爱民、艰苦奋斗、科学求实、迎难而上、无私奉献的焦裕禄精神，生命至上、举国同心、舍生忘死、尊重科学、命运与共的伟大抗疫精神，上下同心、尽锐出战、精准务实、开拓创新、攻坚克难、不负人民的脱贫攻坚精神……这些精神集中体现为"爱国、创业"，因为爱国，所以无私忘我、敢于牺牲；因为创业，所以迎难而上、勇攀高峰；因为爱国、创业，中华人民共和国一代又一代的劳动者、建设者才能超越苦难，走向辉煌。

> **思考与讨论**

伟大的事业需要伟大的精神，伟大的精神托举伟大的梦想。在中华人民共和国成立的70多年光辉历程中，中国共产党带领全国各族人民建设伟大祖国，创造美好生活，取得了建设和改革的伟大成就。

请同学们结合以上案例和日常生活思考：
1. 今天富足安康的幸福生活缘何而来？
2. 什么样的劳动创造了中华人民共和国成立以来的伟大成就？
3. 劳动的本质是什么？

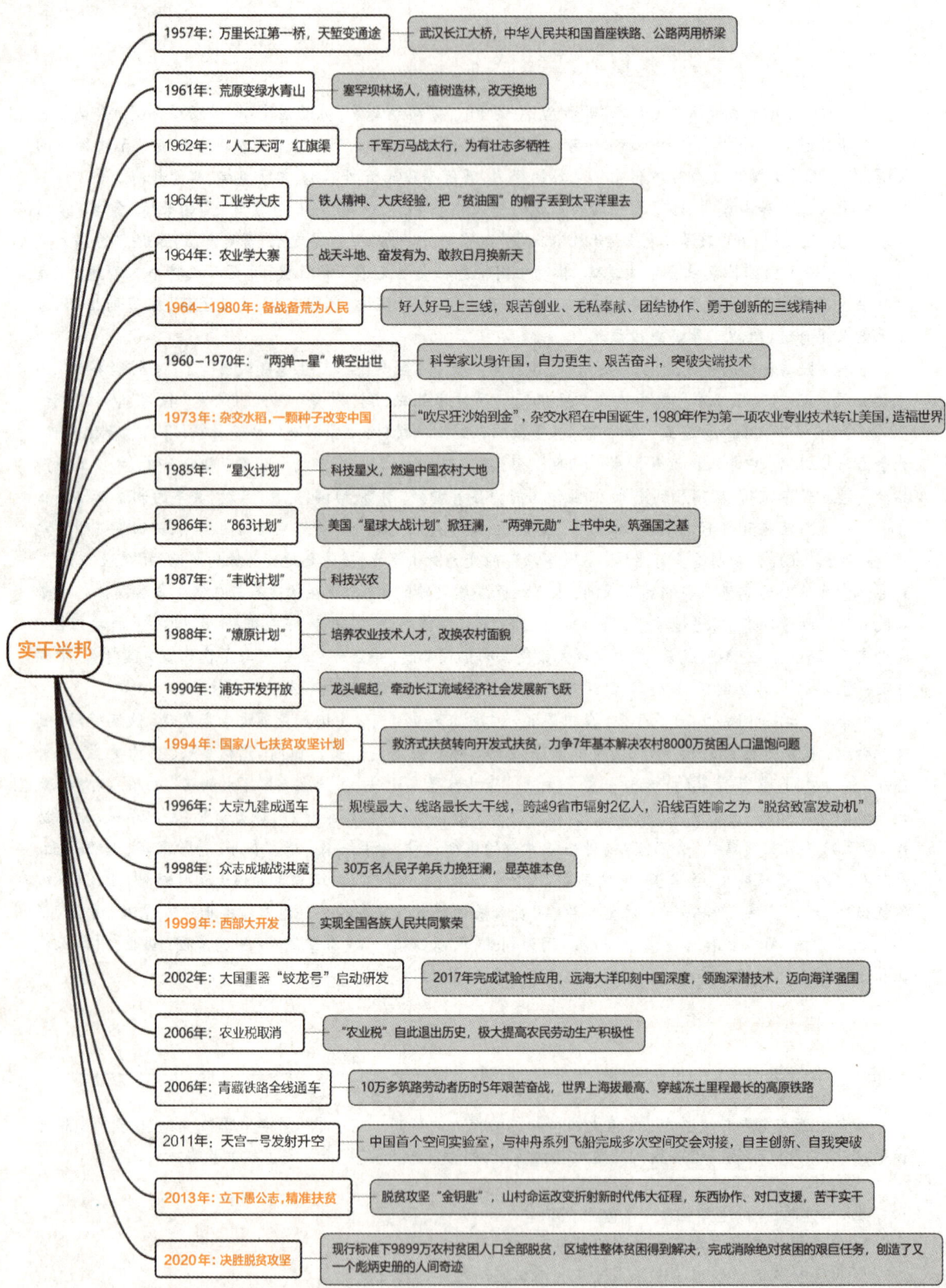

## 单元 一 认识劳动

### 一、劳动的内涵

#### （一）劳动的概念

劳动是人以自身的活动来引起、调整和控制人与自然之间的物质变换的过程，是通过有目的的活动改变自然物的社会实践，是人的生命活动的基本形式，是人的本质活动。通过劳动，人类不仅生产出物质财富，也创造了社会关系和文化。在这个过程中，劳动者通过将自己的劳动力与生产资料结合，不断创造出新的价值。因此，劳动的本质是创造，即人类通过有目的的实践活动，创造物质财富和精神财富。

劳动是人特有的创造活动。人类的劳动是有意识、有思想的社会实践活动，不仅创造了绚丽多彩的服饰、风味各异的饮食、雄伟壮丽的建筑、高效优质的交通工具等物质产品，还创造了浩如烟海的图书、震撼人心的影视、美妙动听的音乐等精神产品。人类靠劳动创造财富，靠劳动创造文明。

任何类型的劳动都并非出于人的本能，劳动意识、劳动习惯、劳动技能和劳动品质都不是人内在的规定性，而是需要通过持续学习、实践才能够获得的能力素养。即使面对同一个目标、同一项任务，由于人所处环境的不同以及个体的主客观差异，劳动的细节、流程、效率和效果都存在显著差异，而这些都依靠人的创造。经年累月，劳动经验的横向交流以及代际纵向交流促进了经验的优化，并不断知识化、理论化，使之更有利于积累、传播、组合与创新。很多世代相传的精湛技艺源于无数劳动者久久为功、世代相传的持续专注和点滴探索。

**拓展阅读**

### 古老的创造：纺织技术的起源与发展

服装服饰是人类特有的劳动创造。回顾历史，我们的祖先在与猿相揖别后，在与自然界的搏斗中，艰难地迈进了文明时代，懂得了遮身、护体、饰美。服装服饰的诞生和发展有赖于纺织技术——人类社会最古老的工艺技术之一，其发展与人类文明的发展同步。

在旧石器时代，采集和渔猎是人们的衣食之源，作为生活副产品的鱼骨、兽骨及飞鸟的羽毛等被人们收集起来，经过简单加工就成了最原始的饰品。这一时期，原始人已经开始使用石头制成的简单工具，并不断改进旧工具、发明新工具，开始使用磨制和钻孔的石器及骨

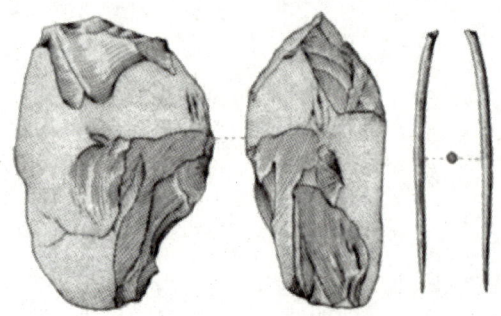

图1-1-1　山顶洞人的石器和骨针

制工具（图1-1-1）。工具的产生和发展使得原始服饰开始出现，促使人类向文明跨出了重要的一步。

大约在旧石器时代中期，中华民族的祖先就已经懂得了缝纫的原理，能从事简单缝纫，将猎取的各种野兽皮毛缝制成衣服抵御严寒，摆脱了赤身露体的状态，开始穿着兽皮，也拉开了中国服饰文化史的序幕。

距今约1万年以前，进入新石器时代，人类逐渐从采集、狩猎进入了渔猎、畜牧和原始种植阶段。他们在长期使用动物皮毛、植物茎叶编织衣物的基础上，发明了原始的纺织工具——陶、石质纺轮，对短纤维纺织物如亚麻、动物毛发等进行纺织，制作衣物。

早在五六千年以前，我国就有了用葛、麻等植物制成的织物（图1-1-2）。埃及出土的公元前4000年的陶碟上绘有织机的图像。大约在公元前5000年，世界各文明发祥地都已经就地取材开始纺织生产。用麻布缝制衣服标志着人类社会的巨大进步。

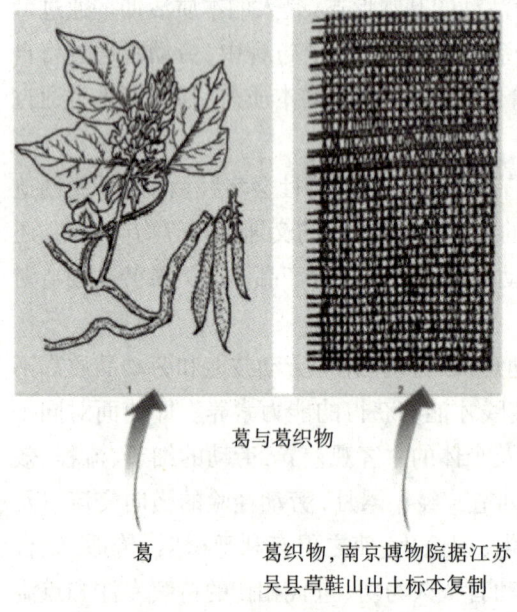

葛与葛织物

葛　　葛织物，南京博物院据江苏吴县草鞋山出土标本复制

图1-1-2　葛与葛织物

1972年我国的湖南省长沙市马王堆汉墓出土的文物当中，有大量的绢、纱、绮、罗、锦等丝织物和绣品，其中最有名的就是一件素纱襌衣（图1-1-3）。素纱襌衣是世界上现存最早，保存最完整，制作工艺最精良，最轻薄的衣服，质量不到50克，薄如蝉翼、轻若烟雾，出土于距今2 000多年的汉墓，不能不说，其质地以及纺织技术都让现代人称奇赞叹。另外，在这一次出土的衣服边缘，人们首次发现了装饰的绒圈锦，纹样突出于锦面，能产生丰满华丽的立体效果。相当长一段时期中，人们认为绒圈锦织物是唐代以后才出现的，也有人认为这种纺织技术是从国外传入的。后来考古发现证明我们的祖先在西汉初年就已发明绒圈锦织造技术，中国人是绒圈锦技术的创造者，这表明当时我国

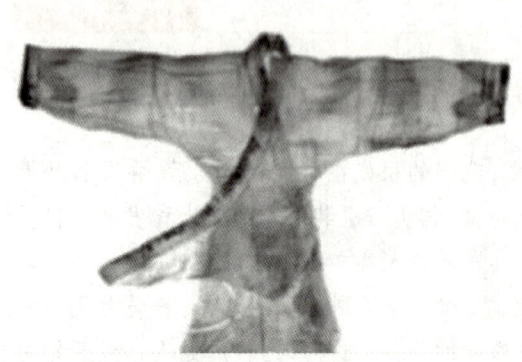

图1-1-3　素纱襌衣

的印染工艺已达到精湛的技术水平。

古代的纺织技术专家黄道婆（又名黄婆或者黄母），是我国宋末元初时期著名的棉纺织专家，她由于终生致力于传授先进的纺织技术和推广先进的纺织工具，受到百姓敬仰。

早在汉代，我国手摇纺车便已普及，后来陆续出现了脚踏纺车、水转纺车和手工织布机，标志着人类纺织技术的开始。

1765年，英国人发明了珍妮纺纱机，在手摇纺车的基础上大幅度提高了生产效率。珍妮纺纱机的出现标志着人类纺织技术进入了工业化时代。

1828年，美国人发明了环锭纺纱机，使纺纱过程实现了连续化，大幅度提高了生产效率。环锭纺纱机经过近200年的不断改进和完善，至今依然是纺纱的主要设备。

1965年，第一台转杯纺纱机的发明标志着新型纺纱技术的出现，目前已经有20多种新型纺纱技术与设备。带机器人的全自动化转杯纺纱机具有高速度、大卷装和短流程的特点，可以替代挡车工完成落纱、换管、生头、接头等工作，实现无人化纺纱。对工厂而言，可以大大减少用工，对劳动者而言，可以大大降低劳动强度。工序与工序之间、设备与设备之间的自动传输系统，如图1-1-4所示。

图1-1-4　精梳小卷自动输送系统和粗纱自动传输系统

## （二）劳动的要素

### 1. 劳动者

劳动者（laborer）是指在生产过程中，以自身的劳动能力（包括体力和脑力）参与社会物质财富和精神财富创造的人。劳动者是生产活动的主体，是社会生产力的体现者。在不同的社会经济制度下，劳动者的地位、权益和劳动条件有所不同。

在马克思主义理论中，劳动者是价值的创造者，他们的劳动是社会财富增长的基础。劳动者通过劳动，将劳动对象转化为有用的产品和服务，从而满足社会的需要。劳动者的素质、技能和创造力直接影响生产效率和产品质量。

### 2. 劳动对象

劳动对象（object of labor）是指在生产过程中，劳动者通过劳动和劳动工具加工、改造或利用的物质。劳动对象可以是自然界中的原材料，如矿产、森林、水资源等，也可以是经过初步加工的半成品或成品。

劳动对象是生产活动的直接作用目标，它通过劳动者的劳动和劳动工具的作用，发生形态、性质或位置上的变化，最终转化为有用的产品或服务。劳动对象的选择、开发和利用程度，往往反映了一个社会的生产力水平和科技发展水平。

### 3. 劳动资料

劳动资料（means of labor）是指劳动者在劳动过程中用来影响或改变劳动对象的一切物质资料和条件。劳动资料包括劳动工具、原材料、辅助材料、土地、建筑物、交通工具、通信设备等。劳动资料是生产力的物化形式，是生产活动的物质基础。

劳动工具（tools of labor）是劳动资料的一个组成部分，特指劳动者直接作用于劳动对象、提高劳动效率的工具。劳动工具可以是简单的手工工具，也可以是复杂的机械装置和自动化设备。劳动工具的改进和发展是生产力发展的重要标志，它直接影响着生产效率和产品质量。

简而言之，劳动资料是一个宽泛的概念，包括了劳动工具在内的一切用于生产的物质资料和条件，而劳动工具则特指劳动者直接操作以完成劳动的器具和设备。二者的关系是整体与部分的关系，劳动工具是劳动资料的重要组成部分。

**拓展阅读**

## 劳动工具与技术、技能

劳动工具是生产资料的一部分，是劳动力转化为商品或服务的媒介，是劳动者在生产过程中直接作用于劳动对象，以改变劳动对象的形态、性质或位置，从而完成生产任务的物质器具和设备。马克思在其劳动价值论中指出，劳动工具（即生产资料）与劳动力相结合，创造出价值。劳动工具的先进程度直接影响劳动生产率，从而影响商品的价值。

技术是人类为了满足自身需求和愿望，对自然规律和社会规律的认识和运用，是推动生产力发展和社会进步的关键因素。技术的发展可以显著提高劳动生产率，提升商品的价值。技术进步通常伴随着劳动工具的改进，如自动化和机械化。劳动工具是技术的物化形式，是技术在实际生产中的应用。

技能则是劳动力的一部分。高技能劳动者的劳动可以创造更多的价值，因为他们能够在相同时间内生产更多的商品或提供更高质量的服务。技能的提升往往需要通过教育和实践来实现，这与劳动工具和技术的进步密切相关。

以制造业为例：劳动工具包括各种机器、设备和工具；技术包括生产工艺、质量控制方法、产品设计等；技能包括操作特定机器的技能、维护和修理设备的技能、产品设计和改进的技能等。三者的关系可以这样理解：第一，技术的进步推动劳动工具的革新。随着新技术的发展，劳动工具变得更加高效和精确。新工具的出现要求劳动者掌握新的操作技能和维护技能。第二，技能的发展促进技术的应用和创新。劳动者的技能水平直接影响技术的应用效果。高技能劳动者不仅能够更有效地操作先进工具，还能够对生产过程提出改进建议，促进技术的进一步创新。第三，劳动工具的改进为技能的提升提供平台。随着劳动工具的改进，劳动者有机会学习和掌握新的技能，这些新技能又反过来提高生产效率，形成良性循环。例如在汽车制造业中，随着自动化装配线和机器人的应用，劳动者需要学习如何操作这些先进设备，也需要掌握新的质量控制技术和故障诊断技能。劳动者技能的提升使得汽车制造更加高效，产品质量提高，同时也推动了技术的创新发展。三者的具体关系如图1-1-5所示。

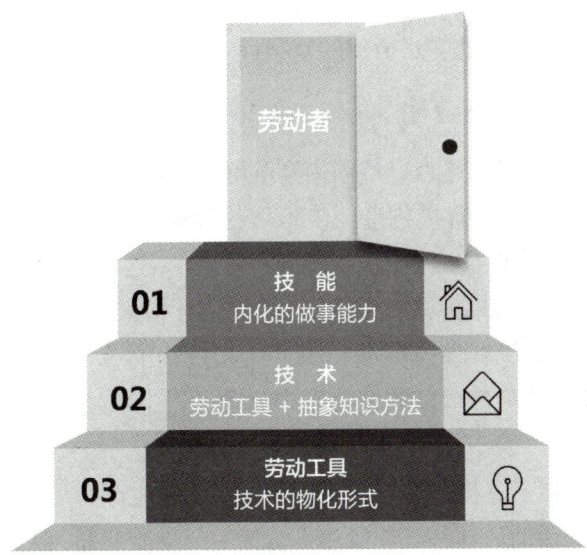

图1-1-5 劳动工具、技术、技能的关系

### （三）劳动的属性

劳动是人类社会存在和发展的基础，是人与自然相互作用的桥梁。劳动具有双重属性，即自然属性和社会属性。

#### 1. 自然属性

劳动是人与自然之间的物质变换活动。人类通过劳动改造自然，获取物质生活资料，满足自身生存和发展的需要。在这个过程中，人类遵循自然规律，利用和改造自然，体现了人类对自然的认识和利用能力。人的大脑结构、肢体活动在劳动中逐步发展，大脑结构的发展为人类认识自然、认知自我、发展智力提供物质基础。人类通过劳动，一方面改造了自然，另一方面也改造了人本身。

**2. 社会属性**

劳动是一定社会形式下的社会生产关系，反映了不同社会制度下人与人之间的社会关系。劳动不仅是个人与自然的关系，更是人与人之间的社会关系。在劳动中，人与人通过分工合作，结成一定的社会组织，进而形成生产、分配、交换、消费等社会关系。在不同的社会制度下，劳动所体现的社会生产关系不同。在资本主义社会中，劳动是雇佣劳动，劳动者为资本家创造价值，资本家则支付工资，这种关系体现了资本主义剥削和压迫的性质。而在社会主义社会中，劳动是为了实现人的全面发展和全体人民的共同利益，劳动者是国家和社会的主人，劳动成果惠及全体人民，体现了社会主义公平正义的原则。

## 二、劳动的分类

伴随科技的进步和社会的发展，人类的劳动形式不断迭代。根据不同的标准对劳动进行分类，有助于我们从不同的维度对劳动的复杂性和发展性有更为深刻的把握。

### （一）生产劳动和非生产劳动

根据劳动者在劳动过程中是否直接创造经济价值，劳动可分为生产劳动和非生产劳动。

生产劳动，通常是指能够直接创造经济价值的劳动。在马克思主义经济学中，生产劳动特指能够创造出超过其自身价值的剩余价值的劳动。这种劳动是资本积累和社会财富增长的源泉。生产劳动的成果可以直接在市场上交换，带来收入和利润。在更广泛的经济学意义上，生产劳动包括所有参与商品和服务生产过程的劳动，无论是直接还是间接的。例如，农民、工人、程序员等都可以被视为生产劳动者，因为他们的工作直接生产了商品或服务。

非生产劳动，则是指不直接创造经济价值的劳动。非生产劳动包括教育、卫生、文化、艺术、公共服务和管理等活动。这些工作虽然不直接生产物质商品，但它们对于社会的运转和人民的福祉至关重要，对于提高人们的生活质量和社会的可持续发展具有重要作用。

生产劳动和非生产劳动的区分并不是绝对的。在现代社会，随着经济的发展和社会结构的变化，很多劳动形式具有混合性质，既有生产性又有服务性的特点。此外，随着知识经济和服务经济的兴起，非生产劳动越来越受到重视。理解这两类劳动的特点和区别，有助于我们更好地认识经济活动的多样性和复杂性，以及劳动在社会发展中的多重角色。

### （二）物质性劳动与非物质性劳动

根据劳动对象、劳动过程、劳动成果等方面的差异，劳动可分为物质性劳动和非物质性劳动。

物质性劳动，是指直接改变物质形态和性质，生产物质产品的劳动。这种劳动通常与生产工具、原材料、能源等物质要素直接相关，如农业劳动、工业生产、建筑作业等。物质性劳动的成果是看得见、摸得着的物质产品，它们用于满足人们日常的物质需求。

非物质性劳动，则是指不直接生产物质产品，而是提供服务和创造价值的过程。这种劳动更多地涉及知识、信息、文化、情感等领域，如教育、卫生、文艺创作、管理咨询等。非物质性劳动的成果包括知识传播、情感交流、文化艺术作品等，它们满足人们的精神和文化需求。

随着社会的发展和科技的进步，非物质性劳动在现代社会中的比重越来越大，它体现了人类文明进步和社会发展的方向。两种劳动形式相辅相成，共同推动社会物质文明和精神文明的发展。

图文
不同类型劳动的发展

### （三）重复性劳动和创造性劳动

根据劳动产品形态和劳动方式是否已存在，劳动可分为重复性劳动和创造性劳动。

#### 1. 重复性劳动

重复性劳动是指在工作过程中，劳动者需要反复执行相同或非常相似的任务，这些任务在模式、手段、材料、工艺、工具等方面保持不变或仅有局部性、直观性变化。这种劳动的特点是可预测性和规律性，劳动者往往能够通过熟练掌握特定的技能和流程来提高工作效率。

（1）重复性劳动的特征。

① 任务的单一性和重复性。劳动者在一段时间内反复执行相同或类似的工作内容，缺乏多样性和创新性。

② 技能要求的局限性。重复性劳动往往不需要劳动者具备广泛的技能或深入的专业知识，而是侧重于特定技能的熟练度。

③ 可替代性高。由于任务的标准化和流程化，重复性劳动的劳动者往往容易被其他人替代，这可能会影响劳动者的职业安全感和职业发展。

（2）重复性劳动的类型。

① 体力型重复劳动。如工厂流水线作业、数据录入、清洁工作等，这些工作主要依赖于劳动者的体力和简单技能。

② 脑力型重复劳动。如客服、文员、会计等，这些工作虽然涉及一定程度的思考和决策，但仍具有较高的重复性。

③ 技术型重复劳动。如某些编程、测试、维护等工作，尽管这些工作需要专业技能，但在日常操作中仍然存在大量重复性任务。

需要注意的是，重复性劳动并不总是负面的。在某些情况下，通过重复性劳动，劳动者可以积累经验，提高工作效率和质量。然而，长期从事重复性劳动可能会导致劳动者感到工作单调乏味，缺乏成就感和职业成长，从而影响其职业竞争力和职业满意度。因此，劳动者和组织需要关注如何通过培训、工作设计和技术创新等方式，减少重复性劳动的负面影响，提升劳动者的工作质量和生活质量。

#### 2. 创造性劳动

创造性劳动是一种以创新为核心，以创造性思维为基础，以实现社会和个人价值为目标的高层次劳动形式。它不仅包括科技创新、文化创新、教育创新等各个领域，还涵盖了从产品设计、生产过程、管理方式到生活方式的全方位创新。创造性劳动具有极高的价值和极深远的社会意义,是人类文明进步的重要动力。

(1)创造性劳动的特征。

① 创新性。创造性劳动的核心在于创新,劳动者需要在劳动过程中不断寻求新的思路、方法和技术,以实现产品和服务的优化升级。这种创新性使得创造性劳动具有较高的风险和不确定性,但同时也为社会带来了巨大的发展潜力。

② 知识密集性。创造性劳动要求劳动者具备较高的知识水平和技能,能够将理论知识应用于实践,以创新的方式解决实际问题。这使得创造性劳动具有较高的知识密集性,劳动者需要不断学习和更新知识,以适应不断变化的市场和技术环境。

③ 价值性。创造性劳动能够创造新的产品、服务、生产方式、管理模式和生活方式,提高社会生产力和生活质量,具有很高的价值。同时,创造性劳动还能够培养和锻炼劳动者的创新能力、团队合作精神和责任感,对个人成长和社会进步具有积极的推动作用。

④ 社会性。创造性劳动是一种社会性劳动,劳动者在创新过程中需要与团队成员、上下游产业链、用户等各方进行广泛的交流和合作,共同推动创新成果的实现。这种社会性使得创造性劳动具有较强的协同性和互动性,有利于促进社会资源的优化配置和整合。

⑤ 可持续发展性。创造性劳动追求经济、社会和环境的可持续发展。劳动者在创新过程中需要充分考虑资源的合理利用、环境的保护和社会的公平正义,以实现人与自然的和谐共生。

(2)创造性劳动的类型。

① 科技创新。科技创新是指在科学技术领域,通过研究和开发新的知识、技术、工艺和方法,创造新的产品和服务,提高社会生产力和生活质量的活动。科技创新包括基础研究、应用研究、试验发展等多个层面。

② 文化创新。文化创新是指在文化艺术领域,通过创作和传播新的文化产品和服务,丰富人们的精神世界,提高国民素质和社会文明程度的活动。文化创新涵盖文学、艺术、影视、动漫等多个领域。

③ 教育创新。教育创新是指在教育领域,通过改革教育理念、内容、方法和手段,提高教育质量,培养具有创新精神和实践能力的人才的活动。教育创新包括课程改革、教学方式创新、教师队伍建设等多个方面。

④ 管理创新。管理创新是指在企业管理、政府管理等领域,通过改革管理模式、优化管理流程、提高管理效率,实现组织目标和价值的活动。管理创新包括战略管理、人力资源管理、市场营销等多个方面。

⑤ 社会创新。社会创新是指在公共服务、社会组织、社区建设等领域,通过创新服务模式、组织形式和管理方式,提高社会服务效能和社会治理水平,促进社会和谐与进步的活动。社会创新包括公益慈善、社会组织、社区治理等多个方面。

近年来,全球科技创新加速,新兴产业不断涌现,我国经济发展进入新常态,传统产业转型升级,社会对具有创造性劳动能力的高素质技术技能人才有着潜在的巨大需求。我国政府高度重视此类人才培养，出台了一系列政策措施，推动科技创新、文化创新、教育创新、管理创新和社会创新等领域的发展。

### 三、劳动的价值

#### （一）生存层面

劳动是人类获取基本生活资料和维持生存的手段。通过劳动，人们能够获得食物、衣物、住所等生活必需品，确保自身的基本生存需要得到满足。在现代社会，劳动不仅与个人的生存直接相关，而且是社会整体能够持续运转的基础。无论是农业劳动、工业生产还是服务业工作，都是支撑社会物质生活和精神生活的重要支柱。

#### （二）生活层面

劳动能够提高人们的生活质量。随着社会生产力的提高，人们通过劳动获得的物质财富更加丰富，这直接提升了生活的舒适度和便利性。同时，劳动也为人们提供了更多的休闲时间和文化活动机会，丰富了人们的精神世界。此外，劳动还是社会成员之间交流互动的平台，有助于形成和谐的社会关系和良好的社会秩序。

#### （三）发展层面

劳动是人类自身发展的动力。通过劳动，人们不仅能够提高自己的技能和知识水平，还能够培养自己的创新能力和解决问题的能力。劳动过程中的挑战和成就感能够激发人的潜能，促进个人的全面发展。同时，劳动也是社会文明进步的推动力，人类通过劳动不断创新，推动科技、文化、艺术等各个领域的发展，从而促进社会的整体进步。

总之，劳动在生存、生活和发展3个层面上都具有极其重要的价值。它不仅是人类生存的基础，而且是提升生活质量、促进个人发展和社会进步的关键因素。因此，尊重劳动、倡导劳动、通过劳动实现自我价值和社会价值，是社会主义核心价值观的重要组成部分。

## 单元二 马克思主义劳动观

### 一、马克思主义劳动观概述

马克思主义劳动观是马克思主义理论体系的重要组成部分，劳动是马克思主义理论研究的基础。马克思主义劳动观从历史唯物主义的角度，阐述了劳动在人类社会发展中的核心地位和作用。

### （一）劳动与人的起源

马克思主义认为，劳动是人类与动物的根本区别。马克思把劳动比喻成整个社会都在围绕旋转的太阳，劳动是人类的本质活动。人类通过劳动脱离动物界，成为真正意义上的人，不断提升自身的能力和素质。同时，人也在劳动中改造自然，生产生活资料。马克思在《1844年经济学哲学手稿》中指出："有意识的生命活动直接把人跟动物的生命活动区别开来。"恩格斯在《劳动在从猿到人转变过程中的作用》中深刻分析了劳动在从猿到人转变过程中的关键作用。直立行走使手和足开始分别承担不同工作。人类的手在劳动中不断获得新的技巧，其灵活性在常年的活动中逐渐增加并通过遗传不断完善，为制造和改进工具创造了前提。在劳动过程中，手和其他肢体会做复杂、精细的动作，促进大脑血流量乃至脑容量的增加，语言和意识随之产生，人类的工具制造能力也越来越强大，语言能力和思维能力伴随工具这一重要媒介的发展不断提升。劳动工具的改进和劳动能力的提升，使劳动的复杂程度也随之增加，促进了人类群体内部成员间的劳动分工与合作，提高了劳动效率，加速了人类财富的积累（图1-1-6）。

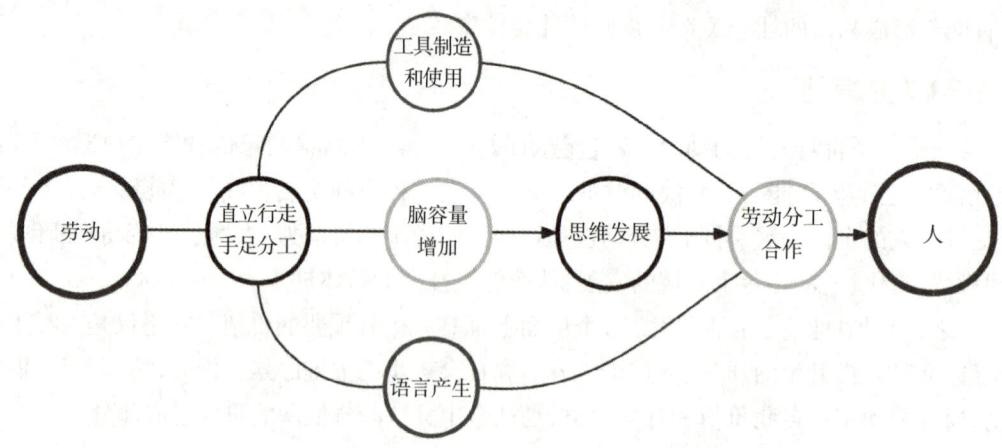

图1-1-6　劳动在从猿到人转变过程中的作用

### （二）劳动与社会进步

马克思认为，劳动是一切历史的基本条件，劳动让人类告别蒙昧，走向文明，创造历史。在《德意志意识形态》中，马克思和恩格斯关于人类生存的第一个前提的论述，为解释劳动与社会进步的关系提供了基础。他们指出："我们首先应当确定一切人类生存的第一个前提，也就是一切历史的第一个前提，这个前提是：人们为了能够'创造历史'，必须能够生活。但是为了生活，首先就需要吃喝住穿以及其他一些东西。因此第一个历史活动就是生产满足这些需要的资料，即生产物质生活本身。"可见，劳动作为人类与自然的互动，是生产物质生活资料的过程。通过劳动，人类不仅满足了自身的基本生存需求，而且推动了社会生产力的发展。随着生产力的提高，社会关系、生产方式和人类生活的各个方面也随之发展和变革。劳动不仅是生产物质财富的源泉，而且是衡量社会发展和个人价值的重要标准。

### (三)资本统治劳动,异化劳动产生

资本统治下的劳动虽然极大促进了社会生产力的发展,但这种劳动是一种"异化劳动"。在资本主义制度下,劳动者被迫出售自己的劳动力,以换取生活所需,这导致了劳动的异化。马克思在《1844年经济学哲学手稿》中将劳动异化概括为以下4个方面:第一,劳动产品的异化,劳动者生产的产品不属于自己,而是归资本家所有。劳动者得到的只是工资,而不是劳动所创造的全部价值。第二,劳动活动的异化,劳动过程不再是一种自愿的、自我实现的创造性活动,而是一种被迫的、非人的、机械的劳动。第三,人的类本质的异化,人的类本质是指人的社会性和创造性,但在资本主义社会中,劳动者被剥夺这种本质,变成了单纯的劳动工具。第四,人与人之间关系的异化,在资本主义社会中,人与人之间的关系变成了单纯的金钱关系,取代了原本丰富的社会关系。在《1844年经济学哲学手稿》中,马克思考察了异化劳动与私有制之间的内在关系,阐明了异化劳动源于私有制。在《德意志意识形态》中,马克思对私有制的内在根源进行了探究,社会分工的固化是导致异化的本质原因。异化劳动是资本主义剥削的必然结果,它不仅损害了劳动者的尊严和创造性,而且扭曲了社会的正常发展。

### (四)扬弃异化劳动,实现人的全面发展

马克思主义认为,资本主义私有制是异化劳动的根源,在这样的社会制度中,所有人的社会产品都必须转化为货币才可以实现价值,个人劳动必须转化为社会劳动才能够被社会认可,这样的认可是基于特定"雇佣劳动"关系的评价,是单向度的,劳动者缺乏自主性。这一社会状况是扭曲的、不合理的,如何改变?在马克思看来,破局的出路就是扬弃异化劳动,要大力发展生产力,壮大无产阶级革命队伍,释放被禁锢的生产力和生产关系,通过对自身异化的积极扬弃,重新获得人与人之间自由丰富的社会关系。也就是说,只有通过消除私有制,建立社会主义和共产主义制度,才能消除异化劳动,实现人的全面发展。在共产主义社会中,劳动不再是被迫的、异化的,而是成为人们自由选择和实现自我价值的活动。通过劳动,人们可以发挥自己的潜能,实现自主的、自觉的自由发展。同时通过劳动,人们可以克服片面性,使德智体美等方面都得到均衡协调发展。

总的来说,马克思主义劳动观从劳动是什么、劳动为什么、劳动怎么样和劳动将怎样4个维度构建了马克思主义劳动理论体系,革命性地提升了人类对劳动的认知水平,是人类劳动学说史上的一次伟大飞跃。

## 二、马克思主义劳动观中国化

### (一)重视生产力在革命和社会主义建设发展中的作用

以毛泽东同志为核心的党的第一代中央领导集体十分重视劳动生产。在革命战争年代,毛泽东主张通过生产劳动来实现部队的自给自足,满足部队的吃、穿、用等日常生活需求。在抗日战争时期,中国共产党曾经在生活必需品供给方面遇到极大困难,毛泽东认为革命军队能渡过这一难关,主要是"由于我们下决心自己动手,建立了自己的公营经济。边区

政府办了许多的自给工业；军队进行了大规模的生产运动"。中华人民共和国成立后，毛泽东对劳动的重视从农业生产拓展到包括农业、工业、手工业和商业等社会生产的各个领域，认为生产劳动是巩固人民政权的根本途径。面对当时城市中工业陷于停顿状态、工人失业、劳动群众生活水平降低的困境，毛泽东提出要求，"我们的同志必须用极大的努力去学习生产的技术和管理生产的方法，必须去学习同生产有密切联系的商业工作、银行工作和其他工作"。此外，中国共产党进行社会主义改造，建立了现代化的大工业体系，极大提高了生产的社会化程度和劳动生产率。这一时期，毛泽东还提出实现"四个现代化"的奋斗目标，强调科学技术在劳动中的作用，要将其作为"四个现代化"的重要内容。

以邓小平同志为核心的党的第二代中央领导集体将发展生产力、经济建设作为党的工作重心。邓小平提出改革开放是生产力发展的动力和必由之路。他指出，社会主义的本质就是解放生产力、发展生产力，消灭剥削，消除两极分化，最终实现共同富裕。此外，邓小平高度重视科学技术的作用和力量："社会生产力有这样巨大的发展，劳动生产率有这样大幅度的提高，靠的是什么？最主要的是靠科学的力量、技术的力量。"

以习近平同志为核心的党中央更加强调在新的国际形势下要推动新型工业化和新质生产力的发展。党的二十大报告中强调，要建设现代化产业体系。坚持把发展经济的着力点放在实体经济上，推进新型工业化，加快建设制造强国、质量强国、航天强国、交通强国、网络强国、数字中国。实施产业基础再造工程和重大技术装备攻关工程，支持专精特新企业发展，推动制造业高端化、智能化、绿色化发展。2023年9月，习近平总书记在黑龙江考察时指出，要整合科技创新资源，引领发展战略性新兴产业和未来产业，加快形成新质生产力。

图文 认识新质生产力

2024年1月，习近平总书记在主持中共中央政治局第十一次集体学习时强调，发展新质生产力是推动高质量发展的内在要求和重要着力点，必须继续做好创新这篇大文章，推动新质生产力加快发展。习近平总书记关于新质生产力的一系列重要论述，是对马克思主义生产力理论的创新和发展，进一步丰富了习近平经济思想的内涵，标志着我们党关于生产力的认识实现了又一次飞跃，为推进高质量发展和中国式现代化提供了科学指引。

### （二）重视体力劳动与脑力劳动相结合

中华人民共和国成立初期，以毛泽东同志为核心的党的第一代中央领导集体提倡体力劳动与脑力劳动相结合。毛泽东认为，劳动是人类生存和发展的基础，是社会进步的源泉。他主张人们应该既从事体力劳动，又从事脑力劳动，以实现人的全面发展。他认为，体力劳动可以锻炼身体，增强体质，培养人的勤劳精神和集体主义精神；脑力劳动可以培养人的思维能力和创新能力，推动社会的进步。毛泽东还提倡"知识分子与工人农民相结合"，鼓励知识分子到农村去，与农民一起参加劳动，了解农民的生活和需求，为农民服务，将自己的知识用于实践，为社会主义建设作出贡献。

改革开放后，以邓小平同志为核心的党的第二代中央领导集体同样强调了体力劳动与脑力劳动相结合的重要性。邓小平强调："一定要在党内造成一种空气：尊重知识，尊重人才。要反对不尊重知识分子的错误思想。不论脑力劳动，体力劳动，都是劳动。从事脑力劳动的人也是劳动者。将来，脑力劳动和体力劳动更分不开。"这就说明脑力劳动者是广大劳动人民的一部分，调动他们的积极性，对于国家科学事业、教育事业的迅速发展和实现"四个现代化"有着重要作用。

以江泽民同志为核心的党的第三代中央领导集体在党的十六大报告中强调："要尊重和保护一切有益于人民和社会的劳动。不论是体力劳动还是脑力劳动，不论是简单劳动还是复杂劳动，一切为我国社会主义现代化建设作出贡献的劳动，都是光荣的，都应该得到承认和尊重。"也就是说，无论是哪种形式的劳动，只要是合法经营和诚实劳动，都是人类历史发展不可缺少的内容和推动力量，都应该得到承认、保护和尊重。

以习近平同志为核心的党中央提出了新时代应坚持的劳动观念："我们的根扎在劳动人民之中。在我们社会主义国家，一切劳动，无论是体力劳动还是脑力劳动，都值得尊重和鼓励；一切创造，无论是个人创造还是集体创造，也都值得尊重和鼓励。"这一观念体现了对劳动人民的深厚情感和对劳动价值的全面认可。一切推动社会进步的重要力量，都应当得到尊重和鼓励。这一观念不仅弘扬了不贪图不劳而获、辛勤付出的劳动精神，而且引导和塑造了全社会的劳动价值观。

### （三）重视劳动与教育相结合

百年来，中国共产党始终将劳动教育贯通大中小学各阶段，贯穿人才培养全过程。随着国民经济的不断进步以及劳动教育理论的深入发展，各个时期的劳动教育在具体内容、主要目标和实践举措等方面各有不同，但本质上一脉相承，都在特定的历史时期发挥了重要作用。

新民主主义革命时期，中国共产党迫切需要调动广大劳动群众的革命积极性，开垦荒地、发展生产、支援战争。1918年11月底，李大钊发表题为《庶民的胜利》的演讲，指出"今后的世界，变成劳工的世界"。此后，一些对社会主义和马克思主义学说有初步了解的有识之士开始认同和接受马克思主义劳动观，积极创办劳动主题刊物讴歌劳动精神，广泛开展社会调查，办夜校，过五一劳动节，开展劳工教育，启发工人阶级觉悟。

中华人民共和国成立初期，党的第一代中央领导集体深刻认识到，劳动要真正深入群众，必须从教育入手，把劳动和教育充分结合起来。毛泽东指出："几千年来，都是教育脱离劳动，现在要教育与劳动相结合""教育必须为无产阶级政治服务，必须同生产劳动相结合""劳动人民要知识化，知识分子要劳动化"。此外，毛泽东还强调了劳动教育在促进学生德智体全面发展中的作用，使之成为我国教育政策的重要组成部分，进而培养有社会主义觉悟的有文化的劳动者。

改革开放后，党的第二代中央领导集体核心邓小平同志强调，教育应与国民经济发展的要求相适应，以培养出真正符合社会主义建设需要的合格人才。他提出，"为了培养社会主义建设需要的合格的人才，我们必须认真研究在新的条件下，如何更好地贯彻教育与生产劳动相结合的方针"。他还认为，为了全面建设小康社会，需要对劳动者进行专业技能培训，提高劳动者的专业水平能力，提升劳动者的劳动经验，这样的劳动者才能够为中国经济发展和社会进步带来价值。党的第三代中央领导集体核心江泽民同志进一步将"科教兴国"作为中国发展的大方略,明确了劳动教育对科技发展的重要作用,以及对国家发展的长远影响。党的第四代中央领导集体核心胡锦涛同志高度重视劳动教育在社会发展中的作用,提升劳动人民的社会认可度和社会尊重度,倡导全体社会成员热爱劳动、勤奋劳动、尊重劳动,形成劳动光荣、知识崇高、人才宝贵、创造伟大的时代风尚。2000—2010年,国家密集出台相关教育改革文件,对教育进行顶层重构。2010年,《国家中长期教育改革和发展规划纲要(2010—2020年)》出台,根据新世纪的教育理念对教育与生产劳动相结合方针作了更深入的阐释,这意味着劳动教育成为新世纪培养学生全面发展的必要途径。

党的十八大以来,习近平总书记曾多次强调劳动的地位和劳动的作用,进一步阐释了我国劳动教育的方向,凸显出劳动教育在新时代中国特色社会主义建设中的重要作用,回答了新时代下"怎样培养人"的问题,明确了劳动的价值和劳动教育的重要性。在2015年的"五一"讲话中,习近平总书记从国家发展战略和民众追求幸福生活的重要性出发,对劳动者提出了"实施职工素质建设工程,推动建设宏大的知识型、技术型、创新型劳动者大军"的培养目标,这是加强和改革劳动教育的前提和基础。在2018年9月的全国教育大会上,习近平总书记强调了构建德智体美劳全面发展的教育体系的紧迫性,通过辛勤劳动、诚实劳动、创造性劳动促进国家发展的重要性,以及设置劳动教育课程的针对性。2019年出台的《国家职业教育改革实施方案》提出,要着力培养服务现代制造业、现代服务业、现代农业发展的高素质劳动者、技术技能人才,甚至是"大国工匠、能工巧匠"。2020年3月,中共中央、国务院出台《关于全面加强新时代大中小学劳动教育的意见》。同年7月,教育部印发《大中小学劳动教育指导纲要(试行)》,明确劳动教育的目标指向和行动指引。2021年4月,新修订的《中华人民共和国教育法》中规定"教育必须为社会主义现代化建设服务、为人民服务,必须与生产劳动和社会实践相结合,培养德智体美劳全面发展的社会主义建设者和接班人",为实施劳动教育提供了法律保障。伴随新一轮科技革命和产业变革的深入,全球进入创新密集时代,形成新质生产力是塑造未来发展新优势和赢得全球新一轮发展战略主动权的关键。高素质劳动者是推动新质生产力发展的重要保障,也是承担现代化建设任务的主体。面对新的发展形势,党和国家对"培养什么人"的问题作了新的判断,党的二十大报告明确指出:"教育、科技、人才是全面建设社会主义现代化国家的基础性、战略性支撑。必须坚持科技是第一生产力、人才是第一资源、创新是第一动力,深入实施科教兴国战略、人才强国战略、创新驱动发展战略,开辟发展新领域新赛道,不断塑造发展新动能新优势。"要进一步把教育、科技、人才有机结合起来,统筹推进,形成良性循环。

### (四)重视模范示范带动与激发劳动者主体自觉相结合

榜样的力量是无穷的。中国共产党始终高度重视弘扬劳模精神,激发广大劳动者的自豪感、自觉性和创造力。

以毛泽东同志为核心的党的第一代中央领导集体结合中国革命和社会主义建设的实际经验,创造性地开展了劳动英雄和模范工作者评选运动,丰富和发展了马克思主义劳动观。

毛泽东始终认为："人民，只有人民，才是创造世界历史的动力。"劳模运动始于陕甘宁边区的大生产运动，中国共产党强调把边区的农民群众和部队、机关、学校、工厂中的群众组织起来进行生产，解决边区财政问题，以巩固与发展政权。毛泽东还明确提出了劳模的三个作用——带头作用、骨干作用和桥梁作用。这一时期涌现出了以赵占魁、吴满有等为代表的我国第一代劳动模范。1950年，中共中央明确要求，"要把评选劳模形成固定的制度"，从而实现了劳模选树与表彰的常态化与制度化。在社会主义革命和建设时期，我国多次召开劳动模范表彰大会，表彰了以孟泰、王进喜、邓稼先、蒋筑英、时传祥等为代表的各行各业的劳动模范上万人，极大地激发了全国人民的创新精神和劳动热情，为中华人民共和国成立后国民经济的恢复发展和社会主义建设初步探索奠定了思想基础。

改革开放和社会主义现代化建设时期，以邓小平同志为核心的党的第二代中央领导集体强调尊重知识、尊重人才的思想，明确提出知识分子是工人阶级的一部分。1978年3月18日，邓小平在全国科学大会开幕式上指出，总的说来，知识分子的绝大多数已经是工人阶级和劳动人民自己的知识分子，因此也可以说，已经是工人阶级自己的一部分。他们与体力劳动者的区别，只是社会分工的不同。从事体力劳动的，从事脑力劳动的，都是社会主义社会的劳动者。这一重要思想扩大了劳模队伍的外延，丰富了劳模队伍的内涵，为劳模工作的发展明确了新的方向。同时邓小平主张重重奖励劳动模范，因为他们"是我们学习的榜样和团结的核心"。以江泽民同志为核心的党的第三代中央领导集体进一步倡导劳模精神。2000年4月29日，江泽民出席全国劳动模范和先进工作者表彰大会，他赞扬全国劳动模范和先进工作者是亿万劳动群众的杰出代表，在平凡的岗位上作出了不平凡的业绩，是建设社会主义物质文明和精神文明的先锋，是"民族的精英、国家的脊梁、社会的中坚和人民的楷模"。以胡锦涛同志为核心的党的第四代中央领导集体进一步在全社会大力弘扬伟大的劳模精神。在2010年的全国劳动模范和先进工作者表彰大会上，胡锦涛将体现中国工人阶级崇高品格的劳模精神概括为24个字，即"爱岗敬业、争创一流，艰苦奋斗、勇于创新，淡泊名利、甘于奉献"。他还提出要倡导尊重劳动、保护劳动的良好社会氛围，以行业榜样的力量激发劳动者的积极性、主动性和创造活力，发挥一切劳动者的首创精神。

进入新时代，以习近平同志为核心的党中央进一步把发挥劳动模范的作用提高到党治国理政全局的战略高度。习近平总书记关于劳模精神的重要论述是在坚持和发展中国特色社会主义伟大实践中逐渐形成的。当前，世界百年未有之大变局加速演进，虽然我国取得了脱贫攻坚战的伟大胜利并全面建成了小康社会，但全面建成社会主义现代化强国依然面临各种可预见和不可预见的困难和问题。习近平总书记指出，"道路不可能一帆风顺，蓝图不可能一蹴而就，梦想不可能一夜成真"。征途漫漫，惟有奋斗。劳模精神是劳动群众中的优秀分子"以高度的主人翁责任感、卓越的劳动创造和忘我的拼搏奉献"进行经济建设时形成的中国力量的体现，具有强大的榜样、引领和示范作用。习近平总书记指出，劳动模范"是我国劳动人民的杰出代表，是祖国和人民的骄傲"，劳模精神"是我们的宝贵精神财富和强大精神力量"。劳模精神是中国共产党精神谱系的重要组成部分，是实现中华民族伟大复兴重要的精神根基。

### (五)重视劳动权益和资本效益相统一

中华人民共和国成立后,在社会主义建设与改革开放的各个时期,党和国家始终坚持以人民为中心的发展思想,努力维护最广大人民群众的根本利益,不断优化各项调整劳资关系的政策,以促进经济的持续健康发展和社会的和谐稳定。可以说,马克思主义劳动观中国化的过程也是中国共产党人深入探寻适合我国国情的新型劳资关系的过程,通过政府调控机制和市场机制协同,实现劳动权益和资本效益相统一,生产力发展和生产关系完善相统一。

中华人民共和国成立初期,国家实施了对农业、手工业和资本主义工商业的社会主义改造,确立了生产资料公有制。在这个过程中,劳动者的地位发生了根本变化,从被剥削者变成了生产资料的主人。国家对资本进行了重新分配和调控,以确保社会主义建设的方向。这一时期,劳动者与资本的关系是在国家计划和公有制框架下进行调整的,劳动者的地位得到了法律保障,但同时也存在行政化和身份化的问题,国家通过统一的计划和分配制度,对劳动者的就业、工资、福利等方面进行统一管理。企业与劳动者的关系实质上是国家与劳动者的关系。

改革开放初期,党的十一届三中全会后,党和国家变革生产关系,释放了长期被束缚的生产力。第一,保障劳动者的劳动就业,确保其保持劳动热情和劳动意愿而能扎根劳动。邓小平强调:"中国式的现代化,必须从中国的特点出发……不统筹兼顾,我们就会长期面对着一个就业不充分的社会问题。"他号召"继续广开门路,主要通过集体经济和个体劳动的多种形式,尽可能多地安排待业人员"。第二,推动劳动关系的市场化发展。《国营企业实行劳动合同制暂行规定》等文件的出台打破了计划经济时期的固定工制度,拓宽了国营企业的用工渠道。第三,注重保障劳动者合法权益。为了改掉当时普遍存在的工厂管理问题,邓小平主张用法律手段解决劳资冲突、劳资纠纷、劳资矛盾等问题,用法律保障劳动者的权益,强调应该集中力量制定工厂法、环境保护法、劳动法等,国家和企业、企业和企业、企业和个人等之间的关系,也要用法律的形式来确定。

社会主义市场经济体制建立后,国家进一步致力于劳动、资本等各类要素之间的平等协商、合理分配。法律制度层面,《中华人民共和国劳动法》《中华人民共和国劳动合同法》等法律法规的相继出台推动了劳资关系的法治化进程,防止资本无序扩张对劳动者权益的损害。分配制度层面,党的十四大调整为坚持公有制和按劳分配为主体,其他经济成分和分配方式为补充,但没有明确资本等要素在市场经济推进中的作用和获得合理价值分配的原则。伴随经济发展,要素市场相继建立,包括资本在内的诸多生产要素越来越多地参与生产和流通环节,为规范各要素的价值分配,党的十五大提出"把按劳分配和按生产要素分配结合起来",首次将劳动和其他生产要素并列,承认它们在财富创造及价值形成中的地位和作用,关注不同生产要素的价值分配问题,而非价值创造问题。但是,劳动的价值相对抽象,难以计量,现实分配中存在向其他生产要素倾斜而忽视劳动的倾向,导致社会收入差距扩大,劳动者权益受损。因此,党的十六大针对分配制度作了新的解释:"确立劳动、资本、技术和管理等生产要素按贡献参与分配的原则,完善按劳分配为主体,多种分配方式并存的分配制度""放手让一切劳动、知识、技术、管理和资本的活力竞相迸发,让一切创造社会财富的源泉充分涌流,以造福于人民"。明确了生产要素的具体内容,并确立按劳分配在整个分配中的主体地位,保护了劳动者利益。党的十七大报告指出,深化收入分配制度改革,要"健全劳动、资本、技术、管理等生产要素按贡献参与分配的制度"。切实发展和谐劳动关系,建立健全劳动关系协调机制,完善劳动保护机制,让广大劳动群众实现体面劳动。

进入新时代,以习近平同志为核心的党中央进一步完善分配制度,扩大劳动权益、提升资本效益,构建和谐的劳动关系。习近平总书记指出:"要历史地、发展地、辩证地认识和把握我国社会存在的各类资本及其作用。在社会主义市场经济体制下,资本是带动各类生产要素集聚配置的重要纽带,是促进社会生产力发展的重要力量,要发挥资本促进社会生产力发展的积极作用。同时,必须认识到,资本具有逐利本性,如不加以规范和约束,就会给经济社会发展带来不可估量的危害。"因此,党的二十大报告强调"充分发挥市场在资源配置中的决定性作用,更好发挥政府作用""完善中国特色现代企业制度,弘扬企业家精神,加快建设世界一流企业""构建全国统一大市场,深化要素市场化改革,建设高标准市场体系。完善产权保护、市场准入、公平竞争、社会信用等市场经济基础制度,优化营商环境"。这些举措旨在确保资本等生产要素充分发挥积极作用。另外,党和国家增进民生福祉,强化劳动权益保障。党的二十大报告中明确指出,办好人民满意的教育,加快建设高质量教育体系,发展素质教育,促进教育公平;完善分配制度,实施就业优先战略,健全社会保障体系,推进健康中国建设,教育公平,推动劳动者素质提升和职业发展。

## 拓展阅读

### 工资条里看巨变　中国居民收入已实现历史性突破

中华人民共和国成立70年来,中国居民人均可支配收入实际增长近60倍,日子越过越好。

#### 从年均445元到8万多元,工资收入大幅增长

国家统计局数据显示,改革开放前,中国平均工资增长较慢,1952—1978年,全部职工平均工资从445元增加到615元,增长了38.2%,扣除物价因素,实际增长不多。改革开放后,经济发展不断迈上新台阶,城镇就业人员平均工资快速增长。中共十八大以来,城镇单位就业人员年平均工资增长速度为9.6%,扣除价格因素实际平均增长7.4%,高于同期GDP增速,中国形成世界上人口最多的中等收入群体。

#### 从"大锅饭"到按劳分配,分配制度适应发展需求

70年来,工资收入的大幅增长既得益于整体经济的发展壮大,也离不开工资分配制度的改革完善。20世纪70年代末,中国打破平均主义"大锅饭",恢复按劳分配原则,形成了以按劳分配为主体、多种分配方式并存的收入分配制度,各类生产要素按贡献分配的格局大体形成。"市场机制调节、企业自主分配、职工民主参与、国家监控指导"的工资宏观调控制度框架已搭建。不久前,一些省份陆续公布调整2019年最低工资标准,上海、北京、广东、天津、江苏、浙江等地月最低工资标准超过2 000元,劳动者将获得真金白银的实惠。

**从单一的工资收入到经营收入、财产性收入占比提升,收入来源更加多元化**

过去,农民靠土地,城镇居民靠工资。今天,进城务工、创新创业,各类增收路子五花八门,收入来源十分单一的情况永远成为了历史。当前,亿万劳动者和广大居民拥有包括工资性收入、经营性收入、财产性收入、转移性收入等多种收入渠道和途径。

(资料来源:《人民日报》海外版,2019年10月8日,有改动。)

### 三、新时代的劳动观念

新时代的劳动观念包含了劳动价值观、劳动精神观、劳动主体观和劳动关系观四大方面的内容。就其内容架构而言,劳动价值观是新时代劳动观念的立论基础,劳动精神观是新时代劳动观念的根本遵循,劳动主体观是新时代劳动观念的力量支撑,劳动关系观是新时代劳动观念的实践路径。这一观念体系旨在推动实现劳动创造美好的生活成为民众共识、艰苦奋斗成为主流风尚的社会底色、社会主义是干出来的成为国家旋律、劳动浇筑命运共同体成为世界追求。

#### (一)劳动价值观

新时代的劳动价值观从根源上指出了劳动对人类社会进步、国家历史发展、个体价值实现的基础性作用。从"劳动是推动人类社会进步的根本力量"到"劳动是一切成功的必经之路",从"社会主义是干出来的,新时代也是干出来的"到"人民创造历史,劳动开创未来""我们所处的时代是催人奋进的伟大时代,我们进行的事业是前无古人的伟大事业,我们正在从事的中国特色社会主义事业是全体人民的共同事业。全面建成小康社会,进而建成富强民主文明和谐的社会主义现代化国家,根本上靠劳动、靠劳动者创造"……这一系列深入人心的论断,是习近平总书记立足新时代背景、世界百年未有之大变局的科学考量。这些对劳动不可撼动的崇高地位和不可取代的重要作用的阐述,夯实和发展了劳动价值观,为"劳动光荣、创造伟大成为铿锵的时代强音"打下坚实基础,让"劳动最光荣、劳动最崇高、劳动最伟大、劳动最美丽"的价值观蔚然成风。

#### (二)劳动精神观

2013年,在同全国劳动模范代表座谈时,习近平总书记强调,"实现我们的发展目标,不仅要在物质上强大起来,而且要在精神上强大起来"。这在一定程度上为劳动精神的弘扬奠定了基调。2014年,习近平总书记在乌鲁木齐接见劳动模范和先进工作者、先进人物代表时指出,"要在全社会大力弘扬劳动光荣、知识崇高、人才宝贵、创造伟大的时代新风,促使全体社会成员弘扬劳动精神,推动全社会热爱劳动、投身劳动、爱岗敬业,为改革开放和社会主义现代化建设贡献智慧和力量"。这是习近平总书记首次提出"劳动精神",对弘扬劳动精神提出明确要求。此后,他进一步强调,"在前进道路上,我们要始终弘扬劳模精神、劳动精神,为中国经济社会发展汇聚强大正能量""要在全社会大力弘扬劳动精神,提倡通过诚实劳动来实现人生的梦想、改变自己的命运,反对一切不劳而获、投机取巧、贪图享乐的思想"。

习近平总书记所倡导的劳动精神涉及目标、理念和行为3个不同层面。第一,目标层面,即劳动应达到的理想境界,就是带领广大劳动者实现科学劳动、体面劳动、幸福劳动。这3种劳动状态分别对应理想的劳动方式、积极的劳动评价、内在的劳动感受,共同构成劳动的原动力和方向标。第二,理念层面,即广大劳动者对劳动的认知定位、心理倾向和情感态度,旨在确保广大劳动者立足自身岗位,尊重劳动、崇尚劳动、热爱劳动,彰显了从普遍社会认识到个人品行追求的情感内化过程。第三,行为层面,即劳动者在劳动过程中呈现的基本要求、内在品性、劳动方式等,确保广大劳动者辛勤劳动、诚实劳动、创造性劳动,进而能够实现奋斗目标、开创美好未来。这是针对劳动精力投入、品格要求和方法导向,为劳动者勾画的劳动得以有效实施的路线图。

### (三) 劳动主体观

任何形式的劳动都要依靠人,人是劳动的主体。在新时代的劳动观念中,工人阶级和广大劳动群众构成的劳动主体始终占据着最核心的位置。习近平总书记认为,工人阶级和广大劳动群众始终是推动我国经济社会发展、维护社会安定团结的根本力量。劳动主体观中的劳动主体涵盖了各行各业的劳动者,包括作为主力军的工人阶级、作为坚实力量的农民阶级、作为重要力量的知识分子群体和作为有生力量的青年群体。每一个辛勤工作的人都是劳动主体,构成了"亿万劳动群众是主体力量"的劳动主体观。这一观念为和谐劳动关系观奠定了基础,也为现实中汇聚磅礴力量提供了观念支撑。

劳动主体观的另一层意蕴,是通过促进人的全面发展,提升劳动主体综合素质,彰显劳动者主体性,为全面建设社会主义现代化国家、实现第二个百年奋斗目标,造就一支高素质劳动者队伍。因此,习近平总书记提出:"当代工人不仅要有力量,还要有智慧、有技术,能发明、会创新,以实际行动奏响时代主旋律"。这是对劳动主体全面发展的希冀和设想。劳动主体能否全面发展,事关劳动效率的高低,事关劳动生产力发展,决定着国家的命运和未来。因此,他呼吁"建设知识型、技能型、创新型劳动者大军",只有确保劳动者具备较高素质,才能确保他们能够胜任各自的岗位,为各项事业发展提供强有力的智力支持和人才保证。

### (四) 劳动关系观

从广义上来讲,劳动关系不仅包括劳动力所有者与劳动力使用者之间的关系,还包括劳动者之间的关系,劳动者与周围环境要素的关系。人类的生存和发展离不开劳动,因此劳动关系是人类社会中最基本和最重要的社会关系之一。和谐的劳动关系对国家、社会、企业和个人的发展至关重要。2011年8月15日,在全国构建和谐劳动关系先进表彰暨经验交流会上,习近平总书记全面阐述了和谐劳动关系观。第一,明确构建和谐劳动关系的必要性。构建和谐劳动关系是建设社会主义和谐社会的重要基础,是增强党的执政基础、巩固党的执政地位的必然要求,是坚持中国特色社会主义道路、贯彻中国特色社会主义理论体系、完善中国特色社会主义制度的重要组成部分,其经济、政治、社会意义十分重大而深远。第二,指明了构建和谐劳动关系的目标和原则。构建和谐劳动关系的目标是形成规范有序、公正合理、

视频
遇建：向奋斗者致敬

互利共赢、和谐稳定的劳动关系，必须加强调整劳动关系的法律、制度、体制、机制和能力建设，实现劳动用工更加规范，职工工资合理增长，劳动条件不断改善，职工安全健康得到切实保障，社会保险全面覆盖，人文关怀日益加强，有效预防和化解劳动关系矛盾，建立规范有序、公正合理、互利共赢、和谐稳定的劳动关系。第三，提出了构建和谐劳动关系的主体。要完善政府、工会、企业共同参与的协商协调机制，切实实现好、维护好、发展好劳动者合法权益。

# 单元三 认识劳动教育

## 一、劳动教育的内涵

### （一）从德育角度看劳动教育

劳动教育具有德育属性。根据《辞海》（第七版）的定义，劳动教育是德育内容之一，旨在使受教育者树立正确的劳动观点和态度，养成劳动习惯。其主要内容包括懂得劳动在历史发展和社会主义建设中的伟大意义，认识到劳动是公民的义务和权利；热爱劳动和劳动人民，养成劳动习惯；树立学习是学生的主要劳动的观点。此外，《中国大百科全书·教育》中劳动教育的定义为："使学生树立正确的劳动观点和劳动态度，热爱劳动和劳动人民，养成劳动习惯的教育，是德育的内容之一。"这个定义从狭义的角度出发，强调培养学生正确的劳动观念和态度，以及热爱劳动和劳动人民的情感。

综合二者可以看出，劳动教育的主要目标是通过教育手段，使学生形成正确的劳动观念，培养热爱劳动的情感和习惯，以及理解劳动在个人和社会发展中的重要性。同时，劳动教育也是德育的一部分，与学生的全面发展密切相关。

### （二）从智育角度看劳动教育

劳动教育具有智育属性。智育是教育者有目的、有计划、有组织地向学生传授系统的科学文化知识和技能的教育活动，为学生奠定比较完整的知识基础，并培养科学态度、创造性思维能力、勇于探索的精神。《教师百科辞典》中将劳动教育定义为"向受教育者传播现代生产的基本知识和技能，培养他们具有正确的劳动观点、劳动习惯和热爱劳动人民、劳动成果的感情。劳动教育十分重视劳动过程中的智力因素，把平凡的劳动同创造性劳动结合起来，把简单的劳动与富有知识的劳动结合起来"。以上定义强调了劳动教育的智育属性，即将劳动教育的主要价值定位为传播现代生产基本知识和技能，提高社会劳动生产的智力水平。

劳动教育的智育属性具体表现为：第一，在劳动过程中，学生需要有目的、有计划地制订劳动任务方案，解决实际问题，对劳动过程、劳动工具和劳动成果进行评价和反思，这需要他们运用逻辑思维、批判性思维和创造性思维。第二，劳动教育可以教授学生各种实用技能，如工具使用、机械操作、园艺、烹饪等，这些技能的学习过程本身就是智育的过程。第三，劳动教育可以激发学生的好奇心和探索欲，鼓励他们对劳动过程进行观察、提问和实验，这是一种科学探究的过程。

### （三）从体育与健康教育角度看劳动教育

劳动教育具有体育与健康教育属性。《关于全面加强和改进新时代学校体育工作的意见》和《〈体育与健康〉教学改革指导纲要（试行）》中明确了体育与健康的目标要求。体育教育旨在通过体育活动增强学生体质，培养学生的运动技能和团队合作精神。它不仅关注学生的身体健康，也强调通过体育锻炼来培养学生的意志品质和社交能力。健康教育在体育教学中占有重要位置，要求学生掌握健康知识、树立健康意识、培养健康心理、养成健康行为，内容涉及健康行为与生活方式、传染病预防与公共卫生事件应对、安全应急与避险等。

劳动教育的体育与健康教育属性具体表现为：第一，劳动教育中的日常生活劳动、生产和服务性劳动，都需要身体的参与和力量的使用，尤其是需要投入更多体力劳动的实践活动，能够增强学生的体质，提高学生身体的协调性和灵活性。对身体的控制能力是劳动技能的重要组成部分，这与体育教育中通过体育活动增强体质、习得技能的目标是一致的。第二，劳动教育强调通过劳动实践磨炼学生的意志，培养学生的毅力，这与体育教育中通过运动挑战来锻炼学生的意志力是相同的。第三，在劳动教育中，学生经常需要通过团队协作完成劳动任务，这种团队合作精神与体育教育中的团队运动项目对团队精神的培养是相通的。第四，在劳动教育中，关于劳动安全和劳动保护的内容能够增强学生的健康意识和自我保护能力，使之了解如何在生活、工作中预防伤害。另外，劳动过程可以带来成就感和满足感，有助于学生建立自信，使其能够对抗压力和挑战，这对学生的心理健康有积极影响。

### （四）从美育角度看劳动教育

劳动教育具有美育属性。《关于全面加强和改进新时代学校美育工作的意见》和《教育部关于全面实施学校美育浸润行动的通知》中明确了美育的目标要求。美育是指通过教育提升人们认识美、理解美、欣赏美、创作美的能力，涵盖文化理解、审美感知、艺术表现、创意实践等核心素养的全面提升，它是新时代培养德智体美劳全面发展的社会主义建设者和接班人的重要着力点。美育是一种"具身体验"，学生需要通过多看、多动手来认识美、理解美、欣赏美、创作美。美育的目标是培养学生的审美能力和创造力，同时关注学生的情感、道德和心理健康。劳动教育正是通过劳动实践揭示美的本质规律，彰显劳动内蕴的和谐与自由之美，不仅能提高学生的劳动技能，更能培养学生的审美力和创造力，促进人的全面发展。

劳动教育的美育属性具体表现为：第一，在劳动中，学生通过体验劳动过程的节奏、韵律和秩序，以及体验劳动对象在转化为劳动成果过程中显现的比例、对称、和谐等，感受劳动技能技艺之美。第二，在劳动中，学生通过发挥想象力和创造力设计作品、解决问题，感受创造性实践之美。第三，在劳动中，学生通过劳动分工、集体协作，感受劳动品质之美。第四，在劳动中，学生通过脑力和体力相结合的审美实践，感受身心和谐之美。第五，在劳动中，学生通过传承技艺,感受文化之美。

### (五)从创新创业教育角度看劳动教育

劳动教育具有创新创业教育的属性。《关于深化高等学校创新创业教育改革的实施意见》和《关于进一步支持大学生创新创业的指导意见》中明确了创新创业教育的目标要求。创新创业教育是指在高等教育领域,通过改革教育模式,将创新精神、创业意识和创新创业能力作为教育的重要内容,旨在培养学生的创新思维和实践能力,以及将科技理论知识转化为实际应用成果的能力。劳动教育在培养学生的实践能力、创新思维、职业精神、社会责任感、团队协作能力、风险意识和正确价值观等方面都具有重要的作用。劳动教育可以为学生的创新创业活动提供坚实的基础和必要的素质准备。

劳动教育的创新创业教育属性具体表现为:第一,在劳动过程中,学生可能会面临各种挑战和问题,这一过程可以激发学生的创造力、创新思维。第二,劳动教育强调勤奋、诚实、负责等职业精神的培养,这些品质对学生的创新创业实践至关重要。第三,通过劳动,学生能够体会到劳动的价值和意义,提升对劳动人民的尊重和对社会的责任感,进而在创新创业过程中更加注重社会价值和公共利益。第四,劳动教育强调让学生在安全的环境中体验到劳动的艰辛和挑战,从而培养学生的风险意识和应对挫折的能力,这对学生在创业过程中从容面对不确定性和实施有效的风险管理至关重要。第五,劳动教育是体力劳动、智力劳动、创造性劳动相结合的教育,通过劳动教育,学生可以全面提升综合素质,为创新创业实践积蓄力量。

## 二、劳动教育的意义

### (一)助力强国战略

劳动教育在中国式现代化建设和民族复兴中发挥着重要作用。中华民族伟大复兴"绝不是轻轻松松、敲锣打鼓就能实现的",需要培养出一代又一代真正认同这一伟大事业的建设者和接班人接续奋斗。党的二十大报告明确指出,"教育、科技、人才是全面建设社会主义现代化国家的基础性、战略性支撑"。劳动教育"直接决定社会主义建设者和接班人的劳动精神面貌、劳动价值取向和劳动技能水平"。劳动教育作为国民教育体系的重要内容,着眼全球发展大局,能够培养国民的全球胜任力,为国家应对全球竞争提供源源不断的人才资源。

### (二)助力共同富裕

习近平总书记强调,幸福生活都是奋斗出来的,共同富裕要靠勤劳智慧来创造。从党和国家层面来说,要将高质量发展与改善民生紧密结合,创造更公平的教育、就业、创业环境,让更多的人拥有平等的发展机会,激发全体劳动者的进取之心和创新精神。从个体层面来说,在这个人人都可以出彩的新时代,要克服懒惰、"躺平"和"等靠要"等不良倾向,不断增强自身创富的实践力量。由此可见,高素质劳动者是共同富裕的根本前提。劳动教育可以优化育人链条、创新育人方式、释放综合育人价值,是提升人的综合能力、增加社会人力资本存量、实现全体人民共同富裕的有效途径。

### （三）助力人的全面发展

马克思主义劳动观认为，劳动创造了人本身，教育与生产劳动相结合是造就全面发展的人的唯一方法。党的十八大以来，习近平总书记高度重视劳动教育在促进人的全面发展中的战略地位和综合育人价值。劳动教育可以引导学生自觉继承弘扬中华民族的勤俭、奋斗、创新、奉献等劳动精神，学会通过辛勤、诚实和创造性劳动在服务与贡献他人和社会的过程中实现自我价值；劳动教育可以引导学生运用人类一切科学知识进行创造性劳动，不断提高自己的思维能力和实践能力；劳动教育可以引导学生通过持续的劳动锻炼获得强健体魄，为个人身心和谐发展奠定良好的生理基础；劳动教育可以引导学生在劳动实践中感知美、欣赏美、创造美，学会自觉通过劳动创造美好的生活。

综上所述，劳动教育在多个方面都发挥着重要作用，是实现国家发展、民族复兴、共同富裕和个人全面发展的关键因素。

## 三、劳动教育的内容

劳动教育是中国特色社会主义教育体系的重要组成部分，不仅涵盖理论知识的学习，而且包括实际操作技能的培养、情感态度的塑造，以及价值观和习惯的养成。这是一个全面培养学生劳动素养的教育模式，旨在为学生的全面发展和终身学习奠定基础。劳动教育内容体系包含劳动价值观、劳动情感态度、劳动品质、劳动习惯和劳动知识与技能5个方面。

### （一）劳动价值观

第一，通过劳动教育让"劳动最光荣、劳动最崇高、劳动最伟大、劳动最美丽"的价值观内化于心、外化于行。

第二，教育学生认识到劳动是创造价值的源泉，是社会进步和个人发展的基础。

第三，倡导社会主义核心价值观，劳动不分贵贱，任何形式的劳动都是对社会有益的，都应得到尊重，通过诚实劳动能实现个人价值和为社会作贡献。

### （二）劳动情感态度

第一，培育积极态度。培养学生热爱劳动、热爱创造的积极态度，激发他们通过劳动改善生活、服务社会的热情。

第二，培植真挚情感。引导学生真切体验"中国人民具有的伟大创造精神、伟大奋斗精神、伟大团结精神、伟大梦想精神"，领会"幸福是奋斗出来的"内涵和意义，培养"勤俭、奋斗、创新、奉献"的劳动精神，尊重所有劳动者和劳动成果。

### （三）劳动品质

第一，勤奋和毅力。通过劳动教育锻炼学生的毅力，培养他们"坚持艰苦奋斗，不贪图安逸，不惧怕困难，不怨天尤人，依靠勤劳和汗水开辟人生和事业前程"的劳动美德。

第二，诚实和信用。在劳动教育过程中强调诚实劳动，使学生深刻领悟"人世间的美好梦想，只有通过诚实劳动才能实现；发展中的各种难题，只有通过诚实劳动才能破解；生命里的一切辉煌,只有通过诚实劳动才能铸就"。

第三,创新和创造。鼓励学生在劳动中发挥创造性思维,勇于尝试新方法,提高效率。

### (四)劳动习惯

第一,规律性。按照一定的计划和时间安排进行劳动,培养良好的时间管理习惯。

第二,条理性。在劳动中注重方法和步骤,培养井井有条的工作习惯。

第三,整洁性。在劳动中维持实践活动环境的整洁,同时能够呈现完整的劳动成果并不断优化完善,培养与劳动环境和谐共处的习惯。

### (五)劳动知识与技能

第一,教授必要的劳动知识。如劳动安全、劳动法规、劳动权益保护等。

第二,培养学生的劳动技能,包括专业技能和通用技能。如使用工具、机械操作、工艺制作等。

第三,提高学生的科技素养。结合现代科技发展,让学生了解新技术、新工艺。

第四,增强学生的创新能力和适应能力。通过实际操作和实践,提升学生解决实际问题的能力。

劳动教育的内容体系是多维度、多层次的,旨在通过系统的教育,让学生在思想上认同劳动的价值,在情感上热爱劳动,在品质上表现出优秀的劳动精神,在习惯上形成良好的劳动行为,在行动上掌握必要的劳动知识和技能。这样的教育可以全面提高学生的劳动素质,为社会主义现代化建设培养合格的建设者和可靠的接班人。

## 四、劳动教育的方法

教育方法是教师实现育人目标、学生达成成长目标所采取的行为方式的总和。教育方法的选择需要根据教育内容、教育对象、教育环境的变化而调整,因地制宜、因材施教、与时俱进,以确保教育的有效性。劳动教育的方法通常包括讲解说明、淬炼操作、项目实践、反思交流和榜样激励5种。

### (一)讲解说明

讲解说明是劳动教育的基础环节,涉及对劳动的意义和价值的解释。教师通过创设模拟情境或简化劳动操作任务,让学生体验劳动内容和过程,获得感性经验;通过理论教学让学生理解劳动的意义、价值和劳动者的尊严。讲解内容应包括劳动法律法规、劳动者的权益保护、劳动与经济发展和社会进步的关系等。通过讲解说明,学生可以更好地理解劳动的本质和重要性,从而增强对劳动的认同和尊重。

### (二)淬炼操作

在淬炼操作环节,通过实践操作让学生掌握一定的劳动技能。这一阶段可以在学校实验室、工作坊或校外实践基地进行。淬炼操作应遵循从简单到复杂、从单一到多元的原则,让学生在动手实践中不断积累经验,提高技能。通过实践操作,学生可以培养动手能力、创造力和问题解决能力。

### （三）项目实践

在项目实践方面,通过组织学生参与实际的劳动项目,如社区服务、环境保护、生产劳动等,学生将所学知识和技能应用于实际工作中,体验劳动的辛苦与快乐,培养团队协作和问题解决能力。项目实践可以让学生将理论与实践相结合,提高理论应用能力。

### （四）反思交流

反思交流环节是在劳动后进行反思和交流,是劳动教育不可或缺的一环。学生可以通过写作、讨论、演讲等形式,分享劳动体验,反思劳动过程中的收获和不足,从而深化对劳动的理解。反思交流可以让学生从实践中总结经验,不断提高自己的劳动能力和综合素质。

### （五）榜样激励

在榜样激励方面,通过树立劳动模范和先进典型,激励学生向他们学习。可以邀请劳动模范来校开讲座,或者通过媒体宣传劳动者的先进事迹,让学生感受到劳动的光荣和崇高。榜样激励可以激发学生的内在动力和积极性,培养他们的劳动精神和责任感。

总体来看,劳动教育的方法是理论与实践相结合的方法,通过多元化的教学手段和实践活动,激发学生的内生动力,教授学生具体的劳动技能,并通过劳动来培养学生的思想性、社会性和实践性,帮助他们形成正确的劳动观念,增强他们的责任感和创新意识,从而全面提高他们的综合素质。

## 观影启智

请扫码阅读影片相关材料,思考对应问题。

图文
《功勋》《柴米油盐之上》赏析

### 电视剧《功勋》

1. 请思考英雄叙事在构建国家记忆和民族认同方面的作用,以及《功勋》如何通过艺术形式来传承和弘扬英雄精神。

2. 请讨论媒体在表现历史和英雄人物时如何处理真实性与艺术加工之间的关系。

3. 《功勋》如何吸引不同年龄层和文化背景的观众,并引起他们的共鸣?

4. 请分析职业精神在个人职业生涯中的重要性,以及如何通过树立职业精神来实现个人价值和为社会作贡献。

### 纪录片《柴米油盐之上》

1. 请讨论如何通过不同文化背景的视角来讲述和理解中国故事。

2. 请思考在全球化背景下,如何利用国际合作来传播中国文化,以及国际合作对文化自信和文化软实力的影响。

3. 请结合纪录片中的人物故事，以及改革开放以来中国社会的变化，探讨个人如何在中国快速发展的社会中找到自己的位置，并实现个人价值。

4. 请讨论劳动在实现个人幸福和社会进步方面的作用，以及如何通过劳动创造个人和社会的双重价值。

**知识地图**

- 劳动与劳动教育
  - 认识劳动
    - 劳动的内涵
      - 劳动的概念
      - 劳动的要素
      - 劳动的属性
    - 劳动的分类
      - 生产劳动和非生产劳动
      - 物质性劳动与非物质性劳动
      - 重复性劳动和创造性劳动
    - 劳动的价值
      - 生存层面
      - 生活层面
      - 发展层面
  - 马克思主义劳动观
    - 马克思主义劳动观概述
      - 劳动与人的起源
      - 劳动与社会进步
      - 资本统治劳动，异化劳动产生
      - 扬弃异化劳动，实现人的全面发展
    - 马克思主义劳动观中国化
      - 重视生产力在革命和社会主义建设发展中的作用
      - 重视体力劳动与脑力劳动相结合
      - 重视劳动与教育相结合
      - 重视模范示范带动与激发劳动者主体自觉相结合
      - 重视劳动权益和资本效益相统一
    - 新时代的劳动观念
      - 劳动价值观
      - 劳动精神观
      - 劳动主体观
      - 劳动关系观
  - 认识劳动教育
    - 劳动教育的内涵
      - 从德育角度看劳动教育
      - 从智育角度看劳动教育
      - 从体育与健康教育角度看劳动教育
      - 从美育角度看劳动教育
      - 从创新创业教育角度看劳动教育
    - 劳动教育的意义
      - 助力强国战略
      - 助力共同富裕
      - 助力人的全面发展
    - 劳动教育的内容
      - 劳动价值观
      - 劳动情感态度
      - 劳动品质
      - 劳动习惯
      - 劳动知识与技能
    - 劳动教育的方法
      - 讲解说明
      - 淬炼操作
      - 项目实践
      - 反思交流
      - 榜样激励

# 专题二 劳动与人类文明

### 言之有理

中华优秀传统文化源远流长、博大精深，是中华文明的智慧结晶，其中蕴含的天下为公、民为邦本、为政以德、革故鼎新、任人唯贤、天人合一、自强不息、厚德载物、讲信修睦、亲仁善邻等，是中国人民在长期生产生活中积累的宇宙观、天下观、社会观、道德观的重要体现，同科学社会主义价值观主张具有高度契合性。

——习近平，选自2022年10月16日在中国共产党第二十次全国代表大会上的报告

文明不是哪一个或哪几个民族的功劳，而是许多民族互相学习、共同创造的。

——吕叔湘，选自《〈文明与野蛮〉重印后记》

### 核心问题

1. 人类文明为何生生不息？其力量之源是什么？
2. 在历史的演进中，不同文明阶段之间的关系是什么？
3. 中国文化中蕴含了哪些劳动之美？

> **导引阅读**
>
> ### 敦煌研究院的青年文保工作者：大漠黄沙地　奋斗绽芳华
>
> 　　河西走廊最西端，大漠戈壁深处，坐落着古丝绸之路重镇——甘肃敦煌。每年，络绎不绝的游客从千万里之外赶来这里，只为一睹莫高窟的遗世风采。莫高窟始建于公元366年，集建筑、彩塑、壁画于一体，具有极高的文化价值。从二十世纪五六十年代开始，国家投入大量人力财力用于莫高窟文物的保护、维修与研究；一批批年轻人来到莫高窟，沐月当歌、踏沙而行，守护石窟、守护文明，用智慧和汗水凝成了坚守大漠、甘于奉献、勇于担当、开拓进取的莫高精神（图1-2-1至图1-2-3）。凭借着几代人的接续奋斗，敦煌研究院已发展成为我国拥有世界文化遗产数量最多、跨区域范围最广的文博管理机构，以及在国际上极具影响力的敦煌学研究实体、古代壁画与土遗址保护科研基地，在文物保护和研究、弘扬中华优秀传统文化等方面作出了巨大贡献。
>
> 　　在敦煌研究院，有人们耳熟能详的名家大家，也有许多默默坚守的年轻人。1988年出生的王娇，研究生毕业后进入敦煌研究院，7年来一直从事敦煌石窟考古报告的编写工作；1987年出生的杨金礼，19岁来到莫高窟，成为一名壁画修复师；"90后"刘小同2014年加入，专注为莫高窟"画像"……如今的敦煌研究
>
>
>
> 图1-2-1　敦煌研究院技术人员在莫高窟98窟内对病害壁画进行修复
>
>
>
> 图1-2-2　时任敦煌研究院院长樊锦诗在查阅资料　　图1-2-3　敦煌研究院保护所工作人员詹鸿涛在莫高窟顶沙山上准备观测仪器
>
> （图片来源：《光明日报》，2020年1月16日）

院拥有一支200余人、产学研一体的保护队伍，其中不乏"80后""90后""95后"。他们受前辈感召，追寻艺术理想，从四面八方汇聚而来，深深扎根，为"把莫高窟保护好，把敦煌文化传承好"而坚守、奉献，各展其才、各尽其能，传承接力，坚持不懈、苦心钻研、开拓创新，以回报历代无名工匠和研究院老一辈的辛苦，也为"激发全民族文化创新创造活力，建设社会主义文化强国"尽一份绵薄之力。

文物修复保护是与时间赛跑，是名副其实的精细活，既需要时不我待的紧迫感，也当有"千万锤成一器"的卓越追求。掌握遗迹细节，需要一遍遍去洞窟观察核实；壁画年代久远，稍有不慎就可能造成不可逆损害；临摹古人作品，差之毫厘就会被懂行的人看笑话。无论是编撰考古报告，还是修复出现病害的壁画，抑或是通过临摹恢复壁画原貌，"干这一行，真得磨性子，心要沉得下"，这是老一辈莫高人的殷殷叮嘱，也是年轻人参与其中的切身感悟。

文物保护不仅仅需要个体的奉献精神、专业素养，还需要科学高效的协作机制。这支朝气蓬勃的团队便是基于"产、学、研、用一体"的创新机制，将科学研究与工程实践紧密结合，破解文物保护难题。"十一五"以来，团队完成55项国家及省部级课题，授权技术专利82项，编制国家和行业技术标准17项，获国家科技进步二等奖2项、国家发明四等奖1项、省部级科技奖励18项。其中，231项研究成果成功应用于全国重点文物保护工程，抢救了大量濒危古遗址。此外，团队积极开展文明对话、文化交流，面向"一带一路"国家开展古代壁画与土遗址保护基础研究和技术研发成果的推广与应用，得到了国内外同行的高度认可，促进了文化传播、文明互鉴、民心相通。

今天，莫高窟的工作、生活条件已得到极大改善，但莫高人身上那份"择一事、终一生"的信念，那种"夜夜敦煌入梦来"的炽热情怀，那份"做好传帮带、传好接力棒"的担当，始终在赓续绵延。新一代莫高人正接过老一辈的接力棒，为中华优秀传统文化的永久保存和永续利用继续努力、贡献力量，也为文明古国迈向文化强国注入无限生机与活力。

(资料来源：《人民日报》，2022年7月8日，有改动。)

### 思考与讨论

"如果没有中华五千年文明，哪里有什么中国特色？"习近平总书记2021年3月在福建考察时的话语，启示我们要牢牢守护中华民族的精神命脉，深入挖掘中华文明的精华，激活中华优秀传统文化，坚定不移走中国特色社会主义道路。

请同学们结合以上案例思考：
1. 中华文化生生不息的精神密码是什么？
2. 劳动如何助力文化传承发展，使之融入现代生活、滋养当代心灵、凝聚价值共识，展示中华文化之美、艺术之美、生活之美，增进文化交流和文明互鉴？你参与过此类实践活动吗？
3. 你如何看待大学生毕业后选择赴艰苦地区和行业工作？

# 单元 一 人类文明中的劳动伟力

文明的概念及其主要形态是人类社会发展和文化演进的重要组成部分，包括人类改造自然和社会的积极成果。下面将从不同文明阶段劳动的历史发展看人类生产生活水平的进步。

## 一、原始文明阶段

原始文明阶段，也称旧石器时代或史前时代，是人类文明的最初阶段。在这个阶段，人类从使用简单的石器和木器，逐步发展到制作复杂工具和发明基本技术。

### （一）技术和工具的发明

在原始文明阶段，技术和工具的发明主要是通过观察自然和试错来实现的。人类开始使用石头、木头、骨头等自然材料制作工具，并用于狩猎、采集等活动，以满足生存的需要。最早的工具是石器，包括砍刀、刮刀、石斧等。这些工具用于砍伐、削割、挖掘等，是人类最早的技术成就。火的发现和利用是人类历史上的一个转折点。火提供了光和热，可以用来烹饪食物、驱赶野兽、保暖等。随着狩猎和捕鱼的需求增加，人类发明了弓箭和渔网。这些工具提高了狩猎和捕鱼的效率，为人类提供了更稳定的食物来源。在新石器时代，人类开始使用纺织技术制作衣物，以及使用陶器来储存和烹饪食物。这些技术的出现标志着人类开始进行生产活动。

### （二）生产生活方式的变化

从简单的采集和狩猎到使用工具进行生产，人类的生产方式发生了根本性的变化。工具的使用提高了生产效率，使人类能够更好地适应环境。随着生产力的提高，人类社会结构开始发生变化，出现了分工合作，性别角色开始明确，社会结构逐渐向复杂化方向发展。火的使用、衣物的制作和食物烹饪技术的进步，极大地改善了人类的生活条件，增强了人类对环境的适应能力。工具和技术的使用促进了人类智力的发展，这一时期出现了早期的艺术和象征性文化，如洞穴壁画和雕塑。

总之，原始文明阶段的新技术和新工具的出现，是人类从自然界中分离出来的关键标志。这些技术和工具的发明和使用，不仅提高了人类的生产效率，使得人们能够获取更多的生活资料，还促进了人类社会结构和文化的发展，为后来的文明发展奠定了基础。

图文
原始文明阶段的文物

**拓展阅读**

### "三皇"与华夏文明

在5 000年的历史长河中，勤劳智慧的中华民族创造了辉煌的历史成就，铸就了灿烂的中华文明。在长期与自然共处的过程中，先民们还形成了丰富的劳动思想和劳动经验，反映了其对劳动的崇高礼赞。

在传统史学中，中国的历史自"三皇"始。古人用"三皇"统括了远古诸帝，用它表述人类社会历史的演进。其中有关燧人氏、伏羲氏和神农氏的"三皇"传说分别反映了旧石器时代晚期与新石器时代早期先人的劳动成就。

相传，燧人氏钻燧取火使人们懂得食用熟食，从此告别了茹毛饮血的时代。燧人氏钻燧取火属于人工取火。钻燧取火的前提是不仅要对火及其燃烧条件有充分的掌握，对木料质地有充分的认识，还要懂得磨、钻、锯等工艺。考古发现证明，在旧石器时代晚期，人们发明了磨制、钻孔和锯的技术。因此，燧人氏钻燧取火的传说反映的应该是旧石器时代晚期在发明人工取火技术之后的社会生活。

传说中的伏羲文化的主要特征除了"教民以猎"、结网捕鱼之外，还有"仰则观象于天，俯则观法于地，观鸟兽之文与地之宜，近取诸身，远取诸物，于是始作八卦"。"始作八卦"说明已出现原始、朴素的逻辑思维和辩证思维。伏羲氏时代的渔猎经济已经不属于旧石器时代早期和中期较低级的渔猎经济，应与旧石器时代晚期较高级的渔猎经济相对应。

神农氏是汉族民间传说中农业、医药的先驱者及茶叶的发现者。他尝遍百草，教人医疗与农耕，被世人尊称为"药王""五谷王""神农大帝"等，是掌管医药和农业的神祇。

"三皇"或许是一种特定的文化象征，但毫无疑问，他们都是伟大历史进步的一种具象概括，从中折射出先人对劳动的高度推崇，以及劳动在推动人类文明进步过程中所起的决定性作用。

## 二、农业文明阶段

农业文明的主要特征是：以种植业与畜牧业为主体，以自给自足的小农经济为基础，以家庭为主要生产单位；以人力、畜力、风力、水力等为主要劳动基础；土地是最主要的生产资料；文化传播方式受到技术条件制约，以口头传播和人际传播为主。大约在5 000年前，中国黄河流域出现了早期的农业文明；欧洲于公元前3 000年左右进入农业文明阶段。

### （一）文字

文字的出现是人类文明发展的重要标志。文字改变了人类社会的信息传播方式，实现了信息的长期保存和传播。通过文字，人们能够记录历史、法律、宗教、科学和艺术等方面的知识，使文化得以传承和积累。最早的文字可以追溯到大约公元前3 000年的美索不达米亚,苏美尔人的楔形文字是已知最早的书写系统之一。

文字为复杂社会的管理提供了工具,如用于记录法律、税收、人口等,帮助社会管理者更好地组织和管理社会资源。文字的出现促进了商业和贸易的发展。人们可以用文字记录交易信息,制定合同,从而促进了商品交换和市场经济的形成。文字的出现为教育提供了基础。人们可以通过文字学习知识,进行思考和创造,这推动了文化教育的发展,提高了社会的整体文化水平。文字的出现和发展为人类社会的发展和进步提供了强大的动力。

图文 抄书的历史

### (二) 冶金技术

冶金技术的发展始于公元前 5 000 年左右,最初人类只是利用自然界的金属,如黄金和铜。随着时间的推移,人类学会了通过冶炼矿石来提取金属,这标志着铜器和青铜器的时代到来。冶金技术的进步使得工具和武器的制造更加高效,也为后来的工业化奠定了基础。

冶金技术催生了金属工具,对人类的生产生活产生了革命性的影响。尤其是青铜器和铁器的使用,极大地提高了生产效率。金属工具比石制工具更加坚固、耐用,能够承受更大的力量和压力,使得农业耕作、建筑、手工艺等领域的劳动强度和效率都有了显著的提升。例如,农业生产领域,铁犁的出现使得土地的开垦和耕作更加深入和有效,增加了农作物的产量和种植的多样性,为人口增长和社会复杂化提供了物质基础。手工业领域,金属工具的使用提高了手工制作的生产效率,使得手工艺品的制作更加精细和多样化。同时,金属工具的使用加速了社会分工和专业化的发展。人们可以根据自己的特长和技能从事特定的职业,这进一步推动了社会结构的复杂化进程。

### (三) 建筑技术

农业文明时期的建筑技术起源于人类对居住和生产空间的需求。随着农业生产的发展,人类开始建造更为复杂和牢固的居所和生产设施。这一过程中,人们逐渐掌握了石砌、木结构、砖石结构的建造技术。

石砌技术是农业文明时期建筑技术的重要组成部分。石砌建筑能够抵御风雨,为人类提供更好的居住环境。木结构技术在农业文明时期也得到了广泛应用。木结构建筑灵活多变,适应性强,为人类提供了多样的居住和生产空间。砖石结构技术是农业文明时期建筑技术的另一重要成就。砖石结构建筑坚固耐用,具有较高的抗震性能,为人类提供了更为安全稳定的居住环境。

农业文明时期的建筑技术的进步不仅使得人类居住环境得到显著改善,还为农业生产提供了重要支持。人类开始建造用于储存粮食、养殖牲畜的设施,以及用于灌溉的水利工程,促进了农业生产的发展。另外,建筑技术的进步促进了城市化进程。人类建造的城墙、宫殿、神庙等大型建筑,不仅满足了居住和生产需求,还成为社会权力的象征。建筑技术的进步也为人类文化的繁荣提供了物质基础。人类在建筑上进行艺术创作,如壁画、雕塑等,丰富了人类的精神生活。

### （四）水力、风力技术

水力技术的使用主要体现在农业文明时期的水车和灌溉系统上。水车利用水流的动力进行磨面粉、锯木等劳作，而灌溉系统的使用则增加了农作物的产量。风力技术的使用主要体现在风车和水车上。风车最初用于磨面粉，后来也被用于抽水和灌溉。这些技术的使用提高了农业生产的效率，特别是在干旱地区，水力技术和风力技术为灌溉提供了重要的动力来源。水力和风力技术的应用提高了农业的生产效率，增加了农产品的产量，改善了人们的生活条件。

**拓展阅读**

#### 地下长城：坎儿井

坎儿井又称"井渠"，在维吾尔语中称为"坎儿孜"。坎儿井是荒漠地区的特殊灌溉系统，普遍存在于我国新疆维吾尔自治区吐鲁番地区，总数1 100多条，全长约5 000千米，是古代吐鲁番各族劳动人民"根据盆地地理条件、太阳辐射和大气环流的特点，经过长期生产实践创造出来的，是吐鲁番盆地利用地面坡度引用地下水的一种独具特色的地下水利工程"。

坎儿井源于独特的绿洲文化，昭示了人与自然的和谐共生，体现了当地不同文化族群建立认同和交流融合的过程，发展到今天已经有2 000多年的历史，与万里长城、京杭大运河并称为中国古代的三大建筑工程。

坎儿井是干旱地区的劳动人民在漫长的历史发展中创造的一种地下水利工程，主要工作原理是：将春夏季节渗入地下的大量雨水、冰川及积雪融水利用山体的自然坡度引出地表，进行灌溉，以满足沙漠地区的生产生活用水需求。不同地区的坎儿井在具体构造上均有不同的地域特点，一般而言，完整的坎儿井系统包括竖井、暗渠（地下渠道）、明渠（地面渠道）和涝坝（小型蓄水池）4个主要组成部分。在该工作原理下运转的坎儿井流量稳定，并且能保证井水自流灌溉。它是吐鲁番地区劳动人民与大自然做斗争，开发大西北，利用自然、改造自然的伟大创举和见证，是劳动人民集体智慧的结晶。

### 三、工业文明阶段

工业文明的主要特征是：以工业经济为主体；以规模化机器生产和社会化劳动分工为基础，以加工制造业为主要产业形态，以煤炭、石油、天然气等不可再生资源为能源基础；科学与技术成为工业社会的主导精神，广播、电视和新闻出版业的出现使文化传播的范围日益扩大,效率日益提升。工业文明从根本上改变了物质财富的生产方式。以机器代替人力,以大规模的工厂生产代替个体工场手工生产,从根本上变革了劳动工具本身,对生产生活均产生了巨大的影响。

### (一)第一次工业革命

第一次工业革命发生在18世纪末至19世纪初,是一个以机械化生产为特征的时期。这一时期最显著的标志是蒸汽机的出现和广泛应用。

#### 1. 蒸汽机的发明

蒸汽机的发明可以追溯到17世纪,但它真正发挥重要作用是在18世纪。托马斯·纽科门(Thomas Newcomen)在1712年发明了大气式蒸汽机,主要用于煤矿的排水。随后,詹姆斯·瓦特(James Watt)在1765年对蒸汽机进行了重大改进,发明了双向作用的独立凝汽式蒸汽机,即瓦特蒸汽机。瓦特的改进使得蒸汽机能够提供持续、稳定的动力,适用于各种工业生产。瓦特蒸汽机的发明标志着蒸汽机的成熟和商业化应用。它通过燃烧燃料加热水产生蒸汽,蒸汽推动活塞运动,进而通过连杆和齿轮系统转化为机械能。

蒸汽机的出现解决了使用传统水力和风力动力受地理位置限制的问题,使得工厂可以设在远离水源和风力资源的地区。蒸汽机的应用推动了工业生产从手工制造向机械化大规模生产的转变,极大地提高了生产效率。纺织、采矿、冶金、交通等多个行业都因蒸汽机的使用而发生了变革。蒸汽机的应用推动了交通运输工具的革新,如蒸汽火车的发明和蒸汽船的普及,这些新型交通工具的出现极大地加快了货物和人员的运输速度,促进了全球贸易和人员流动。蒸汽机的使用使得工厂可以设在城市中心或交通便利的地区,这促进了城市化进程。蒸汽机的使用需求也推动了煤矿和铁矿的开采,加速了工业化的发展。同时,蒸汽机的广泛应用也加剧了社会对化石燃料的需求,煤炭的大量开采和使用导致了环境污染问题,这是工业革命带来的负面影响之一。

#### 2. 交通工具的变革

在第一次工业革命之前,人们出行主要依靠马车、船只和步行,这些交通方式受限于自然条件,速度慢且效率低。随着蒸汽机的改良和应用,交通工具开始经历革命性的变化。

乔治·斯蒂芬森(George Stephenson)在1814年发明了第一辆实用的蒸汽火车。随后,铁路网络的建设迅速展开,蒸汽火车成为快速、可靠的陆地运输工具。罗伯特·富尔顿(Robert Fulton)在1807年成功试航了第一艘商业蒸汽船"克莱蒙特"号。蒸汽船的出现极大地提高了水上交通的速度和可靠性,开启了河运和海运的新时代。随着蒸汽机的微型化,蒸汽机车也开始应用于街道清洁、工厂运输等短途运输领域。

蒸汽火车和蒸汽船的出现大幅提高了货物和人员的运输速度,促进了商品的流通和人员的流动,并促进了钢铁、煤炭等相关产业的发展,加速了工业化进程。铁路和蒸汽船的普及使得原材料和商品可以更快速、便宜地运输到远离原料产地和消费市场的地方,这改变了城市的布局和贸易模式。蒸汽交通工具使得人们可以更快地到达远离家乡的地方工作、旅游,这改变了人们的生活方式,促进了社会结构的变动。蒸汽交通工具的广泛应用加剧了社会对化石燃料的需求,煤炭的过度开采和使用导致了环境污染问题。

总之,第一次工业革命期间交通工具的革新,特别是蒸汽火车和蒸汽船的出现,对人类社会的生产方式、生活方式、社会结构和环境都产生了深远的影响。

图文
中国古代的交通工具

### (二)第二次工业革命

第二次工业革命发生在19世纪末至20世纪初,是一个以机械化大规模生产和电气化为特征的时期。其影响远比第一次工业革命更为广泛深远,在工业生产领域内部引起了巨大的变革,极大地推动了生产力的发展。

#### 1. 科学引领技术创新

在第一次工业革命时期,许多技术发明源于工匠,他们并不一定具备深厚的科学理论知识,只是在长期的劳动实践中积累了丰富的劳动经验,因而这一时期的科学理论和技术尚未做到紧密结合。而步入电气时代,科学家走在了工程师的前面,科学理论和实验走在了技术创新的前面,科学成为推动生产力发展的重要前提。如法拉第在电磁学方面的发现成为发电机和电动机发明的直接理论基础;内燃机虽然经过多名工程师的技术改进最终研发成功,但其理论基础是物理学家卡诺奠定的。

#### 2. 新技术和新工具

电力的发展始于19世纪70年代,随着发电机和电动机的发明,电力开始被广泛应用于工业生产和家庭生活。电力的优点在于可以集中生产、分散使用,且传输方便,这极大地推动了工业生产的自动化和城市化进程。

内燃机的发明是在19世纪80年代,它以石油为燃料,通过燃烧产生的高温高压气体驱动活塞运动,从而使内能转化为机械能。内燃机的发明和应用,特别是在汽车和飞机上的使用,彻底改变了运输业。石油因此成为了重要的能源资源,石油开采和化工产业得到了极大的发展。

通信技术的进步主要体现在电报和电话的发明和应用上。电报的发明使得远距离的即时通信成为可能,而电话的普及则使得人们可以更加方便地进行语音交流。

钢铁技术的发展主要体现在钢铁生产的新技术和新工艺上,如贝塞麦转炉炼钢法和托马斯炼钢法。这些新技术的应用使得钢铁产量大幅提升,质量也得到了飞跃。钢铁成为了建筑和机械制造的主要材料。

新技术、新工具的应用使得生产效率大幅提升,商品成本大大降低,商品更加丰富和普及,人们的生活水平因此显著提高。随着工业的发展,越来越多的人从农村迁往城市,城市化进程加速。城市成为工业和政治的中心,也带来了居住、交通和公共卫生等方面的问题。

工业化的进程改变了社会结构,工人阶级的兴起和中产阶级的扩大对社会政治和经济产生了深远的影响。大规模的工业生产带来了环境污染和资源消耗的问题,这些问题逐渐引起了人们的关注。新的交通工具(如汽车和飞机)以及电报、电话的普及,极大地改善了人们的交通和通信条件,缩短了人与人之间的距离。

总之，第二次工业革命期间的新技术和新工具极大地推动了人类社会的发展，改变了人类的生产和生活方式，同时也带来了一系列社会、环境和政治方面的问题。

### （三）第三次工业革命

第三次工业革命兴起于二十世纪四五十年代，20世纪70年代初期达到高潮，以原子能、电子计算机、航天技术和生物工程的发明与应用为主要标志，涉及信息、新能源、新材料、生物、空间技术和海洋等诸多领域。信息技术的开发和广泛应用成为社会与经济发展的重要推动力和重要生产要素，改变了人类生产和生活方式。信息社会的主要特征是：以知识型技能型劳动者为社会主体，以信息流通为社会联系基本机制；现代通信技术和自动控制技术飞速发展，数字技术和网络技术的出现带来传统媒体的变革，新媒体相继出现，如数字杂志、数字报纸、数字广播、移动电视、网络等；文化传播超越时空限制，即时性和双向互动性特征显著。

#### 1. 电子计算机和互联网技术

电子计算机的诞生拉开了第三次工业革命的序幕。19世纪末20世纪初，信息传播载体从原来的书籍报刊向广播电视迁移，人类远距离沟通主要通过电报电话实现，信息传播效率快速提升。进入20世纪中后期，计算机及互联网带来的信息革命使人类知识传播、储存实现了数字化及虚拟化，开启了知识共享新时代，社会出现信息大爆炸，人类的认知能力实现第五次飞跃。

计算机的起源可以追溯到20世纪40年代，当时为了满足军事计算的需要（如计算弹道轨迹），开发了第一台电子计算机。随着时间的推移，计算机技术经历了快速的变革，从庞大的、房间大小的机器发展到个人电脑（PC）和掌上电脑。集成电路的发明使得计算机变得更加小巧、高效和普及。互联网的起源可以追溯到20世纪60年代的美国，当时美国国防部高级研究计划局（ARPA）创建了阿帕网（ARPANET），这是互联网的前身。20世纪90年代，互联网开始向公众开放，并迅速在全球范围内扩散。万维网（World Wide Web）的发明使得互联网的浏览和使用变得更加直观和便捷。

计算机和互联网技术的应用对人类生产生活产生了深远的影响。在生产方面，计算机辅助设计和制造（CAD/CAM）提高了产品的设计效率和生产质量，自动化生产线和机器人技术减少了人力需求，提高了生产效率。在办公自动化方面，计算机和互联网技术的应用使得文档处理、数据分析和通信更加高效，改变了传统的办公模式，提高了工作效率。在信息服务方面，互联网成为了获取信息、娱乐和社交的主要平台。电子邮件、社交媒体、在线购物等的出现，极大地改变了人们的交流方式、消费习惯和生活模式。在教育方面，计算机和互联网技术的应用为远程教育、在线学习提供了可能，打破了时间和地域的限制，使得教育资源更加平等地分配。在科学研究方面，计算机和互联网技术为数据处理、模拟实验和合作研究提供了强大的工具，推动了科学技术的进步。

总之，计算机和互联网技术的出现和发展是第三次工业革命的核心内容之一。它们极大地提高了人类的生产效率和生活质量，改变了社会的结构和文化，同时也带来了一系列新的挑战和问题，如数字鸿沟、网络安全和个人隐私保护等。

## 2. 核技术

20世纪初,科学家们开始探索原子核的结构和性质。在军事领域,核武器的出现改变了世界格局和战争的性质。在民用领域,核技术逐渐被应用于能源生产。1954年,苏联建成了世界上第一座商业核电站,随后其他国家也相继建设核电站。核能作为一种清洁、高效的能源,为人类提供了大量的电力资源,减少了人类对化石燃料的依赖,有助于减少温室气体排放和缓解全球变暖问题。此外,核技术在医学领域也有着重要的应用。放射性同位素在癌症治疗、诊断和医学研究中发挥着重要作用。放射性疗法可以精确地破坏癌细胞,而放射性示踪剂可以帮助医生观察和诊断疾病。然而,核技术也带来了一系列挑战和问题。核能的安全问题一直是公众关注的焦点,核事故如切尔诺贝利核电站事故和福岛核事故的发生,对人类健康和环境造成了严重的影响。核废料的处理和储存也是一个长期而复杂的问题,需要严格的安全措施和长期的监管。

核技术的出现对人类生产生活产生了深远的影响。它在能源、医学和军事等领域都有着重要的应用,为人类带来了巨大的利益。然而,核技术也带来了一系列的安全和环保问题,需要我们认真对待和解决。

**拓展阅读**

### "两弹一星"工程对中国的安全和发展的重大战略意义

研制原子弹、氢弹、人造地球卫星的决策,是以毛泽东同志为核心的党的第一代中央领导集体于20世纪50年代陆续作出的。在抗美援朝期间,面对美国的"核讹诈",党和国家领导人深刻认识到,"只有掌握了最先进的科学,我们才能有巩固的国防",并就发展原子武器、火箭等特种武器问题征询了有关科学家的意见。1955年年初的一次中央书记处扩大会议正式作出发展自己的原子能事业的决策,并为此争取到了苏联的援助。在1958年的军委扩大会议上,毛泽东同志指出:"原子弹就是那么大的东西。没有那个东西,人家就说你不算数。那么好吧,我们就搞一点吧,搞一点原子弹、氢弹、洲际导弹,我看有十年工夫完全可能。"在同年的第八届全国人民代表大会第二次会议上,毛泽东同志提出"我们也要搞人造卫星"。

然而,1960年6月,苏联方面突然单方面撕毁援助协定,撤走了在华全部专家,这一举动激发了我们独立自主造原子弹的决心。毛泽东同志号召:"自己动手,从头做起来,准备用8年时间,拿出自己的原子弹!"我国科研工作者在经济落后、工业和科研基础薄弱,资金、设备极端困难的条件下,攻克了一个个技术难题。1964年10月16日第一颗原子弹成功爆炸,中国从此成为继美国、苏联、英国、法国之后世界上又一个自行研制原子弹并成功实施核爆炸的国家。1967年6月17日,我国第一颗氢弹在距地面2 900米处空爆试验成功。我国以最快的速度完成了从原子弹到氢弹这两个发展阶段的跨越。同一时期,我国的导弹研制也取得重要突破,先后成功发射了常规导弹和核导弹。

1970年4月24日,我国自行设计、制造的第一颗人造地球卫星"东方红一号"由"长征一号"运载火箭一次发射成功,开创了中国航天事业的新纪元,我国继苏联、美国、法国、日本之后正式进入太空时代。而且,"东方红一号"卫星在跟踪手段、信号传输形式和温控系统等技术方面均超过了苏联、美国等国首颗卫星的水平。作为纪念,自2016年起,我国将每年的4月24日设立为"中国航天日"。

在中华人民共和国70余年的历史上,"两弹一星"对中国的安全和发展具有重大战略意义。正如邓小平同志指出的:"如果(20世纪)60年代以来中国没有原子弹、氢弹,没有发射卫星,中国就不能叫有重要影响的大国,就没有现在这样的国际地位。这些东西反映一个民族的能力,也是一个民族、一个国家兴旺发达的标志。""两弹一星"事业的开展不仅促进了中华人民共和国国防事业的发展,而且带动了科技事业的进步,培养了一批吃苦耐劳、勇于创新的科研人员,增强了全国人民的自信心和自豪感,也孕育和形成了伟大的"两弹一星"精神。

(资料来源:《光明日报》,2019年4月29日,有改动。)

### 3. 空间技术

空间技术的起源可以追溯到20世纪初,但真正的发展始于20世纪50年代。1957年,苏联成功发射了第一颗人造地球卫星,开创了人类航天史的新纪元。1958年,美国"探险家1号"人造卫星发射成功。1970年,我国第一颗人造地球卫星"东方红一号"发射成功,揭开了中国航天活动的序幕,宣告了中国航天技术新时代的到来。

空间技术包括多个方面,如卫星技术、载人航天、探测器、通信和导航系统等。空间技术的应用对人类生产生活产生了深远的影响。首先,卫星通信使得全球范围内的即时通信成为可能,极大地提高了信息传输的速度和质量。其次,全球定位系统(global positioning system, GPS)的出现为导航、地图制作、车辆追踪等提供了精确的位置信息,极大地提高了交通效率和安全性。此外,气象卫星提供了准确的天气预报,帮助减少自然灾害带来的损失。在科学研究方面,空间技术为天文学、地球科学等领域的研究提供了新的手段和方法。

空间技术的发展也促进了国际合作的进程,多个国家共同参与空间探索项目,如国际空间站(international space station, ISS)。这些合作项目不仅推动了科技的进步,还增进了不同国家之间的了解和友谊。

总之,空间技术的出现和发展是第三次工业革命的重要成果之一。它不仅拓展了人类活动的领域,还为人类生产生活带来了巨大的变革和进步。

**拓展阅读**

### 大国重器,自主可控

北斗卫星导航系统是我国着眼于国家安全和经济社会发展需要自主建设、独立运行的卫星导航系统,是国家重大战略性空间信息基础设施。20世纪80年代,陈芳允院士创造性地提出双星定位共享,我国建设自主卫星导航系统的伟大梦想从此启航。1994年,"北斗一号"正式立项,2000年,"北斗一号"系统建成,并对内提供服务,我国卫星导航系统实现从无到有的重大突破。2012年,"北斗二号"系统建成,向亚太地区提供服务。2020年,"北斗三号"全球系统建成,向全球提供服务。

看似寻常最奇崛,成如容易却艰辛。几十年来几代北斗人不忘初心,不懈奋斗,秉承"中国的北斗,世界的北斗,一流的北斗"发展理念,践行"自主创新、开放融合、万众一心、追求卓越"的新时代北斗精神,圆满实现北斗从无源到有源、从区域到全球分布发展的战略目标。

北斗科研团队的创新实践接连攻克了以混合星座、星间链路、导航信号特色服务为代表的多项关键核心技术与世界级难题,实现了核心器部件全部国产化,北斗成为我国迄今规模最大、覆盖范围最广、性能要求最高、与百姓生活关联最紧密的巨型复杂航天系统。除此之外,北斗的成功得益于改革开放以来国家综合国力不断增强、经济持续稳定发展。

北斗导航系统作为大国重器,改变了我国卫星导航服务受制于人的历史。凭着创新的设计、丰富的功能、卓越的性能,北斗已广泛应用于国民经济和社会发展各个领域,进入各行各业,走入千家万户,产生了显著的经济和社会效益。北斗也是我国为全球公共服务基础设施建设作出的重大贡献,已为包括"一带一路"国家和地区在内的全球用户提供精准优质的服务,其应用产品输出到全球半数以上国家,成为亮丽的国家名片,对推进我国社会主义现代化建设和推动构建人类命运共同体具有重大而深远的意义。事实上,博览古今,我国导航技术经历了漫长的探索,从寻找"北斗七星"开始,到最早的导航仪器司南,再到现代不可或缺的"北斗"卫星,每一种导航手段的诞生都凝聚了中华民族的劳动智慧和创造伟力,都对人类文明进步作出了重要贡献。

(资料来源:《中国科技之路 航天卷 北斗导航》,2022年4月,有改动。)

### (四)第四次工业革命

第四次工业革命也被称为工业4.0,是继机械化、电气化和信息技术革命之后的又一次重大产业变革。这一阶段的主要特征是物理世界与数字世界的深度融合,包括互联网、物联网、人工智能、大数据、云计算等技术的广泛应用。

#### 1. 互联网和物联网(internet of things, IoT)

互联网和物联网的发展使得设备之间可以相互连接和通信,这不仅提高了信息传输的速度,还促进了远程工作和智能监控的发展。例如,智能家居系统可以远程控制家电设备,提升居民生活的便利性和舒适度。

#### 2. 人工智能(artificial intelligence, AI)和机器学习

人工智能和机器学习的应用正在改变传统的生产方式和服务模式。在制造业中,AI技术可以优化生产流程,提高产品质量和生产效率。在服务业中,智能客服和推荐系统可以提供个性化的服务,改善用户体验。

### 3. 大数据和云计算

大数据和云计算技术使得企业和机构能够收集、存储和分析大量数据，从而作出更加精准的决策。例如，电商平台可以利用大数据分析用户的购物习惯，提供个性化的商品推荐。

### 4. 3D（3-dimensional，三维）打印技术

3D打印技术使得生产过程更加灵活，可以快速制造出复杂的个性化产品。这不仅缩短了产品的研发周期，还为小批量生产和个性化定制提供了可能。

### 5. 自动化和机器人技术

自动化和机器人技术的应用减轻了人类的体力劳动负担，提高了生产效率。在制造业中，自动化生产线可以24小时不间断工作，大大提高了生产效率。在服务业中，机器人可以承担一些简单的重复性工作，如清洁和送餐等。

图文 中国工业文化发展特征及趋势

科技进步和劳动工具的变化对人类生产生活产生了深远的影响。首先，这些技术提高了生产效率，降低了生产成本，使得产品更加丰富多样，满足了人们的个性化需求。其次，这些技术改变了传统的就业结构，对劳动者的技能要求发生了变化，同时也创造了新的就业机会。最后，这些技术改变了人们的生活方式，使得生活更加便捷和智能化。

## 单元二 中国文化中的劳动之美

### 一、劳动思想之美

#### （一）从对待自然的角度看

中国文化中对待自然的态度，通过劳动思想之美体现得淋漓尽致。中国文化强调"天人合一"的理念，认为人与自然是一个和谐共生的整体。这种思想不仅体现在哲学上，也深深影响了中国的农耕文明和日常生活智慧。例如，《尧典》是《尚书》的首篇，被称为"中华文明第一典"，用很大篇幅记述了尧为发展生产而制定历法的故事。"历象日月星辰，敬授民时"，即制定历法的目的是让百姓能够按照时令更科学地从事生产活动。《舜典》记述农业生产必须依照时令科学安排，并将依照科学规律安排生产放在治国理政之首："食哉惟时！柔远能迩，惇德允元，而难任人，蛮夷率服。"《管子·轻重甲第八十》中记载："今为国有地牧民者，务在四时，守在仓廪。"《管子·乘马》中记载："时之处事精矣，不可藏而舍也。故曰：'今日不为，明日忘货，昔之日已往而不来矣。'"再如，中国古建筑在选址、布局、材料选择等方面，都十分注重人与自然的和谐，就地取材、因地制宜、因势利导，使得建筑与周围环境和谐共生。中国古代建筑工匠凭借一双巧手和对自然环境的深刻理解，创造出了一系列独特的

建筑形式。园林建筑中的借景手法,则将自然景观与建筑完美融合。这些独特的建筑技艺不仅展现了工匠们的智慧,也为后世留下了宝贵的建筑遗产。

此外,中国传统劳动观念还体现在对自然环境的保护和利用上。如"道法自然"所倡导的,人们应当顺应自然规律,合理利用自然资源,而不是无节制地开发和消耗。《礼记·中庸》中提出"万物并育而不相害,道并行而不相悖"和"致中和,天地位焉,万物育焉",反映了中国古代先民尊重天地万物运行发展的规律,表达了人与自然和谐共处的观点。《论语·述而》中提倡"钓而不纲,弋不射宿",反映了儒家思想重视按照农牧业规律进行生产,反对竭泽而渔、覆巢毁卵的违反科学、破坏自然的生产方式。这些思想指导下的劳动实践,既满足了人类生存发展的需要,又保护了生态环境,体现了劳动与自然和谐相处的理念。

图文
悬空寺:中国古建筑的和合之美

## 拓展阅读

### 二十四节气中的农业生产和日常生活

2016年11月30日,我国申报的"二十四节气——中国人通过观察太阳周年运动而形成的时间知识体系及其实践"被列入联合国教科文组织人类非物质文化遗产代表作名录。二十四节气是中国古代劳动人民通过观察太阳的周期运动,认知一年中时令、气候、物候等方面变化规律所形成的知识体系和社会实践,是中国传统历法体系及其相关实践活动的重要组成部分,是中国传统的时间观,是古代人民在劳动实践中总结得出的对时间的认知,是我国古代人民对时间的科学认知,是我国古代人民重要的发明创造。

传统农业生产劳动的特点是靠天吃饭,土里刨食,以年为期。一方面,风霜雨雪、旱涝寒热是千变万化的,人们难以精确把握其变化规律;另一方面,智慧的古代劳动人民在长期的劳动生产实践中逐渐意识到:环境的变化是周期性的,可以依据变化规律,预测、筹划、安排生产劳动,准确把握农事时机,春种秋收之外还要春祈秋报,于是有春种夏长秋收冬藏之举,进而产生了"二十四节气"(图1-2-4)。

上古时期,尧帝就已派很多人观测太阳、星象,统计气候冷暖,记录每季的风况特点。二十四节气起源于黄河中下游地区,以该地区天文、气象、降水和物候的时序变化为基准,最初用于指导黄河中下游地区的农业生产,后逐渐为各地共同采用,多民族共同享有。但在实际应用中,因为各地地理条件不同,如海南和东北的气候就有很大差异,所以在应用二十

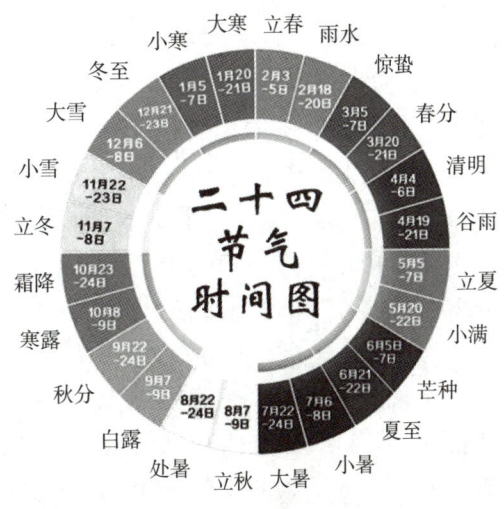

图1-2-4 二十四节气时间图

节气指导农业生产时，人们也学会了因地制宜。《尚书》中的一段话说得很达观："雨以润物，阳以干物，暖以长物，寒以成物，风以动物。五者各以其时，所以为众验。"《吕氏春秋》说得更为透彻："天生阴阳、寒暑、燥湿，四时之化，万物之变，莫不为利，莫不为害。圣人察阴阳之宜，辨万物之利以便生。"

---

当代中国生态文明思想展现了劳动思想之美的历史新高度。习近平生态文明思想强调人与自然和谐共生，是推进美丽中国建设、实现中国式现代化的强大思想基础。自然资源作为劳动资料，是构成生产力的基本要素。在社会生产中，人和自然是同时起作用的，没有自然，没有外部世界，人什么也不能创造。习近平生态文明思想深刻回答了为什么人与自然是生命共同体、人与自然是怎样的生命共同体等问题，赋予生产力发展、经济社会发展以深沉的理性力量和科学的辩证法则，开辟了马克思主义人与自然关系理论新境界。

中国文化中对待自然的态度是劳动思想之美的重要体现，包括对劳动本身的肯定、尊重和热爱，更涵盖了对自然的保护和合理利用。这种态度不仅是中华优秀传统文化的重要组成部分，也为当代社会提供了宝贵的智慧和启示。

### 拓展阅读

## 充分发挥农业文化遗产的生态功能

2023年12月27日，《中共中央 国务院关于全面推进美丽中国建设的意见》印发，擘画了美丽中国的新画卷，为全面推进美丽中国建设作出了顶层设计。中国是农耕文明古国和农业资源大国，留下了数量众多、类型丰富的农业文化遗产系统。中国的农业文化遗产系统拥有丰富的生物多样性、完善的传统知识技术体系和独特的农业生态景观，树立了重要的生态典范，对今天人们发展现代农业具有重要的启示意义。相关数据显示，截至目前，中国拥有19项全球重要农业文化遗产，总数居世界之首。农业农村部分七批认定了188项中国重要农业文化遗产，分布在全国31个省（区、市）。

农业文化遗产是人们认识生态文化的"基因库"。农业文化遗产在孕育生物多样性、优化当地生态环境方面发挥着重要作用。如河北涉县旱作石堰梯田系统2021年9月入选"生物多样性100+全球典型案例"，其"农民种子银行"保存了171种传统农作物种质资源，涵盖26科57属77种，很好地保护了农业生物多样性。

农业文化遗产的形成往往基于当地生产与生态的协调，是生态农业技术的富集地。农业文化遗产在减少污染、病虫害防治等方面功能价值十分突出。农业文化遗产往往具有活态性、动态性、系统性，其生产方式蕴含深厚的绿色理念，能最大限度减少农业生产对农田环境的影响。如在有着1 300多年历史的云南红河哈尼稻作梯田系统中，当地农民采用常规水稻与传统水稻间作的种植方式，稻瘟病发病率、病情指数均显著下降，防治效果达到

83%～98%，每亩水稻净增量达50%，同时减少了60%的农药使用量。由此可见，大力推广农业文化遗产的绿色理念和技术体系，将为美丽中国建设注入更多绿色活力。

农业文化遗产还具有涵养水源、保持水土和改良土壤的多种功能，能够有效保护区域生态系统，维护区域生态景观。如山东夏津黄河故道古桑树群便是退化土地治理的典范。自公元前602年至今的2 600多年中，由于黄河主流、支流多次流经夏津，为当地人民留下了一片30万亩的沙荒地。先民们运用高超的智慧与农技，通过植树造林抑制风沙、改良土壤，发展了大片叶可养蚕、果可食用，既可防风、又能固沙的桑树，彰显了农业文化遗产强大的生态修复能力。如今，山东夏津黄河故道古桑树群核心保护区总面积已有6 000多亩，百年以上古树2万余株，700年以上古树550株，不仅造就了远近闻名的"中国北方落叶果树博物馆"，还在2018年被联合国粮农组织认定为全球重要农业文化遗产，形成了兼具经济价值、文化价值、生态价值、文明价值的综合农业景观。

（资料来源：《光明日报》，2024年1月29日，有改动。）

## （二）从个人价值与社会进步的角度看

中国文化中的劳动思想充分肯定了劳动在个人价值实现和社会进步方面的重要作用，不仅体现了中国传统文化的深厚底蕴，也展现了现当代中国社会对于劳动价值的不断探索和实践。

中国传统农耕文化中，劳动被视为生活的基础和社会财富的源泉，"勤劳致富""耕读传家"的劳动思想是中华民族精神文化的重要组成部分。"勤劳致富"思想是中华民族长期以来的核心价值观。勤劳致富的思想有着深厚的文化根基。孔子主张"勤农、勤工、勤商、勤学、勤政"，表明了他对于勤劳的全面推崇。这种思想不仅限于农业生产，还扩展到社会其他各个领域。墨子的勤俭思想强调节约和自给自足，这与勤劳致富的思想相辅相成。《颜氏家训》中的"以业立世"强调通过培养勤劳和自立的品质来安身立命。在明代，由于社会经济结构的变化，从传统的农业社会向商业社会过渡，勤劳致富的方式也由务农转向经商，反映了经济活动的多样化。

视频
《诗》颂劳动情未央

"耕读传家"思想体现了古代中国人对于生活和教育的理想追求。这个概念主要包括3个方面：耕、读、传。耕，指的是农业劳动，即从事农耕活动。这不仅是为了生产食物，更是一种生活方式，通过耕作来维持家庭的生计和社会的稳定。耕作被视为一种基本的生存技能，也是对自然的尊重和利用。读，指的是学习和教育。在传统观念中，读书被认为是提升个人修养、达到礼义道德标准的重要途径。学习诗书典籍，不仅可以获得知识，还能培养高尚的情操和良好的行为习惯。传，即将这些生活技能和文化修养代代相传。这不仅是家族内部的传承，而且是对整个社会文化的贡献。通过教育后代，继承和发扬耕读文化，使之成为一种社会力量。耕读传家的思想强调劳动与学习的结合，以及知识与实践的互动。在古代，这种思想帮助人们在物质和精神上都得到了发展，同时也促进了社会的和谐与稳定。

图文
勤农典籍与治家之道

### （三）从人的主体性和创造性的角度看

进入新时代，劳动思想之美在现当代得到了新的发展。习近平总书记关于劳动观的一系列论述中蕴含的思想之美，更多地体现为对劳动精神的弘扬、对劳动正义的坚持、对劳动者全面发展的重视。首先，习近平总书记提出尊重劳动、崇尚劳动、热爱劳动的价值取向，并强调辛勤劳动、诚实劳动、创造性劳动的实践道义。这些精神体现了对劳动者精神状态和道德品质的要求，强调了通过劳动实现自我价值和社会奉献的重要性。其次，他坚持以人民为中心，强调"人民对美好生活的向往，就是我们的奋斗目标"。让人民生活幸福是习近平总书记心中的"国之大者"，他关注劳动者权益保护，强调和谐劳动关系的重要性，通过调整劳动关系促进社会公平正义，增进人民福祉，让人民在体面劳动中创造美好生活。最后，他倡导让劳动者实现全面发展。人的全面发展不仅是个人能力的提升，更是社会关系的和谐与完善。这一思想深刻揭示了人的社会属性和历史发展性，是对人的本质的深度诠释。

综上所述，中国文化中的劳动思想之美体现在对自然的尊重与和谐共生、对劳动之于个人价值实现和社会进步意义的肯定、对人的主体性和创造性的重视三大维度。这些思想不仅为中国人的劳动实践提供了丰富的精神资源，而且为现代社会的劳动教育和劳动价值观的塑造提供了重要的启示。

## 二、劳动技艺之美

### （一）知行合一的技艺之美

"知行合一"是中国传统文化中的重要命题。王阳明说："知之真切笃实处即是行；行之明觉精察处即是知，知行工夫，本不可离。"这里的"知"包括2个方面：一是道德意识的自觉；二是一般的知觉体验，只有亲身经历过才有真切的体会。同样，"行"也包含"知"，"行"是"知"的完成。所以，"知是行之始，行是知之成"。知行合一是技艺之美的内在要求，在中国传统技艺的实践中主要体现为以下3个方面。

#### 1. 基于身体实践

劳动技艺的实践往往需要工匠的身体劳动和心灵投入相结合。这种身心合一的劳动过程本身就是一种美的体验。例如，《庄子·养生主》中庖丁解牛的典故被视为技艺高超的典范，也被视为身心合一、顺应自然的哲学体现。庖丁在解牛之前，对牛的内在结构有深入的了解，这代表了对事物本质的深刻认知。这种认知被视为内在觉知或内在智慧，是身心合一的前提。通过深入观察和体验，庖丁能够与牛的本质建立联系，这个关系是和谐而非对抗的，从而在行动中达到无我的境界。

#### 2. 从实践中见真知

工匠在长期的生产实践中不断总结经验，形成了一套行之有效的技艺体系。如中医的"望闻问切"，就是通过观察、闻诊、问诊和切脉等方法，积累诊断经验，提高治疗水平，提供更好的诊疗服务。此外，中国传统技艺还会在实践的基础上形成一系列的理论总结，如各种工艺手册和技艺指南。这些文献记录了技艺的操作规程、技术要领和经验心得，为后来者提供了学习和提升的依据。

> 拓展阅读

## 《天工开物》

《天工开物》是明代科学家宋应星所著的一部综合性科学技术著作,全面介绍了中国古代的农业和手工业生产技术。这本书不仅反映了明代社会生产力的发展水平,也总结了中国社会农业、工业和手工业各个方面的成就,体现了劳动人民的聪明智慧和勤劳刻苦的优良传统。《天工开物》的内容涵盖了130多种农业和手工业生产技术和工具,如百姓汲水舂米的日常工具,制取海盐、炼铁、纺织等技艺,展现了宋应星"格物致知,经世致用"的科学态度。

从劳动实践经验的角度来看,《天工开物》详细记录了明代中期到末年农业和手工业生产的技术状况,并附有大量生动翔实的插图。书中的内容包括谷类和棉麻栽培、养蚕、缫丝、染料、食品加工、制盐、制糖等方面的技术,以及制造砖瓦、陶瓷、钢铁器具,建造舟车,采炼石灰、煤炭、矾石、硫黄,榨油,制烛,造纸等手工业技术。这些内容不仅展示了民间工匠的职业分工和技术范式的建构,也反映了明代生产工艺技术传承方式的变迁。

从技术概括的角度来看,《天工开物》被誉为"技术的百科全书",对中国古代的各项技术进行了系统的总结,构成了一个完整的科学技术体系。书中保留了大量的手工业生产技术、工艺美术资料、手工业的器物制作规范和制造工艺,阐述了一些重要的设计思想和设计原则。此外,《天工开物》还体现了宋应星对于科学研究方法的朴素认识和可贵论述,如观察方法、逻辑方法、信息方法和系统方法等。

### 3. 在实践中创造、超越

劳动者通过创造性劳动提高劳动效率、改进工艺质量。中国传统手工技艺还体现了"匠人"对美的追求和对工艺的精益求精,也就是"技中见道"的哲学观,即通过技艺的修炼和实践来达到对"道"的理解和领悟,实现"内在超越"。这种以技悟道的过程不仅是技艺上的精进,更是对生命、宇宙和存在本质的深刻思考。在传统工艺中,"道"赋予工艺以生态技术和综合技术的特点,反映了对美和崇高的追求,使得中国传统工艺具有强大的生命力和持续发展的能力。在农业生产方面,中国传统技艺极大地提高了农业生产效率。例如,水稻的育秧移栽技术通过合理安排农时和劳动力,提高了单位面积的产量;都江堰等水利工程有效地解决了水资源的分配问题,增加了耕地的灌溉面积,提高了农业生产的稳定性。在手工技艺方面,中国传统技艺通过不断的创新和实践,提高了生产效率和产品质量。例如,宋代的景德镇陶瓷技艺通过改进窑炉结构和烧制技术,生产出了胎质细腻、釉色光润的瓷器,景德镇因此成为世界闻名的瓷器生产中心。在建造技艺方面,如木结构建筑技术通过标准化和模块化的设计,提高了建筑速度和效率。同时,精湛的木作工艺和雕刻技术使得建筑不仅实用而且美观,体现了极高的艺术价值。

> 拓展阅读

### 《营造法式》

《营造法式》是中国古代一部关于建筑技术的专著,由北宋时期建筑师李诫编撰。这本书是北宋官方颁布的一部建筑法规,对后世的建筑技术和风格产生了深远的影响。

标准化设计方面,《营造法式》对建筑物的设计、材料、施工等方面都作了详细的规定和说明。这种标准化设计使得建筑过程更加规范,有助于提高劳动效率。工匠们可以根据书中的规定进行施工,减少因设计不当造成的返工和资源浪费。

工艺传承方面,《营造法式》对建筑工艺进行了系统的整理和记录,包括木作、瓦作、石作等多个工种的技术要求。这些工艺的传承不仅保证了建筑质量的稳定性,也为后来者提供了学习和提升的依据,从而推动了工艺水平的提高。

劳动分工方面,《营造法式》中的规定明确了建筑过程中的劳动分工,不同工种的工匠各司其职,提高了工作效率。这种分工合作的方式使得工匠们能够专注于自己的技艺,从而提高了整体的工作质量和效率。同时,规范了对施工过程的管理,如对施工进度、质量把控等方面的规定。这种管理有助于提高施工的效率和质量,保证建筑项目的顺利进行。

材料利用方面,《营造法式》中对材料的选用和处理也有详细的规定,如对木材的选用和处理、砖瓦的制作等。这些规定有助于优化材料的利用,减少浪费,提高建筑的经济性和耐久性。

《营造法式》在标准化设计、工艺传承、劳动分工、材料利用等多个方面,对提高劳动效率和改进工艺质量作出了重要贡献。它不仅是中国古代建筑技术的宝贵资料,也是劳动人民智慧的结晶。

### (二)文化传承中的技艺之美

劳动技艺不仅在工程学意义上具有自洽之美,承载着科技进步的历史,而且具有丰富的人文意蕴,从文化认同、生活美学、艺术融合和文化传播的角度展现了独特的文化价值和审美意蕴。劳动技艺的传承是文化认同和审美追求的体现,既丰富了人们的精神世界,又促进了文化的交流和传播。

#### 1. 文化认同

中国技艺之美推动了文化认同。文化认同是把文化内化为个体自身的知识体系、价值体系和审美体系,变成人的本质力量的过程。文化身份认同以文化认同为基础。文化身份是一种集体的、共有的、发展的自我,是与历史相统一的自我,既属于过去又指向未来。

技艺通过学习、制作、贸易和其他文化交流形式,成为文化认同、传承与创新的重要方式。技艺具有双重属性:一方面,技艺具有公共性,是人类社会群体共同行为的抽象聚合,是各民族以其所处自然环境和历史条件为背景不断创新和传承的产物。同时,作为一种非物质文化遗产，技艺传承涉及文化安全保护、民族精神塑造等国家战略问题。另一方面，技艺具有个体性，与人的生命本体及活动相统一。非遗的历史就是传承人的生活史，传承人将非遗融入自己的生命，又将非遗传递给当世和后世之人，不断达成文化身份认同、传承和超越。

视频
盘扣非遗传承人

**拓展阅读**

## 延安木刻版画

延安时期是中国近代木刻版画艺术发展的"黄金时代"。延安木刻发源于20世纪30年代鲁迅先生发起的新兴木刻运动，20世纪40年代以延安学派为核心遍及延安地区及各根据地（解放区）的延安木刻，对当时的社会宣传、文化认同等具有举足轻重的作用。作为革命时期艺术发展最为繁盛的一支，延安木刻勾勒了中国革命的历史画卷。基于真实事件而创作的木刻版画，既具有传播新闻信息的特质，又是革命历史记忆得以留存的物质性载体，还作为一种特殊的艺术媒介发挥着广泛深远的社会动员功能（图1-2-5至图1-2-8）。

图1-2-5　力群《帮助群众修理纺车》（1945年）
（图片来源：新艺术社《木刻选集》）

图1-2-6　王琦《采石工》（1947年）
（图片来源：中国美术馆）

图1-2-7　彦涵《豆选》（1948年）
（图片来源：广东美术馆）

图文
《豆选》：见证人民当家做主

图1-2-8　赵延年《起来，饥寒交迫的奴隶！》（1961年）
（图片来源：《中国艺术报》）

革命时期由于战地条件的限制,没有梓版,没有摄像机和照相机,只能采用木刻形式记录、传播历史。正如木刻家李少言所言,"在革命战争年代,由于没有照相制版设备,印刷条件落后,木刻常常能发挥重要的作用。根据地召开英雄模范大会,报纸需要介绍英雄模范人物却没有条件照相制版,便使用木刻来代替"。曾设计了第一枚苏区邮票和中华苏维埃共和国国家银行纸币的黄亚光回忆:"苏区的创作完全是为了工农劳苦大众。在那里,倘若工农兵看不懂作品,该作品就没有用。要画出地主剥削农民的丑态,表现农民反抗地主压迫、举行暴动的革命精神和斗争力量的美,画出农民分土地、斗地主时高涨的革命斗志,群众就喜欢。发土地证的通知单上印着画,农民很珍爱,和土地证一同抱起来保存……实际生活中有许多可画的材料,要画出群众认为应该提倡的和想要做的事情,画群众赞成和一心向往的事情,群众就欢迎。"

### 2. 生活美学

中国技艺之美深植于中华文化传统和日常生活实践,它不仅是视觉上的享受,更是一种精神上的滋养和情感上的共鸣,反映了中国人对精细、简约、对称与自然美的追求。例如,刺绣和剪纸艺术中,每一针每一剪都要求精确无误,体现了对细节的极致追求。中国技艺中的对称设计,如建筑、家具和陶瓷,则反映了一种平衡和秩序的美学观念,给人以稳定和安宁之感。在材料的选择上讲究天然和环保,如丝绸、竹子、玉石等,这些材料本身就具有独特的美感,同时在加工制作过程中也体现了对材料自然属性的尊重和利用。技艺提升了人们的生活品质,使人在劳作之余可以感受到生活的美好。

图文 中国古人的生活艺术

### 3. 艺术融合

中国技艺之美还体现在艺术与技术的完美融合。许多技艺,如陶瓷、丝绸、刺绣等,不仅在技术上达到了炉火纯青的地步,而且在艺术创作上具有极高的审美价值。工匠们在技艺实践中融入了自己的艺术想象和创造力,使得技艺作品兼具实用性和艺术性。这种艺术融合体现了中国文化的独特魅力,强调技艺与艺术的统一,追求技艺与审美的和谐。艺术创造使得技艺之美不断丰富和发展,成为人类文明宝库中的瑰宝。

**拓展阅读**

## 中国陶瓷制作技艺之美

中国陶瓷制作技艺源远流长,博大精深,是世界工艺史上的瑰宝。自古以来,陶瓷便与中国的文化、艺术、生活紧密相连,成为东方文明的重要象征。从古朴的原始瓷器到精美的官廷瓷器,从青瓷、白瓷、黑瓷到彩瓷、青花瓷、釉里红瓷,每一种陶瓷都凝聚了工匠的精湛技艺,展现了瓷器的艺术创造,蕴含了瓷器的生活美学。

瓷器的艺术创造是中国陶瓷的核心价值。自古以来,陶瓷工匠们不仅在制作技术上追求卓越,更在艺术创造上追求完美。他们以瓷为载体,运用绘画、雕刻、镶嵌等手法,将山水、花鸟、人物等元素融入瓷器,使之成为具有高度艺术价值的工艺品。从唐代的青花瓷,到宋代的哥窑冰裂纹,再到元明清的彩瓷、釉里红瓷,每一种瓷器都体现了陶瓷工匠们的艺术智慧和创新精神。

瓷器的生活美学是中国陶瓷的独特魅力。自古以来,陶瓷与人们的日常生活息息相关。从饮食器具到文房四宝,从陈设用品到园林建筑,陶瓷无处不在。它们不仅满足了人们的实用需求,更提升了人们的生活品质。例如,宋代建盏以其独特的斗笠形状和兔毫纹饰,成为茶道中的重要器具;明清时期的瓷器则以精美的造型、丰富的图案,成为家居装饰的首选。这些瓷器将艺术与生活完美结合,展现了中国人独特的审美观念和生活哲学。

## 《捣练图》

唐代张萱的《捣练图》是一幅表现妇女劳动场景的仕女画,也是家喻户晓的官廷画代表作,现藏于美国波士顿博物馆(图1-2-9)。

图1-2-9 《捣练图》

为什么这幅画作会成为中国古代官廷画的代表作?

首先,画作本身展现了古代中国重要的生产技艺——丝绸制作。画面的第一部分是右边的四人用木杵捣练;第二部分是中间的两人进行拼缝;第三部分是一人扇炉火,另外四人熨烫丝绸,还有一个淘气的小女孩在女性长辈拉扯的丝绸下窜动。捣和练是两道处理丝织品的工序。古人发现把蚕茧放在微开的水中一煮,胶化开了,丝就能抽出来了。但是丝上还附着很多胶,粘有灰尘和杂质,这被称为生丝。生丝要经过进一步处理才能变成熟丝,熟丝柔软、光滑,具有垂坠感,而且能够染上各种漂亮的颜色。处理生丝的过程被称为练丝。首先要把生丝放在碱性的草木灰水里浸泡,然后用木杵,也就是大棒子捶打,晒干,再浸泡、捶打、晒干,这个过程要重复数次。多余的丝胶和杂质就慢慢脱落了,丝也变得白净、柔软和有光泽。

其次,《捣练图》在技巧、材质运用等方面具有至高的地位。《捣练图》属于工笔重彩类画作,大多画在绢上,用于官廷画的绢要经过种种复杂的处理(古人至唐初作画用生绢,至盛唐开始把绢放入热水中煮过,褪掉部分丝胶,再撒上研磨细碎的贝壳粉,然后用木槌将贝壳粉槌到丝缝中。经过这样的操作处理,绢的绘画表现力便大大提升了)。而且这类画作要"三矾九染",以表现明亮鲜艳的色彩。《捣练图》从画里向外透着一种亮亮的光泽,衬得画上的颜色格外明亮,人物也显得更加优雅。

### 4. 文化传播

中国技艺承载了中国百万年的人类史、一万年的文化史、五千多年的文明史，以其独特的美学价值和精湛的工艺技术，通过多元化路径，向世界持续传播中华文化、展现中国魅力，促进了文化之间的理解与尊重、交流与互鉴。例如，古代中国是最早开始种桑、养蚕、生产丝织品的国家，开辟了中国和中亚南部、西部以及印度之间以丝绸贸易为主的"丝绸之路"，此后，中国成为技术输出大国，向欧亚大陆输送了众多发明，包括印刷术、火药、罗盘、铸铁、瓷器、轮式磨谷机、水力研磨机、手摇纺丝机、铁索桥、拱桥、航海制图法等。英国哲学家弗兰西斯·培根曾说："我们应该注意到这些发明的力量、功效和结果。印刷术、火药、指南针这三大发明在文学、战争、航海方面改变了整个世界的许多事物的面貌和状态，并由此引起了无数变化，以致似乎没有任何帝国、任何派别、任何星球，能比这些技术发明对人类事务产生更大的动力和影响。"中国技艺通过文化传播，影响着世界各地的文化发展和人类文明的进步。

**拓展阅读**

## 丝绸与文化传播

中国丝绸作为中国古代的重要发明和特产，其文化传播的意义和影响是深远的。从文化传播的角度来分析，中国丝绸在以下5个方面发挥了重要作用。

中国丝绸通过丝绸之路传遍了亚洲、欧洲乃至非洲，成为古代世界最重要的贸易商品之一。丝绸之路不仅仅是商品的交易之路，更是文化传播和交流的桥梁。丝绸之路将中国的丝绸及其制作技艺、相关的文化理念和生活方式传播到了其他国度，同时也带回来了各国文化，促进了文化的交流和融合。

丝绸在古代中国是一种奢侈品，象征着财富、地位和权力。随着丝绸的传播，这种象征意义也随之扩散，影响了其他文化对于财富和权力的认知。丝绸的柔软触感、光泽和色彩，也成为了东方文明的象征，激发了他者对于东方文化的向往和想象。

中国丝绸的制作技艺，包括养蚕、缫丝、织造、印染等，随着丝绸的贸易传播到了其他地区，尤其是亚洲的许多地方，促进了当地经济的发展，也丰富了当地的技术文化。例如，丝织技术在公元6世纪传到了日本，对日本后来的织物生产产生了深远影响。

丝绸的生产和贸易对中国社会结构有着重要的影响。丝绸的生产需要大量的劳动力和复杂的分工，这促进了城市化的发展和商业活动的繁荣。同时，丝绸贸易的收入也成为了国家财政的重要来源，影响了政治和经济权力的分配。

丝绸在文学、诗歌、绘画等艺术领域中被广泛描绘和赞颂，成为中国文化的一个重要主题。这些作品的传播进一步丰富了丝绸的文化意象。

## 观影启智

请扫码阅读影片相关材料,思考对应问题。

### 电影《横空出世》

1. 请认真思考:影片中体现了老一辈科学家等建设者的哪些特质?新时代青年应当如何继承这些特质?

2. 从影片中可以看到科学家的集体攻关、军人们的艰苦奋斗是第一颗原子弹爆炸成功的最关键因素。作为当代大学生,请你结合本专业,谈谈如何在专业领域为祖国的发展贡献力量。

3. 从影片中可以看到在核基地建设初期及第一颗原子弹研制过程的艰难曲折,请谈谈让你印象最深刻的片段及其对你的启发。

图文
《横空出世》
《逐梦蓝天》
赏析

### 电视剧《逐梦蓝天》

1. 请讨论中国航空工业从1949年开国大典时的17架飞机到中华人民共和国成立70周年阅兵式上的168架军机的演变,思考这一变化背后的历史意义和社会影响。

2. 请分析航空人在个人生活和情感上的牺牲,如秦天错过的爱情、赵德良与儿子的疏远等,讨论这种牺牲对个人和家庭的影响。

3. 请讨论中国航空工业在技术进步和创新方面的成就,如大型运输机航–20的首飞等。

4. 请分析《逐梦蓝天》如何将艺术创作与航空工业的科学知识相结合,创作出既真实又引人入胜的故事情节。

## 知识地图

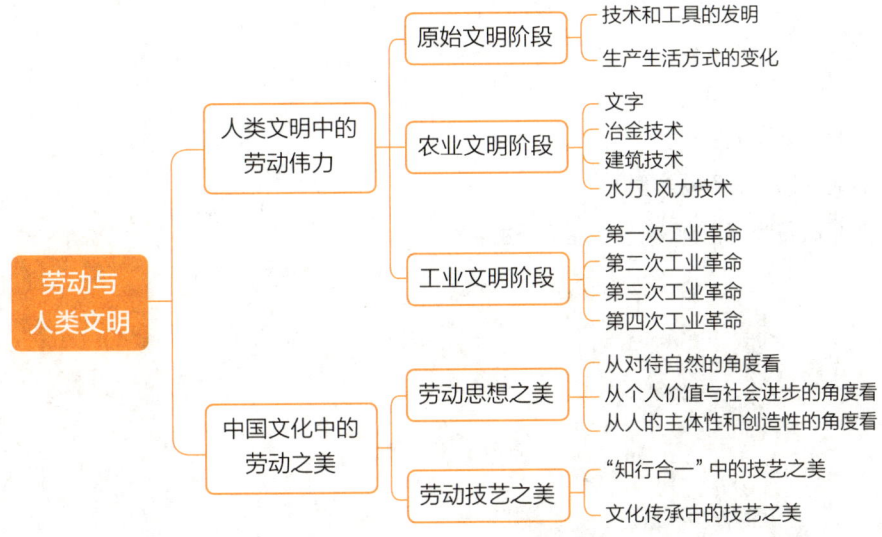

# 专题三　劳动与志愿服务

 **言之有理**

无穷的远方，无数的人们，都和我有关。

——鲁迅，选自《且介亭杂文末集·这也是生活》

任何时候都不要忘记，你生活在人们中间。任何时候都要记住，同你一起劳动的人，他们都有各自的忧虑、牵挂、思想和感受，各自的喜怒哀乐。要学会尊重每一个同你一起生活和劳动的人。

——苏霍姆林斯基，选自《育人三部曲》

一个人的价值，应当看他贡献什么，而不应当看他取得什么。

——爱因斯坦，选自《纪念爱因斯坦译文集》

 **核心问题**

1. 什么是志愿服务？
2. 当代志愿服务有哪些类型？
3. 该如何践行志愿精神，携手共建美好生活？

## 我愿播撒志愿服务的种子，让更多的人成为志愿者

从报道志愿者故事，到最终自己成为志愿者，17年来，中央广播电视总台"社会与法"频道制片人吴卉累计参加志愿服务超过1.8万小时。她制作的全国首档以志愿服务为主题的大型真人秀《社区英雄》感动了亿万观众，有力推动了志愿服务的普及。

吴卉最初与志愿者的接触是在2003年。那一年，她采访共青团中央组织的大学生志愿服务西部计划，大学生们热情、善良、奉献的精神风貌让她深受触动。

"志愿服务真的不可或缺！"这是吴卉从一场重大变故中得到的体悟。2012年春节，大年初九，凌晨4时，父亲心脏病突发，慌乱的吴卉只能打物业电话求救，小区保安马上来帮忙。尽管最终父亲还是走了，但在人生最无助的时候有人伸出援手，吴卉感恩不已，同时有点儿遗憾，"如果社区里有个随时能为老人提供公益服务的机构就好了"……

"社区是居民的家园，是最能体现爱与温暖的地方。如果做一档以社区公益为主题的节目，一定可以大大推动全社会对志愿者和志愿服务的了解。"吴卉说。于是，她坚定了制作《社区英雄》的决心。

怎么做才能让节目既好看又凸显志愿精神？

吴卉和同事们决定：把节目设计成挑战与对战模式，每期节目有两名公益项目发起人作为"社区英雄"接受挑战，用7天时间邀请上千名志愿者表演一场盛大的舞蹈，用各具创意的造型表达公益理念，赢得公益金支持。在演播室现场，他们将接受嘉宾提问和评判，由200名青年志愿者投票决定"公益奖励金"的归属。节目中的"公益奖励金"由公益基金会现场发放。

一期节目，吴卉和同事们要从1 000名候选者中筛选出100名挑战者，节目组再将其分成四五个小组，对100人进行面访，深入交谈，拍摄视频资料，撰写调研报告，研究初选视频，将人数筛选至20人；然后十几个摄制组每组用6个机位跟踪拍摄7天，剪辑15天，至此，外拍过程告一段落；现场录制环节才刚刚开始……

8年来，节目组共拍摄了90个社区公益项目，制作了16期公益人物纪录片，创作了84场千人舞蹈，联合19家公益基金会，有近12万名社区居民直接参与公益活动。自播出以来，节目观众触及量超过10亿人次，新媒体转载量达到1 300万次以上。

"志愿服务让我找到了人生的价值，我相信自己是在做一件特别有意义的事。退休后，我还要继续做志愿者。"在采访结束时，吴卉对记者说："当你不知道该做点儿什么的时候，就去做志愿者吧。"

(资料来源：《人民日报》，2020年8月18日，有改动。)

### 思考与讨论

以上案例展现了吴卉从一个志愿服务的旁观者成为一个名副其实的志愿服务践行者的过程。请同学们结合案例及自己的实际情况思考：

1. 可以通过什么途径参加志愿服务活动？
2. 参加志愿服务活动需要秉承哪些原则？
3. 你愿意为社会提供志愿服务吗？
4. 你以前参加过什么样的志愿服务活动？
5. 你能提供哪些志愿服务？

# 单元一 认识志愿服务

## 一、志愿服务

### （一）志愿服务的概念

从词源和词语构成的角度看，"志愿"（voluntary）一词最早在中世纪英语中出现，它是由法语的voluntarie和14世纪拉丁语的voluntarius结合而成，用作形容词时表示自愿地（free will）行动。17世纪开始出现"志愿者"（volunteer）的概念，动词形式的志愿活动或者志愿行为则出现在18世纪。

根据《非营利管理辞典：术语与概念》的定义，志愿服务是指"在家庭以外的正式或非正式情景中从事志愿者工作。它是不以经济获益为目的的非强制性的帮助活动。就意义和价值而言，志愿服务不仅可以丰富和充实生活，还有利于职业发展"。

《中国志愿服务大辞典》指出："志愿服务在广义上指造福近亲属以外的他人（个人或团体）或环境的所有活动。狭义上是指无偿为非营利机构工作，又称为志愿工作。"狭义的定义对志愿服务的工作（服务）对象有明确的限定，但是在广义的定义中，人或者环境都可以成为志愿服务的对象。

2017年出台的《志愿服务条例》明确定义："本条例所称志愿服务，是指志愿者、志愿服务组织和其他组织自愿、无偿向社会或者他人提供的公益服务。"这一定义明确了志愿服务的4个基本要素，即自愿、无偿、公益、服务。此外，志愿服务须遵循安全性、平等性、诚实性原则。安全性是指不得违背社会公德，损害社会公共利益和他人的合法权益，不得危害国家安全，并且要从自身的实际出发，从社会需求的实际出发，把主观愿望和客观实际结合起来，把社会需求和服务能力结合起来，要注意量力而行，要在志愿组织自身的人力、物力和财力允许的条件下开展工作。平等性是指在服务过程中，志愿者应尊重服务对象的尊严、权利和文化差异，要尊重和爱护受助者，尊重他们的人格、隐私，保障他们的权益不受侵犯；志愿者和受助者之间是互相帮助的平等关系；所有志愿者在服务过程中应享有平等的权利和机会，不受性别、年龄、种族、宗教或社会经济地位的限制。诚实性是指志愿者应诚实守信，对自己的行为负责，确保服务的真实性和有效性。

### （二）中国志愿服务的模式

志愿服务活动在不同的政治体制与社会背景下会表现出不同的组织形式。志愿服务作为当代中国社会的重要组成部分，不仅是一个自然演进的过程，也是一个政府力量主导并促进其发展的过程。因此，中国志愿服务按照发起和发展路径的不同，可分为以下3种模式：

一是"自下而上发起,自上而下推广"模式,该模式的典型代表是民政部主导的社区志愿服务体系;二是"自上而下发起,自上而下推广"模式,该模式的典型代表是共青团系统主导的青年志愿服务体系,也包括公共部门组织发起的志愿服务;三是"自下而上发起,自下而上推广"模式,主要是指民间组织和企业等社会力量发起的志愿服务,该模式的典型代表是"自然之友""北京地球村"等民间组织发起的志愿服务。

### (三) 志愿服务的功能

作为一项公民社会行动,志愿服务在推动社会主义民主化进程、构建社会主义和谐社会、促进经济增长以及青年发展等方面具有其独特的实践价值与意义。具体体现在以下4个方面:

一是推动民主进程。志愿服务有利于培养民众的公民精神,而公民精神是一个国家和社会民主化的政治心理与政治文化的个体表现。民主化不仅需要民众具有公民精神,还需要民众具有参与公共生活的经验与技能。在志愿服务实践中,志愿组织培养了志愿者与他人合作与团结的习惯,让志愿者体验了相互依赖的社会情感,在公共参与中懂得了对社会公益的守护和对社会规范的认同与遵守。

二是促进社会和谐。丰裕的社会资本是社会和谐的一项重要特征。所谓社会资本,是指个体或团体通过社会网络、社会信任、社会规范等社会结构所获取的资源和优势。而志愿服务可以加强不同社会群体与阶层之间的沟通,将个体联结和凝聚为社会整体,增进社会信任,增加社会资本,促进社会和谐。

三是促进经济发展。志愿服务是一种特殊的劳动形式,是创造社会财富的重要源泉之一,是当代国民经济体系的一支重要力量。

四是推进青年发展。志愿服务作为一项社会性活动,在提升参与者尤其是青年志愿者的交际能力、服务技能和公民意识等方面都具有积极作用。个体通过参与志愿服务,在深入了解社会、实现自我价值的同时,也展开对美好社会与幸福生活的追求。志愿服务具有社会化的功能,通过价值实践与传递,使个体成为志愿精神的承载者、实践者、传递者和发扬者。

**拓展阅读**

## 志愿服务的经济价值测算

志愿服务的经济价值即志愿者在开展服务期间所创造的经济效益,通常用各个领域志愿者参与志愿服务的时长或产品与服务的货币价值来表示。然而,由于并没有相对应的市场价格来确定其供需变化,该价值长期以来被官方统计所忽略,难以被计入地区的发展绩效。相比近年来志愿服务的快速发展,中国的志愿服务价值测算起步较晚,其相关理论与实践仍处于探索的阶段。

目前与志愿服务价值测算最为相近的是"无酬劳动经济价值"测算,该研究起源于对女性在家庭中的劳动价值的研究,至今已被不少学者讨论过。

联合国统计司(United Nations Statistics Division)表示,"在经济学领域里,志愿服务是一个比较麻烦的概念,因为没有市场价格来确定其相对于供need变化的价值"。各个国家和地区对于志愿服务经济价值的关注和测算发展较晚。目前,主流的志愿服务经济价值测算方法有2种,即产出法(output-related method)和投入法(input-related method)。产出法是从生产角度核算志愿者在服务期内创造的价值,同时,基于市场价格对志愿服务产生的效益进行计算。然而,由于该方法需要大量的数据,包括无酬服务的产出数量、相应市场替代服务的价格等,操作难度较大,在实际测算中使用较少。目前常用的是投入法,该方法是从投入要素成本的角度核算志愿者在服务期内创造的价值,即根据相应的工资标准,对志愿服务的投入时间进行测算。此方法需要较为准确的志愿服务时长记录,并确定适当的工资标准,相对而言操作较为方便。

根据工资标准确定方法的不同,投入法又分为机会成本法(opportunity cost method)和市场成本替代法(replacement cost method)。前者将志愿者从事有酬生产活动所获得的工资视为从事志愿服务的机会成本,即以参加志愿服务放弃的工资收益作为其产生的经济价值;后者则是按照市场上同类型的有偿劳动报酬来进行等价计算,通常以同类职业的平均工资或本地最低工资为标准。机会成本法的局限性在于以下2点:一是对数据计算的要求很高,且大部分志愿者的工资水平难以确定;二是志愿服务的价值通常与志愿者的身份无太大关系,如清扫社区,无论志愿者是官员、学者、银行家,还是普通工人、失业者,其服务成果都很相似,因此经济价值也没有明显差别。整体来看,市场成本替代法更合适,实际应用也更为广泛。

(资料来源:深圳市志愿服务基金会、深圳国际公益学院主编,《深圳志愿服务发展报告(2020)》,社会科学文献出版社2021年版,有改动。)

## 二、志愿精神

### (一)志愿精神的概念

志愿精神是志愿服务的核心要素之一,是志愿服务的核心理念与价值。按照联合国的解释,志愿精神是一种自愿的,在不计报酬或收入的条件下参与推动人类发展、促进社会进步和完善社区工作的精神,是人类关系的基本表达。践行志愿精神,可以提高人的生活质量,为人们生活的社区共同体带来美好幸福的生活。

中国青年志愿者协会把"奉献、友爱、互助、进步"作为我国青年志愿者精神。志愿精神的精髓在于集体化与个人化的统一。在集体维度上,它是奉献社会的公益精神;在个体维度上,它是个人意愿和偏好的自主选择。因此,志愿精神的内涵特征可以概括为以下4点:自愿性、无偿性、公益性、实践性。

## （二）志愿精神与劳动精神

中共中央、国务院发布的《关于全面加强新时代大中小学劳动教育的意见》把劳动精神总结为"勤俭、奋斗、创新、奉献"。劳动精神和志愿精神在精神实质上有相通之处，即都包含奉献精神和促进社会进步的价值理念。马斯洛的需求层次理论指出，人的需求从低级到高级分别为生理、安全、社交、尊重和自我实现。劳动精神和志愿精神属于个体高层次的自我实现需求，与人的全面发展相关。但志愿精神并不等同于劳动精神，劳动精神包括志愿精神，志愿精神是劳动精神的生动呈现。劳动精神中的奉献是奉献者部分的付出，志愿精神中的奉献是奉献者全部的付出。志愿精神首先是利他的，在利他的基础上实现自我成长。志愿服务不是一般的劳动，是公益的、无私的、无偿的劳动。

## 三、志愿组织

### （一）志愿组织的概念

志愿组织是志愿服务的核心要素之一，是志愿者参与，志愿服务发生和有序、有效进行的重要前提条件。志愿组织通常指的是由志愿者组成的、以提供无偿服务为主要活动内容的非营利性组织。这些组织基于共同的目标和价值观，通过志愿服务来推动社会、文化、教育、环境保护等多方面的进步和发展。联合国将志愿组织定义为：公民所成立的地方性、全国性或者国际性的非营利、志愿性组织。在我国的语境下，一般使用"志愿服务组织"，避免宽泛的内涵，突出组织的志愿服务属性。《志愿服务条例》中明确规定：志愿服务组织是指依法成立，以开展志愿服务为宗旨的非营利性组织。

志愿服务组织是基于志愿精神建立的，其核心特征包括：非营利性，不以营利为主要目的，而是追求社会效益和公共利益；志愿性，组织的活动主要由志愿者参与，志愿者提供无偿的劳动和服务；自治性，依赖公众的参与和支持；公益性，致力于解决社会问题或满足社区需求，承担社会责任。

### （二）志愿服务组织的常见分类

#### 1. 按服务领域分

① 社会服务：如扶贫、养老、助残等。
② 教育文化：如扫盲、教育支持、文化传承等。
③ 卫生健康：如公共卫生、医疗援助、健康教育等。
④ 环境保护：如生态保护、绿化植树、污染治理等。
⑤ 灾害救助：如紧急救援、灾后重建、灾害预防等。

#### 2. 按组织结构分

① 民间组织：由社区成员自发组织，规模较小，直接服务当地社区。
② 非政府组织（NGO）：具有更正式的组织结构和运作方式，可能在多个国家或地区开

展活动。

③ 非营利组织（NPO）：与NGO类似，但更强调非营利性质和公共服务职能。

### 3. 按资金来源分

① 自筹资金：主要依靠会员捐款、社区支持和志愿者活动等筹集资金。

② 政府资助：接受政府的财政支持或项目资助。

### 4. 按活动性质分

① 直接服务组织：提供直接的社会服务，如食物银行、免费医疗服务等。

② 倡导和支持组织：致力于提升公众意识、政策倡导或为其他志愿组织提供支持。

**拓展阅读**

## 联合国志愿人员组织

联合国志愿人员组织（united nations volunteers, UNV）是联合国系统内一个专门的机构，是联合国系统内最大的、直接向发展中国家输送各类高、中级专业技术志愿人员的组织，致力于通过志愿服务促进和平与发展。UNV成立于1970年，其核心使命是动员和组织志愿者，支持全球范围内的可持续发展、减灾、和平建设及人道主义援助等项目。UNV在全球150多个国家开展工作，拥有一个广泛的志愿者网络。它强调志愿服务在推动社会进步和实现联合国可持续发展目标（sustainable development goals, SDGs）中的作用。志愿者来自不同的文化背景和专业领域，这有助于提供多元化的视角和解决方案。

UNV在各国的工作都致力于解决当地的实际问题。其宗旨是根据发展中国家的实际需求和面临的困难，向发展中国家提供积极有效的援助，以支持全人类的可持续发展。我国政府也保持了同联合国志愿人员组织的长期合作。

早在1981年，中国政府即与UNV代表在北京签约，互派联合国志愿人员，开始了长期的联合国志愿人员项目的合作。商务部（原外经贸部）中国国际经济技术交流中心作为联合国开发计划署在华发展业务的官方合作机构，负责联合国志愿人员组织在华项目的执行；北京国际志愿人员协会作为该项目的实施机构，负责项目的具体实施工作。UNV与中国政府的合作涉及灾害管理、文化交流等诸多方面，不仅促进了中国的社会发展、提升了中国的国际影响力，而且为全球志愿服务事业作出了贡献。

# 单元二　中国志愿服务的历史发展

## 一、中国历史传统中的志愿服务

### （一）中华优秀传统文化中的志愿精神

中华优秀传统文化中蕴含着历史悠久的志愿精神，自古以来诸多形式的慈善和公益活动，如古代民间私人性质的"义仓""义舍""义米""义学"等，都体现了中华民族扶贫济困、乐善好施的传统美德，与现代志愿服务的内涵紧密相关。在不同的历史时期，服务的表现形式和参与主体有所差异，但精神内涵是一致的，即自愿贡献个人的时间、精力或资源，不计报酬地帮助他人和社会。中华优秀传统文化中的志愿精神在以下4个方面得到了体现。

#### 1. 奉献精神

奉献精神强调志愿者对他人、社会和国家的道德责任，体现出高尚的精神境界。儒家倡导"天下为公"和"克己奉公"的思想，强调"天下兴亡，匹夫有责"，要求个人无私奉献，为社会和国家利益贡献自己的力量。道家提出"上善若水"的理念，倡导像水一样滋润万物而不争名利，不求回报的付出，与天下为公、重义轻利的思想共通共存。

#### 2. 友爱精神

儒家将仁爱作为道德的最高标准，提出"仁者，爱人也"的思想，强调关心和帮助他人。孟子提出"不忍人之心"，倡导对他人怀有怜爱和同情之心，亦即"恻隐之心"。此外，儒家强调"泛爱众"，认为人们在社会中有应尽的义务，体现了深沉的博爱情怀。

#### 3. 互助精神

"兼爱"理念是互助精神的重要思想源泉，强调人与人之间的平等合作。墨子提出"兼爱"思想，强调不分亲疏、平等地爱护他人。"交相利"思想要求人们互爱互利、互相帮助，为天下人谋利、助人助己。

#### 4. 进步精神

进步是志愿服务的目标，要求志愿者从自己做起，推动社会的长足发展。儒家强调"修身齐家治国平天下"的思想，即通过个人修身来推动社会进步，正人正己、成己成人，在关怀他人的同时获得自我提升。

这些宝贵的文化遗产、精神财富都为当代志愿服务提供了重要的精神源泉和道德准则，需要在新时代传承创新、发扬光大。

### （二）中国知识分子"到农村去"的志愿者运动

20世纪上半叶，中国几代知识分子开启了连续不断的"下乡运动"，即"知识分子、青年学生到农村去，到民间去"，形成了具有深厚文化底蕴和中国特色的志愿者文化。

知识分子群体将所学知识和文化带到广大的农村，帮助改善农民的生活条件，体现了对社会的深切关怀和责任感。在农村的工作实践中，知识分子与农民开展了长期的互助合作，建立了深厚的情谊。知识分子通过教育农民，提高他们的文化素养和自我发展能力，推动了知识的普及、思想的启蒙、社会的进步。"到农村去"的过程也是知识分子自我改造的过程，他们在农村的艰苦环境中锻炼自己，促进了个人成长和精神升华。以上这些共同构成了中国志愿者文化的重要组成部分。

回顾历史，20世纪上半叶，这一具有鲜明中国特色的志愿者运动主要分为3个阶段。

#### 1. "五四"时期李大钊的《青年与农村》与新村主义运动

新文化运动的核心是"人的觉醒与解放"，其中的一个重要方面就是对农民这一当时处于社会最底层的群体的独立价值的发现与充分肯定。李大钊在《青年与农村》中提出，"我们中国是一个农国，大多数的劳工阶级就是那些农民。他们若是不解放，就是我们国民全体不解放""要想把现代的新文明，从根底输入到社会里面，非把知识阶级与劳工阶级打成一气不可"，于是发出"我们青年应该到农村里去"的号召。"五四"时期关于社会主义思想和实践的另一重要部分是"新村主义运动"，倡导建立乌托邦式社区，并在北京、上海等地实践，社区内实行财产公有、按需分配、共同劳动，强调个体的人与人类、社会的人的统一，物质生活与精神生活的统一，脑力劳动与体力劳动的统一，人与人之间的协调，人与自然之间的和谐。反对知识分子与劳动人民的隔离，鼓励知识分子参与体力劳动。

#### 2. 20世纪30年代的乡村建设运动

如果说"五四"时期的新村主义运动还限于思想、文化运动的范围，那么到20世纪30年代就发展成了一种社会运动。大革命失败以后，随着对中国社会认识的深化，越来越多的知识分子把目光转向农村，认识到中国的根本改造必须从农村开始，但却在如何实现中国农村的改造问题上，出现了重大的分歧，形成2种不同的思路。毛泽东主张通过革命手段解决土地问题，发动苏维埃运动，建立根据地，出现了毛泽东诗词里所描写的"收拾金瓯一片，分田分地真忙"的革命景象；同时，以晏阳初、梁漱溟为代表的知识分子推动非革命的乡村建设，通过文艺教育、生计教育、卫生教育、公民教育"四大教育"，改造和组织农民，提升其知识力、生产力和公民意识。

#### 3. 20世纪40年代的下乡运动

知识分子在抗日战争期间深入农村，加深了对中国农村问题重要性的认识，抗日战争某种程度上就是以农民为主体的民族解放战争，如毛泽东所说："农民——这是现阶段中国民主政治的主要力量。中国的民主主义者如不依靠三亿六千万农民群众的援助，他们就将一事无成。农民——这是现阶段中国文化运动的主要对象。所谓扫除文盲，所谓普及教育，所谓大众文艺，所谓国民卫生，离开三亿六千万农民，岂非大半成了空话？"这一论断得到了知识分子的强烈认同。大批知识分子涌向以延安为中心的根据地，走向农村，出现了更大规模的知识分子下乡运动，促进了农村的政治、经济和文化发展。

## 二、中华人民共和国成立以来志愿服务的发展历程

### （一）萌芽阶段（1955—1993年）

中华人民共和国成立后，随着社会主义制度的建立，与之相适应的社会公益动员体系应运而生。1955年，为了解决当时的粮食短缺问题和城市青年失业问题，共青团中央号召青年组成志愿垦荒队，到边远和落后地区开荒种田。1955年8月，北京市组织了第一支青年志愿垦荒队。之后，数万名青年踊跃报名，自愿到边远地区开荒种田，这是中华人民共和国成立后最早的有组织的公益活动，也是当代青年志愿活动的萌芽。

20世纪60年代，"学雷锋"活动成为公众参与公益活动最主要的表现形式，志愿服务活动主要以个体和非正式组织形式开展。1963年3月5日，毛泽东发出"向雷锋同志学习"的号召，随后刘少奇、周恩来、朱德、陈云、邓小平、董必武等党和国家领导人发表了题词。全国掀起"学雷锋"活动热潮，为我国现代志愿服务发展奠定了良好基础，志愿服务精神开始在中国社会中生根发芽。从发展历程来看，中国特色志愿服务事业和"学雷锋"活动可谓相伴而行、高度融合，雷锋精神成为中国特色志愿服务的重要标志。

从20世纪60年代中期开始，我国志愿服务开始步入国际化进程。出于社会主义国家对于世界上其他第三世界国家的国际人道主义义务，中国曾经对亚洲、非洲的许多发展中国家进行大量的国际援助，涵盖军事、经济等领域。伴随着这些援助活动，中国政府曾经派遣大量的志愿人员到国外参与相应的项目。

中国在20世纪80年代后期开始出现自己的志愿活动和志愿者。改革开放以后，中国最早的志愿者出现在社区服务的层次上，并逐步建立了社区志愿者组织。1989年，天津市和平区新兴街道积极响应民政部的号召，正式成立全国第一个"社区服务志愿者协会"，这是我国最早的志愿组织；1987年，广州市开通全国第一条志愿者服务热线电话——"中学生心声热线"，拉开了我国志愿服务事业的序幕；1990年，深圳市建立的"深圳市义务工作者联合会"成为全国第一个正式注册的志愿者社团……当时志愿服务组织和活动主要活跃在京、津、粤等经济发达地区，后来逐渐向全国扩展。

### （二）发展阶段（1993—2008年）

1993年12月7日，共青团十三届二中全会决定实施青年志愿者行动。1993年12月19日，在共青团的号召下，2万余名青年亮出"青年志愿者"旗帜，在京广高速公路上开展为旅客送温暖志愿者服务，这标志着"中国青年志愿者行动"正式启动，也标志着全国范围内的志愿服务工作拉开了历史的序幕。

1994年2月，团中央向社会公开发布青年志愿者标志，标志象征着中国青年志愿者伸出友爱之手，以跨世纪的精神风貌面向世界、走向未来。同年12月，中国青年志愿者协会成立并发布了"奉献、友爱、互助、进步"的中国青年志愿者精神。该组织的成立标志着中国志愿

服务事业开始有了全国性的组织和更广泛的社会参与。此后,各种志愿者组织如雨后春笋般地成长,搭起了中国志愿服务的框架。这个时期,中国的民间组织积极动员志愿者参与公共事务,自然之友和地球村是比较有影响的民间志愿组织。自此,志愿服务开始形成具有中国特色的组织体系,青年志愿者和社区志愿者的组织相继成立,志愿服务活动逐渐走向规范化和多元化。

**拓展阅读**

## 中国青年志愿者协会简介

中国青年志愿者协会(Chinese Young Volunteers Association, CYVA)成立于1994年12月5日,是一个由共青团中央主管的全国性、专业性、非营利性社会组织。该协会是共青团在实践中培养社会主义事业建设者和接班人的重要组织平台,奉行"奉献、友爱、互助、进步"的志愿精神。协会致力于通过组织和指导全国青年志愿服务活动,为社会提供志愿服务,促进社会文明进步,服务青年全面发展,推动志愿者事业发展,为实现"两个一百年"奋斗目标和中华民族伟大复兴的中国梦贡献力量。

协会开展的青年志愿者重点品牌项目包括"中国青年志愿者研究生支教团""大学生志愿服务西部计划""中国青年志愿者服务社区行动"等,涵盖了乡村振兴、环保、济困、扶老、救孤、恤病、助残、救灾、助医、助学、应急救援、大型赛会等领域的志愿服务。此外,协会在推动志愿服务专业化与创新发展方面也做了大量工作,通过调研和研究,提出了健全青年志愿服务体系的对策建议。

图1-3-1　中国青年志愿者标志

中国青年志愿者协会还发布了"心手标"作为中国青年志愿者的统一标志(图1-3-1),其整体构图为心的造型,同时是"青年"的英文第1个字母"y"的图案,中央既是手也是鸽子的造型,寓意青年志愿者向需要帮助的人们奉献一份爱心,伸出友爱之手,立足新时代,展现新作为,弘扬"奉献、友爱、互助、进步"的志愿精神,以实际行动书写新时代的雷锋故事。

为加强青年志愿服务网络建设和青年志愿者的招募、培训、考核、评估与表彰等方面的规范管理,1996年10月14日,在总结各地实践经验的基础上,共青团中央颁发了若干规范青年志愿服务的政策文件。1999年2月,中国青年志愿者协会通过了《中国青年志愿者协会章程》,各地陆续出台了地方青年志愿者协会章程。同年6月,国家颁布《中华人民共和国公益事业捐赠法》等有关社会组织管理与公益慈善捐赠的法律法规,形成了志愿服务法的重要法源,志愿服务的法制化进程开始起步。

进入21世纪，联合国确定2001年为"国际志愿者年"，国际志愿者协会（IAVE）发布《全球志愿者宣言》，志愿服务成为国际社会的共识。中国以此为契机，进一步推动志愿服务活动的组织化、规范化，提升服务质量。2002年共青团中央颁布《中国青年志愿者注册办法》后，全国各级团组织以此为蓝本，结合当地实际，开始了制定志愿者注册办法的工作。2006年12月6日，共青团中央正式颁布《中国注册志愿者管理办法》。这些规范性文件虽然不具有法律约束力，不能作为规范志愿服务活动的法源，但在推进志愿者组织建设、促进志愿服务发展方面发挥着重要的作用，同时也为今后的志愿服务立法提供了宝贵的经验借鉴。

## （三）成熟阶段（2008年至今）

2008年是中国志愿服务事业发展史上具有里程碑式意义的一年。在"5·12"大地震救援工作中，除了来自全国各地的志愿者外，来自加拿大、美国、俄罗斯、日本、新加坡等地的志愿者也积极参与抗震救灾工作。据《中国的减灾行动》白皮书统计，四川汶川特大地震发生后，中国公众、企业和社会组织参与紧急救援，深入灾区的国内外志愿者达300万人以上，在后方参与抗震救灾的志愿者达1 000万人以上。灾区志愿者的善行义举感动了中国，也彰显了国民的公民精神。北京奥运会期间，10万名赛会志愿者、40万名城市志愿者和100万名社会志愿者为奥运会提供了热情周到的服务，赢得了国际国内广泛赞誉，同时，也成为推动中国志愿服务发展的重要力量。志愿服务开始走向常态化、品牌化、制度化，我国志愿服务的国际化和专业化水平得到显著提升。

2017年6月7日，《志愿服务条例》经国务院第175次常务会议通过，并自2017年12月1日起施行。《志愿服务条例》是中国志愿服务领域的第一部行政法规，为志愿服务提供了法律保障，明确了志愿者、志愿服务组织、志愿服务对象的合法权益，鼓励和规范志愿服务，发展志愿服务事业。自此，志愿服务开始有法可依。志愿服务法被纳入全国人大常委会立法规划，立法工作进入新阶段。

2023年，中国共产党中央委员会社会工作部组建，统筹规划全国志愿服务工作，志愿服务体系进一步健全。2024年，中共中央办公厅、国务院办公厅印发《关于健全新时代志愿服务体系的意见》，明确提出到2035年，基本形成系统完备、科学规范、协同高效的志愿服务制度和工作体系，体现了党中央对志愿服务的高度重视，对完善志愿服务制度和工作体系、促进志愿服务事业长远发展具有重要意义。

总的来看，这一阶段的志愿服务有3个特征：第一，社会影响力持续扩展，志愿服务深入人心，志愿者数量和志愿服务项目不断增加，志愿服务在社会治理、应急救援等领域发挥着越来越重要的作用。根据《中国志愿服务发展报告（2022—2023）》显示，中国注册的志愿者数量已达到2.32亿人，实施了文明实践、阳光助残、环境保护、为老服务等多主题的1 127万个志愿服务项目，组建了135万支志愿服务队伍。第二，法治支撑与文化建设持续推进，推进志愿服务国家立法，加强法治支撑，依法规范志愿服务活动。同时，志愿服务文化建设得到加

依法规范促进志愿服务发展

强,志愿精神成为社会主义核心价值观的重要组成部分。第三,组织保障不断增强,强化党建引领,发挥党组织在志愿服务中的领导作用,提升志愿服务组织的凝聚力和战斗力,确保志愿服务活动健康有序发展。

# 单元三 当代中国志愿服务的主要实践形式

## 一、社区志愿服务

社区志愿服务通常指在社区层面,由志愿者组织或个人自愿参与的、非营利性的、服务社区成员的各类活动,这些活动包括但不限于社区教育、健康促进、环境保护、文化活动组织、老年人和残疾人关怀等。社区志愿服务旨在满足社区居民的需求,提升社区生活质量,促进社区和谐发展。

现代社会中,社区是与人们日常生活最为密切的社会空间,包括社区物理空间和社区文化空间。以社区为对象或基础的志愿服务,是诸多志愿服务中最常见的形式。其重要意义在于增进邻里信任和互助,提高社区安全与生活幸福指数,推进基层社会治理,培育、铸牢中华民族共同体意识。

社区志愿服务还具有以下显著特点:

第一,多样性。社区志愿服务的内容非常多样,包括教育辅导、环境保护、文化娱乐、健康护理、法律援助、老年人服务、残疾人服务等。

第二,灵活性。社区志愿服务的形式和内容可以根据社区需求和志愿者的能力灵活调整。

第三,持续性。社区志愿服务往往是持续性的活动,需要志愿者长期、稳定地投入时间和精力。

第四,互动性。社区志愿服务强调志愿者与社区居民之间的互动,以加强社区凝聚力。

第五,地方性。社区志愿服务通常在特定社区内进行,服务内容针对该社区的具体需求和特点。

第六,参与性。社区志愿服务鼓励社区居民广泛参与,以便居民能更好地了解和参与社区事务。

第七,教育性。社区志愿服务也是一种社会实践活动,能够帮助志愿者和志愿服务对象学习新技能,实现自我价值和提升社会责任感。

**拓展阅读**

## 《中共中央 国务院关于加强和完善城乡社区治理的意见》

《中共中央 国务院关于加强和完善城乡社区治理的意见》(以下简称《意见》)强调了志愿服务在社区治理中的重要作用。《意见》提出,应发展社区志愿服务,倡导移风易俗,形成与邻为善、以邻为伴、守望相助的良好社区氛围。志愿服务被视为社区治理中的一支重要力量,在创新社区治理格局、满足社区服务需求、增强社区自治能力、引领社区文明实践、维护社区和谐稳定等方面发挥着重要作用。

为了提升志愿服务的质量和效果,《意见》提出了一系列措施和建议。这包括加强社区党建以引领社区志愿服务,强化制度建设以规范社区志愿服务,打造品牌项目以创新社区志愿服务,健全激励保障以促进社区志愿服务,营造志愿氛围以活跃社区志愿服务,以及加快平台建设以赋能社区志愿服务。这些措施旨在推动新时代社区志愿服务的创新与发展,以更好地适应新时代社区治理的新挑战与新要求。

## 二、应急志愿服务

应急志愿服务是指在面临突发事件,如自然灾害、事故灾难、公共卫生事件等紧急情况时,由志愿者参与的、无偿的、有组织的服务活动,包括应急准备与反应。应急志愿服务旨在协助减轻事件造成的影响,保护人民生命财产安全,促进社会稳定和恢复。

应急志愿服务具有以下显著特点:

第一,快速响应性。应急志愿服务要求志愿者能够迅速做出反应,及时参与救援和援助工作,这要求志愿者具有较高的机动性和应急处理能力。

第二,灵活性。应急志愿服务的形式和内容需要根据灾情的具体情况灵活调整,以适应不断变化的救援需求,因此应急志愿服务涉及多种服务项目,需要不同专业技能的志愿者参与,如医疗、通信、心理辅导等。

第三,专业性。虽然志愿者是自愿服务的,但在应急志愿服务中,专业技能和知识非常重要,尤其是在医疗救援、心理辅导等领域。

第四,组织性。应急志愿服务并不是无序的,需要在政府的统一领导和协调下进行,志愿者组织、慈善机构、官方救援队伍协同行动。

第五,群众性。应急志愿服务往往能够动员广泛的社会力量参与,形成全社会的救援合力。

第六,危险性。应急志愿服务往往发生在危险的环境中,志愿者在救援过程中可能会面临各种安全风险。

第七,持续性。应急志愿服务不仅在灾难发生时提供紧急救援,还包括灾后的恢复和重建工作,可能需要长期的参与和持续的努力。

第八，教育性。通过参与应急志愿服务，志愿者可以学习到很多应急知识和技能，尤其是危机处理能力，这种能力是志愿者职业竞争力的关键组成。同时，应急志愿服务还能提升公众的应急意识和自救互救能力。

**拓展阅读**

### 韧 性 社 区

社区是社会的细胞单位，"社区韧性"是"城市韧性"乃至"区域韧性"的基础，是战胜灾害的关键所在。社区是否能够在感知、监测和防控灾害风险的工作上更加敏感、更加高效、成本更低，取决于能否建好韧性社区。

何为"韧性社区"？韧性社区就是在面对各种风险和挑战时，以社区共同行动为基础，能连接内外资源、有效抵御灾害与风险，能够展现出较强的适应性、恢复力和转型能力，保持可持续发展的能动社区。主要特征包括：能动性，即社区成员和组织在面对风险时能够主动应对，而不是完全依赖外部援助；冗余性，即社区中存在一些平时可能不活跃，但在紧急情况下能够被动员起来提供支持的资源和组织；敏捷性，即社区治理体系能够迅速响应外部变化，有效协调资源以减轻冲击带来的影响。

2002年，倡导地区可持续发展国际理事会在联合国可持续发展全球峰会上将"韧性"概念引入城市建设与防灾减灾领域。2016年，联合国召开第三次人类居住会议，构建有韧性人类居住区成为可持续发展的重要目标之一。

党的十九届四中全会提出"优化国家应急管理能力体系建设，提高防灾减灾救灾能力"。社区应急管理能力体系建设成为新时期国家应急管理能力体系建设的重要组成部分。从现实来看，城乡社区很容易遭受各种危机和灾害，社区应急管理能力有待提升。自我国全面推进社区建设以来，社区和志愿者、志愿组织在应急管理中常态化合作机制的培育完善越来越受到政府重视，通过强化合作，增强社区韧性，降低社区面对剧烈变迁或极端事件时的脆弱性，使社区创造性地对经济、社会和环境变化做出反应，使社区具有防止干扰、预防崩溃、受冲击后重建自身的能力。

### 三、医疗志愿服务

医疗志愿服务是指在医疗领域内，由具有医疗专业背景或经过相关培训的志愿者提供的无偿服务活动。这些活动包括但不限于为患者提供医疗咨询、心理慰藉、健康教育、疾病预防宣传、医疗救助等。

医疗志愿服务具有以下显著特点：

第一，医疗性。服务内容与医疗健康相关，可能涉及专业的医疗知识和技能。

第二,非营利性。医疗志愿服务不以营利为主要目的,强调服务的社会责任和奉献精神。

第三,专业性。志愿者通常需要具备一定的医疗知识或经过专业培训,以确保服务的专业性和有效性。

第四,联动性。医疗志愿服务常常与医务社会工作相结合,形成"医务社工＋医院志愿者"的联动模式,以提供更全面的服务。

**拓展阅读**

### 医疗志愿服务的现实挑战

志愿者招募与保持:招募到有经验的医疗志愿者并保持他们的参与度是一个挑战。由于医疗志愿服务通常需要专业知识和技能,因此找到合格的志愿者可能比较困难。

患者隐私与保密:医疗志愿服务涉及处理患者的敏感信息和隐私,确保保密和遵守隐私法规是一项重要的人文挑战。

文化多样性与沟通:医疗服务对象可能来自不同的文化背景,志愿者需要具备跨文化交流和沟通的能力,以确保有效沟通和尊重患者的文化价值观。

情感与心理健康支持:医疗志愿服务可能涉及处理患者及其家属的情感和心理问题,志愿者需要具备提供情感支持和心理健康支持的能力。

医疗设备与资源:医疗志愿服务可能面临设备不足或过时的问题,以及缺乏必要的医疗资源,这可能会影响服务的质量和效率。

信息管理与通信:在医疗志愿服务中,有效地管理患者信息和进行沟通是一项技术挑战。确保信息的准确性和及时性对于提供高质量的医疗服务至关重要。

专业知识与培训:医疗志愿服务需要具备专业知识和技能,志愿者需要接受适当的培训和教育,以提升专业水平和提高服务质量。

安全与风险管理:医疗志愿服务中可能存在患者安全风险,如医疗错误、感染控制等问题。志愿者需要了解和遵守相关的安全规范和风险管理措施,以确保患者和自己的安全。

## 四、大型赛事志愿服务

大型赛事志愿服务是指在各类大型体育赛事、文化活动、会议展览等活动中,志愿者为活动的顺利进行而提供的各种无偿服务。这些服务包括但不限于语言翻译、接待引导、信息咨询服务、安全保障、医疗服务、交通运输、环境保护等。

大型赛事志愿服务具有以下显著特点:

第一,规模庞大。大型赛事往往需要大量的志愿者参与,以保证活动的顺利进行。志愿者数量可能从几十名到几千名不等,具体取决于赛事的规模和需求。

第二，多样性。大型赛事志愿服务涉及多个领域，如语言、医疗、交通、安全等，志愿者需要具备一定的专业知识和技能，以确保能为参与者提供专业、高效的服务。

第三，系统性。大型赛事志愿服务需要建立一套完善的管理体系，包括志愿者的招募、培训、管理、考核等环节，以确保志愿服务的质量和效率。

第四，临时性。大型赛事志愿服务通常在特定的时间段内进行，随着赛事的结束，志愿服务任务也相应完成。因此，志愿者需要具备较强的适应能力和应变能力，以应对临时性任务的需求。

第五，社会影响力。大型赛事志愿服务具有广泛的社会影响力，它不仅有助于赛事的顺利进行，还能提升城市的文明程度，促进社会和谐，传播正能量。

**拓展阅读**

## 北京冬奥会志愿者群像

一道道流动的蓝白风景线，一张张灿烂的青春笑脸……北京冬奥会赛场内外到处活跃着志愿者忙碌的身影，他们是北京冬奥会向世界展示中国风采的窗口。

北京冬奥会共有约1.9万名赛会志愿者，他们参与赛事服务、媒体运行、颁奖仪式、公共卫生、反兴奋剂等多个领域的工作。每一场精彩比赛的呈现，都离不开运动员的奋勇拼搏、观众的热情呐喊，也离不开身穿"天霁蓝"的志愿者。他们热情、专业、悉心的服务，让世界看到了不一样的中国风采、中国精神。

### 黄 珩

黄珩来自中国传媒大学广播电视学专业，负责"冰立方"媒体运行业务领域的转播协调工作。黄珩在云南保山市施甸县参加支教工作时得知北京冬奥会志愿者开始报名，积极参与并顺利通过选拔和培训。在"相约北京"测试赛轮椅冰壶世锦赛中，作为唯一一名能够进入比赛场地拍摄照片的志愿者，他记录下了许多动人瞬间。黄珩在拍摄过程中面临了场地限制和规则约束，但通过学习和实践，提高了拍摄技巧。他还负责远程采访工作，与外国运动员互动，并展示自己的照片给他们留作纪念。

### 尹若蓝

尹若蓝来自对外经济贸易大学信息学院金融科技实验班，担任延庆冬奥村公共组团体育信息中心助理。她的工作重点是确保信息的准确性，负责打印和分类存放赛事服务信息表单。尹若蓝强调了细节的重要性，包括对专业词汇的掌握和提供细致服务。她还关注了疫情防控的细节，并做了大量笔记，以便在志愿服务中做好防疫工作。尹若蓝通过绘制服务场地周围的路线图，确保能够为问询者提供正确的指引。

### 宋晓谱

宋晓谱来自中央民族大学舞蹈学院，作为北京赛区颁奖广场颁奖礼仪志愿者，展现了大学生的风采。宋晓谱通过集中训练和相关培训,提高了自己的颁奖动作标准性。她面临了将舞蹈走姿和动作习惯转化为颁奖礼仪动作的挑战,并进行了大量重复训练。宋晓谱还通过锻炼手臂力量,为托举重达25斤(12.5千克)的托盘做准备。

#### 吴建泽

吴建泽来自北京体育大学体育教育训练学专业,担任参赛代表团助理,负责乌克兰代表团的陪同服务工作,主要职责包括提供运行支持保障,帮助代表团与北京冬奥组委沟通。吴建泽接受了系统培训,包括通用知识、专业培训和专项工作培训。他强调了外语口语能力、组织协调能力和解决问题能力的重要性。

以上志愿者展现了北京冬奥会青年志愿者的专业、热情和对细节的关注,他们用各自的专业知识和技能为冬奥会作出了贡献。

## 五、科技志愿服务

科技志愿服务是指科技志愿者或科技志愿服务组织为服务科技工作者、服务创新驱动发展、服务全民科学素质提高、服务党和政府科学决策,自愿、无偿提供的公益性科技类服务。科技志愿服务旨在促进科学知识的普及、技术的传播、公众创新能力的提升和特定科技问题的解决。

科技志愿服务具有以下显著特点:

第一,专业性。科技志愿服务通常需要志愿者具备一定的科技专业知识和技能,如信息技术、生物科学、工程技术等,以确保提供的服务能够满足专业需求。

第二,教育性。科技志愿服务往往包含教育成分,旨在通过服务活动提高公众尤其是青少年的科学素养,激发他们对科技的兴趣和好奇心。

第三,创新性。科技志愿服务鼓励创新思维和创新实践,通过解决实际问题来推动技术的发展和应用,促进社会进步。

第四,互助性。科技志愿服务不是单向的知识传递,而是鼓励相互学习和合作,通过互助合作解决科技问题,提升整个社区或组织的科技能力。

第五,影响力。科技志愿服务能够对社会产生深远的影响,通过普及科技知识和技能,提高公众的生活质量,促进经济的可持续发展。

**拓展阅读**

### 2024年中央一号文件发布:推广科技小院模式

2024年2月3日,2024年中央一号文件发布。文件提出有力有效推进乡村全面振兴"路线图",要求壮大乡村人才队伍,推广科技小院模式。这是2009年全国第一个科技小院成立后,科技小院模式首次写入中央一号文件。

文件指出,壮大乡村人才队伍。实施乡村振兴人才支持计划,加大乡村本土人才培养,有序引导城市各类专业技术人才下乡服务,全面提高农民综合素质。强化农业科技人才和农村高技能人才培养使用,完善评价激励机制和保障措施。加强高等教育新农科建设,加快培养农林水利类紧缺专业人才。发挥普通高校、职业院校、农业广播电视学校等作用,提高农民教育培训实效。

科技小院模式由中国工程院院士、中国农业大学教授张福锁率领的教研团队于2009年在河北省曲周县首创。科技小院坚持扎根生产一线,与政府、企业、合作社和农户一起开展科技创新、社会服务、人才培养。15年来,科技小院师生深入村屯农家和田间地头,通过"政产学研用"五位一体新模式、"四零"服务新体系,深入生产一线创新科技,解民生、治学问、育英才,为推进农业农村现代化与实现乡村全面振兴贡献力量。此外,联合国粮食及农业组织(FAO)将中国农业大学科技小院模式树立为在农业生产一线开展科学创新和技术服务的典型案例,向全球192个国家和地区的农业部门发布。

(资料来源:国家农业绿色发展研究院,https://naagd.cau.edu.cn,2024年2月3日,有改动。)

### 六、虚拟志愿服务

虚拟志愿服务是指志愿者通过网络和其他远程通信技术提供的服务,这种服务不需要志愿者和受益者面对面的接触。随着互联网技术的发展,虚拟志愿服务变得越来越普遍,为因为地理位置、健康问题或其他限制而无法参与传统志愿服务的人们提供了新的可能性。

虚拟志愿服务具有以下显著特点:

第一,灵活性。虚拟志愿服务不受时间和地点的限制,志愿者可以根据自己的时间安排在任何地点提供服务。

第二,多样性。虚拟志愿服务的范围广泛,包括在线辅导、数据录入、图形设计、社交媒体管理、远程技术支持等多种形式。

第三,可扩展性。通过网络平台,虚拟志愿服务可以触及全球范围内的受益者,服务的规模和范围具有很大的扩展潜力。

第四,高效性。虚拟志愿服务可以快速响应需求,志愿者可以在短时间内完成服务任务,提高服务效率。

第五,技术依赖性。虚拟志愿服务依赖互联网和其他通信技术,因此对技术设备和网络环境有一定的要求。

第六,社交互动性。虽然虚拟志愿服务减少了面对面交流,但通过网络平台,志愿者和受益者之间仍然可以保持良好的沟通和互动。

**拓展阅读**

## 科大讯飞虚拟志愿者小芙在成都大运会中的应用

科大讯飞的虚拟志愿者小芙是一款应用了先进人工智能技术的虚拟助手。它首次在成都大运会期间亮相，为观众和参与者提供信息查询、互动交流等服务。小芙的设计集成了多种AI技术，包括语音合成、AI口唇表情驱动和图像处理技术，使得它能够以高度逼真的方式和用户进行交互。

小芙具备多种功能，不仅能够提供赛事信息，还能进行日常对话、写诗、制订旅游计划等。它通过"助威大运会"和"玩转成都"2个功能，为用户提供个性化的服务体验。例如，它能够根据用户的提问提供相关的赛事信息，帮助用户了解比赛日程、运动员信息等。同时，小芙还能够根据用户的兴趣和需求，提供旅游建议和活动推荐，帮助用户更好地感受成都大运会和当地文化。

科大讯飞虚拟志愿者小芙的出现，不仅提高了信息服务的效率和质量，还增加了用户体验的趣味性和互动性。它代表了人工智能技术在大型活动服务中的应用潜力，也展示了未来智能服务的发展趋势。随着技术的不断进步，预计类似小芙这样的虚拟助手将在更多领域和场合得到应用，为公众提供更加丰富和便捷的服务。

## 云股东现象

云股东现象是近年来在互联网社交平台上兴起的一种新型参与方式。根据网络搜索结果，云股东主要指的是那些在互联网上关注并积极参与某个品牌、店铺或个人创业项目的网友。他们通过提供意见、建议，甚至直接的帮助，助力这些项目的成长和发展，但并不实际拥有股份或期待经济回报，相当于精神入股。

这个现象以前一直都零零星星地存在，2023年开始出现3个明显变化。第一，云股东爆发式地变多。在小红书上，跟云股东有关的笔记数量比去年增加了42倍，说明云股东作为一个称谓，已经被越来越多的人关注和接受。云股东们自己还有一个话题，叫"爱上帮别人赚钱的感觉"，上线不到一个月，浏览量突破800万。例如，老牌国货活力28的云股东有650万人。第二，云股东变强。云股东不仅提供精神层面的帮助，而且开始在物质上给予帮助。例如，2023年8月，京津冀遭遇了一轮强降雨，涿州的很多图书仓库被大水淹了。于是，很多爱书的人站出来，有出主意的，有帮忙卖图书盲盒的，有牵头组织图书集市的，帮助挽回了不少损失。又如，郑州大学城有一家开了十几年的"阶梯书店"，险些因为经营困难而关门。老板准备用书籍盲盒的方式处理书籍，很多附近的学生知道后，除了自己买之外，还帮忙推销，结果成功销出上万个图书盲盒，书店起死回生。以上事例表明云股东们做的不是献爱心，而是基于对某人某事的乐观预期而出手相助。换句话说，云股东的重点不是帮助弱者活下去，而是帮助强者站起来。这也是为什么2023年蜂花掀起的国货大促销有那么多人支持，因为大家认为这些品牌本身够好，配得上这份帮助。第三，云股东行动路径变清晰。云股东的行动目标一般集中在二、三线城市的小店。例如，有店主开了一家"白熊小超市"，从营业的第一天开始，就把当天的收支发到小红书。这份记录引来6万多人围观，云股东开始给小超市的经营提建议，如"把购物袋放在收款位置""给货物贴上能自动计价的标签""增加铁丝展示架"等，还有给小超市成功引入代理牛奶的创收项目。又如，有人拍下自己刚开业的咖啡馆，问咖啡馆怎么才能有人来，云股东会从招牌风格、装修配色等方面提供"创业指导"。

云股东的行为具有一定的志愿服务特征。志愿服务通常是指个人自愿投入时间与精力，不以物质报酬为目的，为社会和他人提供服务与帮助的行为。云股东通过互联网平台，为他人提供智力支持和情感鼓励，帮助他人解决问题，这与志愿服务的精神相符合。他们的行为更多是基于个人兴趣、社交需求或对某个项目的认可，而非经济利益。他们通过这些行为获得社交满足、个人成长或社区认同感等非物质回报。云股东与正式的志愿服务也存在一些区别。志愿服务通常是由组织或机构发起，有明确的服务目标和服务内容，而云股东的行为更加自发、灵活和个性化。云股东现象是一种新型的、非传统的志愿服务形式，它体现了当代年轻人参与社会活动的新方式和新态度。

## 观影启智

请扫码阅读影片相关材料，思考对应问题。

### 电影《可可西里》

1. 请探讨：影片中志愿巡山队员的哪些瞬间令你最感动？为什么？

2. 志愿巡山队员之所以无所畏惧地参与其中，正是因为他们对生命和生态环境的热爱与崇敬。作为当代大学生，你应该怎样从自身的角度出发，为保护生态环境积极贡献力量？

3. 请结合本部影片谈一谈对志愿者及志愿服务活动的理解。

图文《可可西里》《埃博拉前线》赏析

### 电视剧《埃博拉前线》

1. 请思考在全球化背景下，如何传承和发扬国际主义与人道主义精神，以及如何在国际交流与合作中展现中国青年的责任与担当。

2. 在不同文化背景下，如何增进相互理解，促进文化融合，并在这一过程中发挥积极作用？

3. 请围绕国际合作在应对全球性公共卫生危机中的重要性进行思考，探讨如何通过国际合作提高应对突发公共卫生事件的能力。

## 知识地图

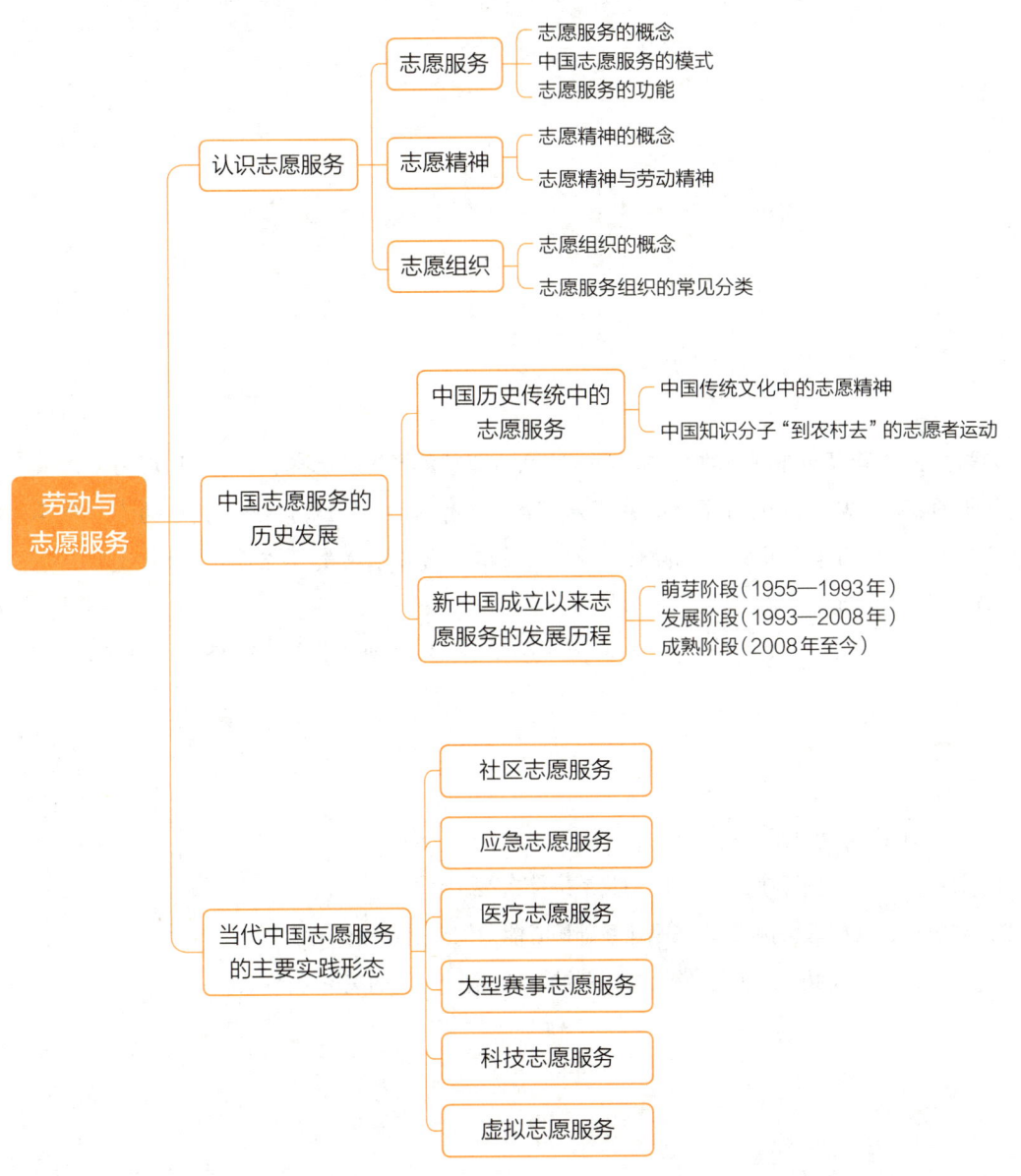

# 专题四　劳动与职业人生

 **言之有理**

　　如果我们选择了最能为人类而工作的职业，那么，重担就不能把我们压倒，因为这是为大家作出的牺牲；那时我们所享受的就不是可怜的、有限的、自私的乐趣，我们的幸福将属于千百万人，我们的事业将悄然无声地存在下去，但是它会永远发挥作用，而面对我们的骨灰，高尚的人们将洒下热泪。

——马克思，选自《青年在选择职业时的考虑》

 **核心问题**

1. 社会分工、劳动分工分别指什么？
2. 社会分工、产业、行业、职业之间的关系是什么？
3. 依据社会发展趋势预测，未来职业基础核心能力框架是什么样的？
4. 劳动品质、劳动精神、职业精神、劳模精神、工匠精神之间的关系是什么？

> 导引阅读

## 从修文物到修房子——故宫匠人集体群像的时代魅力

纪录片《我在故宫六百年》聚焦故宫匠人与学者,细腻地呈现了古建筑修缮的过程和技术,将数百年新旧交替的时光凝练出一个隽永片段。从修文物到修房子,纪录片用影像记录了故宫在时代变迁中焕发出的崭新活力(图1-4-1)。

图1-4-1 《我在故宫六百年》剧照

故宫是当代中国人对于自我身份的重要认同符号,故宫的古建筑是紫禁城600年最有力的见证者和诉说者,是当代中国人回望历史、畅想未来的文化依托。故宫其实也是一个窗口,它让我们看到这600年来来回回的人和事,看到中国古代的匠心,看到智慧和传承。

从《我在故宫修文物》到《我在故宫六百年》,关注故宫人,讲述人和建筑、人和文物的故事,这是两部纪录片一以贯之的出发点。相比于《我在故宫修文物》中"择一事终一生"的文物修复师们,《我在故宫六百年》中所呈现的故宫人群体更大,既有专攻彩画绘制的画师,也有工程管理处的木匠、瓦匠,这些在历史记录中容易被遗忘的故宫匠人,这次成为故宫故事的主角,他们用六百年间的手艺传承守护着都城的风云变幻,也真正诠释着故宫文化的博大精深。

今天的故宫匠人依然保持着一套传统的工作方式,他们不紧不慢地去对待文物,这样的修复状态和修补方式具有一种独特性,同时也体现了故宫不为人知的方面。匠人与建筑之间的气息相互感染,浑然天成,共同造就了今天的故宫故事。《我在故宫六百年》导演梁君健表示,"纪录片中展现的这些人都是讲述和构成故宫故事必不可少的部分,因为这样一个古老的宫殿,只有和人发生了关系,它才是鲜活的,才是能够进入当代社会和文化语境中的"。《我在故宫六百年》中细致展现了故宫人寻访海月贝壳,按照传统工艺绘制保存彩画小样,在上千个古建筑原件上标注号码等细节,这些举动无一不体现了故宫匠人的技艺和智慧,也正是因为这些人,这座古老宫殿修缮的技艺和智慧才得以不断丰富、代代相传。

纪录片抓住每一条线索,聚焦故宫故事里的"人"。在一张拍摄于1956年的照片上,拍下了西北角楼的修缮人员,里边不仅有单士元、于倬云等老一辈故宫专家,马进考、翁克良等中华人民共和国的第一代和第二代故宫大木匠,还有更多没有留下姓名的人。跟随"丹宸永固"策展人谢安平的足迹,纪录片镜头开始有意地寻找。最后在展览上,照片上的很多人都标注了名字,有些虽然已不可考证,但哪怕只留下一个姓也予以标注。

在一个个这样温暖的故事里,观众能够深刻感受到,故宫的魅力不是源于冰冷的红墙黄瓦,而是匠人们在一次次修缮过程中,用默默无闻、一丝不苟的精神为故宫源源不断地注入鲜活的生命力,让紫禁城在每个时代焕发新的生机。

《我在故宫六百年》自上线以来深受年轻观众的欢迎,这不仅是传统文化类影视作品的崛起,更展现了年轻群体的文化自信。青年人从传统文化中汲取中华文明的精髓,在了解故宫故事的体验中感受中国人的工匠精神、建筑智慧和艺术造诣。纪录片对故宫匠人工作内容的展现,也让越来越多的年轻人对这项工作充满兴趣,未来也会吸引更多优秀人才投身文物和古建修缮行业当中。

故宫在历史中经历着风雨变幻,穿越了沧海桑田。这些讲述故宫的纪录片从方方面面为这座古老的建筑揭开神秘的面纱,让"岁月静好"变得真实可触,让历史更"接地气",让文化更深入人心。

(资料来源:中国新闻网,2021年1月18日,有改动。)

### 思考与讨论

请同学们结合以上案例思考:
1. 在现代社会中如何实现传统文化的保护传承与创新发展?
2. 随着社会发展、科技进步,故宫匠人的职业会消失吗?
3. 故宫匠人群体的职业精神体现在工作的哪些方面?其对现代社会有什么价值?

# 单元一 社会分工与职业发展

## 一、社会分工

### （一）社会分工的概念

分工主要指在生产过程中，劳动者被分配到不同的工作岗位上，从事特定的劳动活动。分工可以是自发形成的，也可以是社会结构和经济需求驱动产生的。社会分工是指在一定的社会历史条件下，将人们的劳动实践和社会经济活动划分为相互独立的部门或行业，社会成员根据社会需要和个人能力，分别承担不同的社会角色和职责，以满足社会成员的物质需要和精神需求。

社会分工是人类劳动的社会存在形式，其发展一方面表现为社会劳动细化、专业化程度提高，另一方面表现为不同所有制形式下社会分工的更替。社会分工反映了人与自然、人与人之间的矛盾运动关系，是生产方式的直接体现。社会分工的发展取决于生产力发展水平，并在一定程度上促进了生产力的发展，是生产关系的直接表现。但生产资料私有制下的社会分工本质上是一种自发分工，使劳动者越来越失去独立性，越来越片面、畸形地发展，必将成为社会发展的阻力。

**拓展阅读**

### 劳动分工与社会分工

劳动分工和社会分工是2个相关但不同的概念，它们在经济和社会活动中扮演着重要的角色。

劳动分工是指在生产过程中，工作被划分成不同的任务，由不同的个人或团队来完成的现象。劳动分工可以提高生产效率，因为它允许个人或团队专注于他们最擅长的工作领域，但同时也可能导致劳动者只掌握生产单位中的技能，从而限制了人的全面发展。这种分工是技术进步和生产社会化的产物，它的存在与其所处的特定社会生产关系没有直接的联系，而是由生产资料和劳动者的技术发展水平决定的。

社会分工是劳动分工的扩展，它超越了一个经济单位的社会范围，包括把社会生产分为农业、工业等部门的一般分工，以及把这些大的部门再细分的特殊分工。社会分工是建立在私有所有权与劳动分工基础上的，它导致了固定职业的产生，如演员、农民、纺织工人等。

劳动分工是社会分工的基础,没有劳动分工就不会出现社会分工。社会分工是在劳动分工的基础上,为了商品交换而对劳动分工进行聚合,完成社会生产的一种形式。

二者的区别主要体现在性质和关系两方面:在性质上,劳动分工更侧重于生产过程中的技术性合作,而社会分工则涉及更广泛的社会经济活动和交换;在关系上,劳动分工是社会分工的前提,但社会分工的形成并不绝对依赖于特定的劳动分工形式。

劳动分工主要关注生产过程中的效率提升和技能专业化,而社会分工则涵盖了更广泛的社会经济结构和职业形成。二者相互联系且对社会的运作和发展起着至关重要的作用。

## (二)社会分工的历史发展

恩格斯在《家庭、私有制和国家的起源》一书中指出,人类社会曾经发生过3次社会分工,这3次社会分工对人类劳动和社会发展具有重要意义(图1-4-2)。社会分工使人类劳动形式更加多样、劳动内容更加丰富、劳动部门或行业更加专业化。

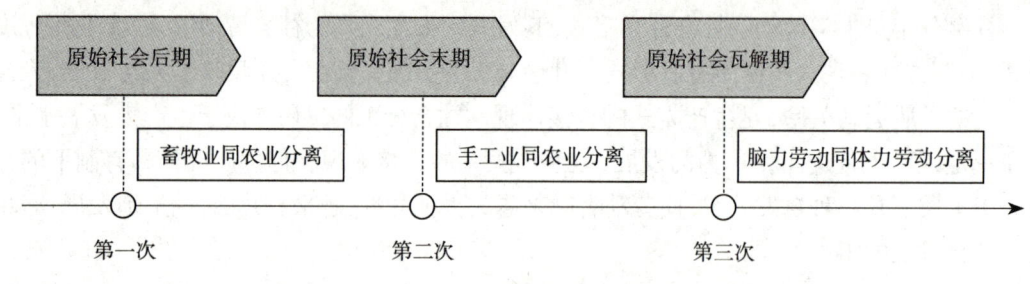

图1-4-2 人类社会的3次社会分工

第一次社会大分工主要发生在原始社会后期,由于生产力得到一定程度的发展,原始人类征服自然的能力有了一定程度的提高,从而引发了畜牧业同农业的分离。第二次社会大分工发生于原始社会末期,社会生产力发展促进了手工业和农业的分工,社会大分工推动了社会劳动生产率的进一步提高,出现剩余劳动产品和私有制,为阶级社会的形成奠定了经济基础。第三次社会大分工发生在原始社会瓦解和奴隶社会形成初期,随着社会经济发展,专门经营商品买卖的商人出现了,商人的出现促进了奴隶制的巩固和发展,同时脑力劳动从体力劳动中分离出来。

历史上发生的3次社会分工是劳动生产率提高的结果,导致单纯的劳动形式发生分化,催生了相互独立的不同生产部门,推动了体力劳动和脑力劳动的分离。脑力劳动者的出现为人类社会精神产品的生产提供了重要条件。

## (三)社会分工、产业、行业和职业

### 1. 社会分工

社会分工是指根据个体或群体的特长和效率,将社会劳动划分为不同的领域和任务。

社会分工是社会发展的基础，它促进了生产效率的提高和专业化的形成。社会分工的优势在于使擅长的人做自己擅长的事情，从而缩短社会劳动时间，提高生产效率。

### 2. 产业

产业是社会分工的产物，由具有某种同类属性的经济活动的集合构成。产业通常按照人类生产发展的历史阶段来划分，如农业（第一产业）、加工制造业（第二产业）和服务业（第三产业）。产业的划分反映了国民经济中各类活动的不同特征，并且产业发展需要经历较长的时间。

### 3. 行业

行业是产业的子集，它根据生产同类产品或提供同类服务的企业或组织的集合来划分。行业是社会分工进一步细化的结果，体现了产品生产的社会分工。行业由企业或组织组成，并且可以根据核心技术或核心原料进行分类。

### 4. 职业

职业是个体在社会分工中所扮演的角色，个体利用专门的知识和技能为社会创造财富，并获取报酬。职业是社会分工在个体层面的体现，它与行业紧密相关，因为职业通常与特定行业相关联。

社会分工是这4个概念的核心。具体而言，社会分工是产业、行业和职业的基础。没有社会分工，就不会有产业、行业和职业的细化和专业化。产业是社会分工在宏观层面的体现，它由多个行业组成，反映了国民经济的宏观结构；行业是产业的组成部分，是社会分工在中观层面的体现，它由多个企业或组织构成，专注于特定的产品或服务；职业是社会分工在微观层面的体现，是个体在特定行业中的专业角色和工作（图1-4-3）。

图文
8大新兴产业 + 9大未来产业

随着科技的进步和社会的发展，新的产品和行业不断产生，如信息产业的兴起。同时，新的职业也会出现，如人工智能工程技术人员等，这些变化反映了社会分工的动态性和适应性。在未来社会中，人、机、物之间的互动将产生新的社会关系图景。

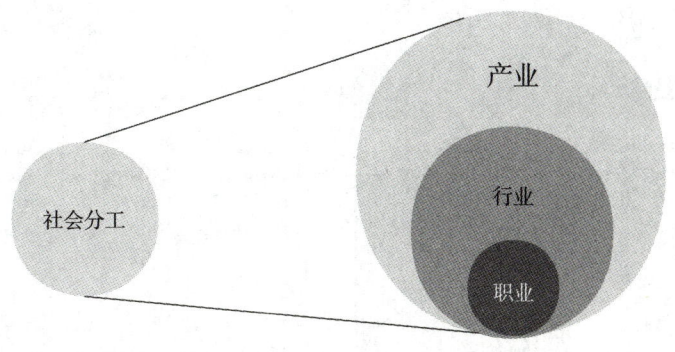

图1-4-3 社会分工与产业、行业、职业的关系

## 二、职业

### （一）职业的概念

职业是社会分工的具体表现。它是个人参与社会分工，利用专门的知识和技能创造物质财富、精神财富，获得合理报酬，满足物质生活、精神生活需要的社会劳动。职业不仅是个人谋生的手段，而且是个人实现自我价值的重要方式。职业活动本身具有社会性、目的性、规范性、稳定性和群体性的特征。

职业的概念随着时间的推移而演变。在古代，职业往往与农业、手工业和服务业相关联，而在现代社会，随着科技的发展和经济的变化，新的职业不断出现，如信息技术、生物技术等领域的专业人员。

职业的选择受到多种因素的影响，包括个人兴趣、能力、价值观，以及社会的需求和期望。例如有些人可能选择成为医生或律师，因为这些职业不仅提供了稳定的收入，还具有较高的社会地位。此外，职业教育和专业培训是帮助个人发展职业技能和进入特定职业领域的重要途径。

### （二）职业分类

图文9 图读懂新职业教育法

职业分类是运用一定的科学方法和手段，对社会全体从业人员所从事的各类经济性活动进行分析和研究，按照不同性质、对象、内容、形式、功用和结果进行类型划分和归总的工作。职业分类是国家经济工作、劳动工作和职业教育培训工作的基础。《中华人民共和国劳动法》《中华人民共和国职业教育法》等都从立法高度明确规定了国家确定职业分类，并以此指导职业教育培训工作和职业资格证书制度建设。由此可见职业分类在国家人力资源开发体系中的基础性地位（图1-4-4、图1-4-5）。

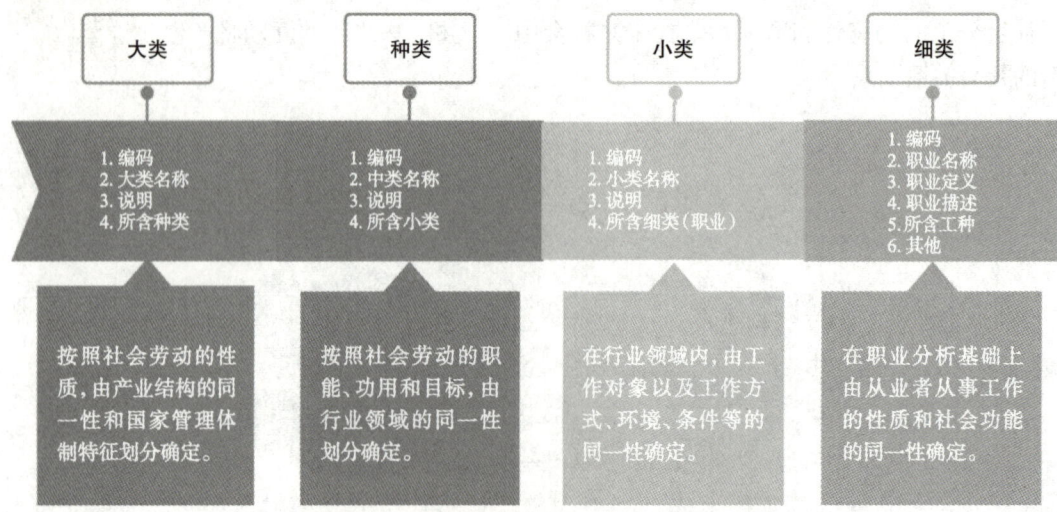

图1-4-4　我国职业分类基本结构和指导原则

我国是最早进行职业分类的国家,从2 500年前儒学经典的记录中便可得知,如《春秋穀梁传》写道:"古者,立国家,百官具,农工皆有职以事上。古者,有四民,有士民,有商民,有农民,有工民。"《周礼》则更像一部古代的职业分类大辞典,通篇论述了王公、士大夫、百工、商旅、农夫和妇功等不同职业的分工和职责,分类之精细和描述之详尽令人叹为观止。当时的职业分工有很强的世袭性,人们甚至以自己的职业作为姓氏,如姓屠、师、桑、陶、卜、贾等,反映了我国古代先民对自身职业的认同感、归属感、荣誉感。我国古代先进的职业分类是构筑中华文明的重要制度支柱,是宝贵而丰富的文化遗产。

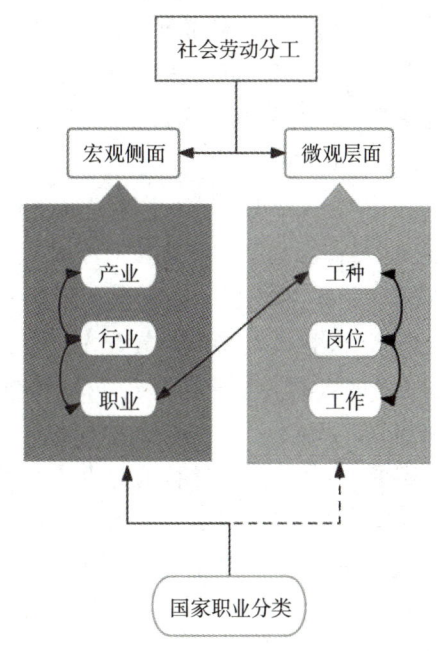

图1-4-5 社会劳动分工与国家职业分类的关系

现代职业分类是工业革命的产物,也是现代人文精神的反映。职业分类的客观性和科学性逐步取代了传统社会职业分类中固有的封建性和等级性。职业分类不仅是职业的外在特征(社会需求性的特征)的反映,而且是其内在特征(个人发展性的特征)的体现。因此现代职业分类的方法也更加多样,可以按照职业活动的性质、职业活动提供产品和服务的种类、使用的劳动资料和劳动对象(原料、材料、工具、设备)的种类、工作环境条件、职业活动规模、员工在职业活动中发挥的作用、职业活动对员工的知识和技能要求等方面的不同进行划分。

**拓展阅读**

### 信息视角下的职业如此简单

因为"行业—企业—职业"模型失效,行业不断被跨界,职业不断变化升级,所以职场中人经常会有危机感:自己的职业什么都要干,谁都能对自己构成威胁。这种职业恐惧感缘何而来,又该如何消除?看似纷繁复杂的职业巨变,真的复杂吗?

现代社会和原始社会的不同,从物理学的角度来看,本质上是物质排列方式的不同。例如,橡胶、钢铁、皮革这些产品的原料从原始社会一直就有,但是现代人懂得更好地提炼和排列组合原料,生产出新产品;手机里面的处理器和沙子的物质构成是一样的,只不过英特尔公司用全新的方式排列了"原子",这让二者的价格千差万别。所有的科技和文化,本质上来说都是信息。这个观点揭示了随着人类社会生产力水平提高,一个重要的伴生现象是人类运用能量的能力持续增强,另一个则是信息量持续增加。人类通过信息的加工生产、传播扩散，推动科技进步、经济增长，实现文明的薪火相传和文化的创新发展。

从信息角度看职业，打破了工业社会原有的行业间条块分割格局，是以历史唯物主义的立场看职业类型划分的底层逻辑以及人处理信息的方式。如此一来，职业可以划分为三大类型（图1-4-6）。

媒体人，核心是有不断扩散信息的能力。典型的媒体人浏览大量的信息，结合自己的独特视角，用最有利于人们接受的方式传播出去。一对多的传播是"影响"，一对一的传播是"沟通"。销售、公关、市场、新媒体等领域的人员和讲师都属于媒体人。

产品人，核心是有生产信息的能力。典型的产品人会更深、更有效地挖掘和生产信息。典型的产品人极其热爱思考学习，有强烈的好奇心。程序员、产品经理、研发制造人员、手艺人都属于产品人。

运营人，核心是有链接的能力。典型的运营人链接人和事、未来和现在，更好地配备资源。这类人有远见、有大局观，精通带领团队、激发他人。大部分的行政人员、互联网运营者、各级管理者、投资人都是典型的运营人。

一个运营良好的社会组织，包括生产组织和非生产组织、营利组织和非营利组织，应该是这3类人的综合体。

图1-4-6 信息视角下的职业

# 单元 二 劳动新发展与职业新趋势

## 一、劳动新发展

### （一）劳动工具的新变化

劳动新工具的出现是技术进步的直接结果，是社会生产力发展的风向标。不同历史时期的新型劳动工具是该时期社会生产力发展水平的重要标志。从远古时期简单的手工制作材料到工业革命时期的机械化劳动工具，再到信息时代的智能化工具，技术进步不断推动劳动工具的革新。新工具极大地提高了生产效率，降低了人力成本，并改变了劳动者的工作方式。

#### 1. 自动化设备

自动化设备在现代生产中扮演着越来越重要的角色。例如，自动化车间和机床的应用大大降低了企业的人力成本，提升了生产效率，并有利于产品质量的把控。自动吊装设备、自动分拣设备等不断涌现，进一步推动了制造业的智能化转型。自动化技术不仅限于执行重复性任务，而且能处理一些需要认知能力的工作。自动化设备的发展还促进了新型生产资料的产生，如数字软件、数字平台等。这些新型生产资料不仅解放了劳动者，提高了劳动生产率，还打破了链接障碍，实现了更大规模的在线协作和规模协同效应。

#### 2. 人工智能

劳动工具的演变催生了强化人类脑力的新技术和新工具，即人工智能。人工智能可分为专用人工智能（ANI）和通用人工智能（AGI）。专用人工智能是指在特定领域应用的人工智能，如AlphaGo。专用人工智能具有复杂计算和大数据分析能力，能够模拟人类部分思维能力，但无法完成情感交流、创新思维和道德判断等专属于人类的脑力活动。通用人工智能是指能够像人类一样思考和处理各种任务的人工智能系统，具备自我学习、推理、创新、理解和沟通等能力，具有高度的通用性和灵活性，可以跨越多个学科和领域，如通用人工智能雏形ChatGPT。通用人工智能的出现预示着人类社会相对固定的职业分工体系将被打破，进入劳动方式和劳动内容日益自由化的新阶段，大量传统的重复性工作将被自动化、智能化，人类因此能够专注于创造性劳动。但这一转变对人类的创造力提出了更高要求。

#### 3. 物联网

物联网技术通过传感器、嵌入式芯片等设备将物理世界与数字世界融合，实现了生产过程的智能化和自动化。例如，在钢铁行业中，物联网传感器可以实时监控设备的状态，发出维护警报，从而减少停机时间并提高运营效率。物联网能够优化制造工艺，提高资产利用率和可靠性,并重构公司的业务模式和流程。随着物联网的发展,无人挖掘机、测绘船和消防机等生产工具逐步取代传统的人工作业,进一步推动了工业作业流程的革新。这些无人设备不仅提高了生产效率,还降低了人工成本和安全风险。物联网不仅在制造业中发挥重要作用,还在农业、建筑业、交通等多个领域展现出巨大的潜力。

### (二)劳动形态的新变化

劳动新形态是指在现代社会中,随着科技的发展、经济结构的变化和社会需求的演变,劳动方式、劳动组织、劳动过程、劳动者的身份和角色等方面出现的新的形式和特征。这些新形态往往与传统的劳动形态有着显著的不同,反映了技术进步和社会变迁对劳动领域的深刻影响。劳动新形态主要包括以下3个方面。

#### 1. 灵活就业

灵活就业是指企业或个人根据自身需求,自主选择从事特定工作或提供特定服务,而非受雇于某一组织或机构。灵活就业模式在互联网平台经济的推动下迅速发展,为劳动者提供了更多就业选择和更灵活的工作安排,如外卖骑手、网约车司机等新兴职业群体。灵活就业的优势在于其能够有效规避风险、提高生产效率,并满足不同人群的需求。对于企业而言,灵活用工可以降低用工成本、优化人力资源配置;对于员工而言,则可以拥有更多自主性,满足多样化的生活和工作需求。

但灵活就业也存在一些问题。首先,灵活就业群体的劳动权益保障问题突出,在失业或"间歇性"失业时容易失去收入来源。其次,灵活就业者维权困难,相关损害责任承担问题易引起争议。为了应对这些挑战,政府和相关部门正在积极采取措施。

#### 2. 人机协作

随着数智化技术的普及和人工智能的发展,人机协同已经成为一种新常态。智能机器不仅能够替代人类员工进行一些简单、程序化、重复性的操作,还能够协助人类完成更复杂、更具创造性的任务。人机协作模式不仅提升了生产效率,也使得劳动者可以将精力投入更具价值的工作中,如客户关系处理和团队协作等。但是,人机协作对劳动者提出了更高的知识和技能要求。因此,加强教育培训,提升劳动者的技能水平,是构建人机协作就业新生态的重要举措。

#### 3. 创意劳动

创意劳动的兴起是现代社会的重要特征。在平台经济的背景下,创意劳动呈现出主体多样性和非标准化的特点。例如,网络文学作者等个体劳动者在与平台互动中确立了自身的身份认同,并在隐蔽的平台劳动体制下体验和应对新的生产关系和劳动关系。

## 二、职业新趋势

职业的发展受到多种因素的影响,包括技术进步、经济发展、社会需求变化等。新技术的出现往往带来新的职业类型,同时也可能使一些传统职业消失或转型;经济结构的变化会导致某些行业的职业需求增加,而另一些行业的职业需求减少;消费者偏好的变化和社会文化的发展也会影响职业的产生和发展。

### (一)生产力发展产生的影响

随着科技的进步,特别是人工智能、机器学习、机器人技术、自动化和互联网技术的发展,一些重复性、体力劳动密集型的工作可能会逐渐减少甚至消失。例如,制造业中的流水线工作、仓库管理,以及一些简单的数据录入工作等。同时,新兴的职业,如人工智能训练师、机器人维护工程师、数据分析师等,将会因为对这些新技术进行维护、优化和应用的需求而出现。

### (二)产业结构变化产生的影响

随着科技的发展、全球化自然气候变化和经济社会发展,社会产业结构不断调整。传统制造业可能会向技术密集型、服务型转变。因此,一些与制造业相关的职业可能会减少,而与服务业、创意产业、绿色产业相关的职业将会增加。例如,可再生能源工程师、环境咨询顾问、健康和福利管理专家等职业的需求可能会增加。

### (三)社会生活方式变化产生的影响

社会生活方式的变化也会影响职业的变化。随着人们生活水平的提高和人们对生活质量的追求,与健康、娱乐、个性化服务相关的职业将会增加,如营养顾问、健身教练、个人形象设计师等。同时,随着远程工作和灵活工作制度的普及,远程工作管理专家、自由职业者支持服务等相关职业也会出现。

图文
《关于推动未来产业创新发展的意见》

**拓展阅读**

## 绿色发展催生绿色职业人才涌现

近日,人社部向社会公示新修订的《中华人民共和国职业分类大典》(以下简称《大典》)。值得注意的是,新版《大典》标注了绿色职业133个(标识为"L"),如冶金热能工程技术人员、汽车工程技术人员、供用电工程技术人员、环境卫生工程技术人员、野生动植物保护利用工程技术人员等。以绿色职业为代表的新就业形态开辟出新的空间,为大学生就业敞开又一扇门。

自2015年版《大典》正式提出"绿色职业"概念以来,在国家碳达峰碳中和发展目标指引下,一批绿色职业如雨后春笋般不断涌现。去年3月,人社部发布的18个新职业中,碳排放管理员就位列其中。今年发布的新职业里还增加了碳汇计量评估师、综合能源服务员、建筑节能减排咨询师等绿色职业。

包括绿色职业在内的新职业不断涌现的背后,是新业态的蓬勃发展以及新需求的不断增加。近年来,随着绿水青山就是金山银山的生态理念不断深入人心,人与自然和谐共生的现代化建设推进,从事绿色职业的专业人士和青年学生越来越多,成为绿色发展的生力军。

绿色职业活动主要包括监测、保护与治理、美化生态环境,生产太阳能、风能、生物质能等新能源,提供大运量、高效率交通动力,回收与利用废弃物等领域的生产活动,以及相关的以科学研究、技术开发、设计规划等方式提供服务的社会活动。对于正在奋力朝着"双碳"目标迈进的中国来说,不仅需要不断加强我国绿色低碳技术创新,还需要持续壮大绿色低碳产业,以能源、制造、建材、交通、航空等多个行业领域扎实的人才支撑托举我国生态文明建设和经济高质量发展。绿色职业的发布对于增强从业人员的社会认同度、促进就业创业、实现新旧动能转换、助推经济社会发展全面绿色转型等均具有重要意义。

实现"双碳"目标是一场广泛而深刻的经济社会系统性变革,需要绿色职业从业者发挥所学、尽展所长,为企业绿色发展算好减碳降碳"明白账",为产业转型升级下好节能减排"先手棋"。同时需要发动公众广泛参与,传播好绿色知识和技能,让更多人成为绿色发展的行家里手,集聚起实现"双碳"目标的磅礴力量。

如今,面对火起来的绿色职业,相关部门的服务工作也要跟上并力争做在前面,进一步开发就业岗位,加强和规范人力资源市场建设,充分发挥好绿色职业的就业扩容和就业吸纳功能。同时,加强宣传引导,让更多人,特别是大学毕业生看到这个职业的发展前景和光明未来,并积极投身其中。

(资料来源:《光明日报》,2022年7月30日,有改动。)

## 什么是数据分析师?

数据分析师是一个神奇的职业,他们通过对历史数据的总结分析,做到"预测未来",并提出解决未来问题的方案。数据分析师并非未卜先知,而是紧密结合产品,以价值为导向,根据对各条业务线数据的分析,预测企业未来方向。优秀的数据分析师应该具有极强的全局观和极高的专业度,从业务实际出发,综合各个方面的可能性,发现问题并解决问题。

近年来互联网经济快速发展,大数据也越来越多地影响公众生活,各种需求的增加会导致数据量的增加。越来越多的企业更加重视数据中蕴含的价值,数据分析师这个职业应运而生。数据分析师是各行各业中,在能够建立明确的分析目标的基础上,专门搜集、整理、分析行业数据,并挖掘出有价值信息的专业人才的统称。

## 三、未来职业的基础核心能力

随着经济转型和技术进步,社会对劳动者的技能要求不断发生变化。为了适应社会发展的变化,劳动者对提高终身学习能力、认知能力、技术能力、合作能力的需求快速增长。

### (一)终身学习能力

终身学习能力是人的元能力,即一切能力的本源。要提升其他任何能力,在很大程度上取决于此。终身学习能力是指个体在一生中不断学习和适应社会发展的能力,这种能力不仅有助于个人职业发展,还能促进其整体素质的提升。终身学习能力的核心在于自主学习能力,包括自我驱动的学习、信息素养、问题解决能力、批判性思维能力等。这些能力相互影响、相互支持,共同构成了终身学习的基础。

终身学习者应具备好奇、自信开放、勇于冒险、善于提问、乐于探索、善解人意、有毅力和韧性等关键品质。这些品质有助于人们在充满不确定性和复杂性的世界中应对各种挑战,并取得成功。

### (二)认知能力

认识世界和理解世界的能力主要包括批判性思维、成长型思维和创造性思维。这3种思维对于推理、决策、自我成长、创新和解决问题至关重要,将成为人们未来最需要的思维。

#### 1. 批判性思维

批判性思维不依赖于特定专业或学科,是一种超越学科独立存在、普遍适用的思考能力,旨在寻找和探究真相。它包括判断信息的准确性、识别证据的充分性、避免论证陷阱和漏洞、注意信息间的矛盾和不充分性等。批判性思维批判的是思考过程而非人或观点本身,批判性思维是关于思考的再思考,旨在提高思考的自洽性,即思考的一致性和完整性。在中文语境中,"批判"可能带有负面含义,但批判性思维实际上是对思考和论证过程的深入分析。

#### 2. 成长型思维

成长型思维是一个重要的心理学概念。持有成长型思维的人认为,个人的智力、能力、人格等基本属性具有可塑性,可以通过个人努力、良好的学习策略、他人指导与支持等方式得到改善。持有固定型思维的人则认为,智力、人格等基本属性是固定或极难改变的。

#### 3. 创造性思维

创造性思维是一种从多立场、多视角,运用多种方法和工具,在已有知识和经验的基础上,从某些事实中寻求新关系、找出新答案、创造新成果的思维过程,是综合性的高级思维活动。广义上,它泛指在学习、认识和工作实践中有新意的思维,如提出新问题、新思路、新点子等。狭义上,它专指在发明创造、科学研究和艺术创作中取得创造性成果的思维,如科技发明、理论突破和创造性的文艺作品等。

### (三)技术能力

技术作为最重要的劳动工具,是人观察世界、记录世界、理解世界、解释世界和改造世界的根本方式,是人本质力量的体现。技术能力是人理解技术、应用技术、创新技术的能力,即人自我延伸的能力,包括对技术原理、工作方式和相关概念的基础知识掌握,理解技术如何随着时间的推移而发展和变化,评估不同技术的优势和局限性,选择最适合特定需求的技术解决方案,整合不同的技术并创造出新的应用和价值等方面。

数据能力是技术能力的核心,也是人类文明发展的基础,从最早的象形文字记录到现代社会的大数据和人工智能,人类数据能力的每一次跃升都伴随着文明的巨大进步。数据能力是涉及信息处理、分析和应用的综合技能集合,涵盖了一系列与数据相关的活动和能力,包括数据收集与整理、数据分析与解释、数据可视化、数据管理与存储、数据应用与决策支持、数据创新与研发、数据伦理与合规等诸多方面。数据能力具有高度知识化和技能化的特点,它要求劳动者具备跨学科的知识和技能,包括数学、统计学、计算机科学等学科知识,以及业务理解等职业技能。此外,数据能力要求劳动者持续学习和适应新技术,因为数据领域在不断发展和变化。随着数据在现代社会中的作用日益显著,数据能力已成为一种重要的战略资源和竞争力。

### (四)合作能力

合作能力是指个体与他人共同工作时,有效沟通、协调,解决问题并达成共同目标的能力。这种能力包括了一系列的社交和情感技能,如倾听,解决冲突,具备同理心、团队精神和共享领导等。在现代社会中,合作能力尤为重要,因为许多工作和项目都需要跨部门、跨区域甚至是跨文化的团队合作。

良好的合作能力能够提升个人职场竞争力,还能为团队和组织带来更高的效率和更多的创新,是人类文明进步的重要推动力。合作可以激发劳动者的创新思维和创造力,高效解决问题,实现资源的共享和优化配置。尤其是面对日益复杂的全球性问题,如气候变化、疾病流行等,合作能力是实现跨学科、跨地区、跨国家共同应对挑战的关键。

## 拓展阅读

### 青年"鲁班"从这里走向世界

鲁班工坊是天津原创并率先实践的中外人文交流知名品牌,是中国职业教育国际化发展的重大创新,也是促进国际人文交流和民心相通的重要载体。

#### 服务"一带一路"鲁班工坊大有可为

近年来,在"一带一路"倡议的框架下,中国职业教育在引进来走出去方面不断实现提升。目前已经有400余所高职院校与国外的大学开展合作办学,面向"一带一路"沿线发展中国家,培养了一系列的人才。鲁班工坊建设发展契合新发展格局下,中国及各国经济社会发展新增长点和新关切点,能够为各国互鉴互享发展成果、服务国际产教合作作出重要独特贡献,成为促进"一带一路"人文交流和民心相通的重要载体,大有可为。

#### 鲁班工坊为世界贡献职业教育"中国方案"

2018年9月3日,我国在中非合作论坛北京峰会开幕式上提出,将在非洲设立10个鲁班工坊,向非洲青年提供职业技能培训。鲁班工坊培养了大批熟悉中国技术、了解中国工艺的技能人才。作为共建"一带一路"和构建中非命运共同体的具体实践,鲁班工坊让非洲青年找到了就业和发展的新机遇。

中国和非洲历来是休戚与共的命运共同体，是合作共赢的利益共同体。中国政府大力支持非洲教育发展，根据非洲国家经济社会发展需要，帮助非洲培养急需人才，通过设立多个专项奖学金，支持非洲优秀青年来华学习，同时搭建起中非学校交流合作平台。

"我们与非洲的教育合作开展得很早，自2001年起，我们先后为坦赞铁路、亚吉铁路等项目培养本土化技术技能人才1 100余名。"天津铁道职业技术学院党委书记、院长于忠武说，为落实中非合作论坛北京峰会精神，2019年3月，学院建成了非洲第一家鲁班工坊——吉布提鲁班工坊，随后又在尼日利亚建成鲁班工坊。令于忠武印象深刻的是，吉布提鲁班工坊2019级学生中，有一个叫奥斯曼的男生，他原计划到中国留学，没想到设有铁道专业的鲁班工坊开到了吉布提。鲁班工坊启动仪式的时候，他激动地拉着于忠武的手说："您知道吗？中国的工程师一直是我的榜样，因为他们有着非常专业的技术。当知道我们国家也有了铁道专业时，我感觉就像做梦一样。谢谢鲁班工坊！谢谢中国！鲁班工坊改变了我的命运，也圆了我的梦。"

现如今，走向世界的鲁班工坊在专业建设、人才培养、师资培训等方面均取得了显著成效，特别是工坊内EPIP（工程实践创新项目）教学模式的大力推广与应用，凸显了中国职教特色，也为世界贡献了职业教育的"中国方案"。

（资料来源：《天津日报》，2022年8月22日，有改动。）

## 单元三 劳动品质与职业精神

### 一、劳动品质

劳动品质是一个多维度的概念，涉及劳动者的能力、技能、教育水平、健康状况、工作环境等多个方面。从劳动者的价值观和个人素质角度看，劳动品质是指个人在劳动过程中展现的价值观念、情感态度、知识技能和实践习惯的综合体现。这些要素共同构成了个人在社会中进行有效劳动的基础，反映了个人对劳动的认识、态度、能力和行为模式。

劳动价值观是劳动品质的核心，它包括对劳动过程和劳动者的认知与评价以及对劳动结果的价值判断。新时代劳动价值观以劳动者为本，强调辛勤劳动、诚实劳动、创造性劳动的价值规范和体面劳动的价值诉求。劳动情感是劳动品质的重要组成部分，涉及个人对劳动的情感认同和情感投入。劳动知识技能是实现有效劳动的基础，包括劳动的基本知识、操作技能和创新能力等。劳动实践习惯是劳动品质的重要表现，涉及个人在日常生活和工作中养成的良好劳动习惯和行为模式。

劳动品质不仅体现在劳动者的工作效率和工作成果中,而且体现在劳动者的职业态度、职业道德以及对工作的热爱和责任感中。劳动品质的提升有助于培养和弘扬职业精神,而职业精神的培育又能够进一步提升劳动者的劳动品质。二者相辅相成,共同推动社会经济的发展。

## 二、职业精神

职业精神是与人们的职业活动紧密联系、具有自身职业特征的精神。它反映了从业人员的精神追求和人生境界,并且是在职业这一特定基础上不断发展的,被多数人所认同与追求的思想品质、价值理念、道德情操。它不仅包括对工作的敬业精神、精业精神、创新精神和立业精神,还涉及职业道德、职业能力和职业品质的体现。

职业精神是一个包含多种职业态度和行为准则的广泛概念,它既包括了劳模精神中的示范作用和社会责任感,也涵盖了工匠精神中的精益求精和技术创新。劳模精神和工匠精神都是职业精神的重要组成部分,它们相互补充,共同构成了丰富多彩的职业精神体系。

## 三、劳模精神

### (一)中国共产党劳动模范评选的历史发展

#### 1. 萌芽探索阶段(1931—1949年)

这一时期,中国共产党在劳模评选方面处于探索和初步建立阶段。劳模评选制度起源于中华苏维埃共和国临时中央政府时期,并在陕甘宁边区政府时期成形。

在中华苏维埃共和国临时中央政府时期,中国共产党借鉴了苏联的"斯达汉诺夫运动",开展群众性劳动竞赛。抗战时期,针对敌人对陕甘宁边区的经济封锁,中国共产党开展了轰轰烈烈的南泥湾军民大生产运动。大生产运动中涌现出以赵占魁等人为代表的一大批劳动英雄,他们为打破经济封锁、进行革命根据地建设作出了突出贡献。对劳动模范的表彰激发了人民群众的生产热情和创造力。

#### 2. 初步发展阶段(1950—1976年)

中华人民共和国成立后,劳模评选制度得到了进一步的发展和完善。1950年,全国工农兵劳动模范代表会议正式确定了"劳动模范"这一称谓,并提出了将评选劳模形成固定制度的要求。这标志着新中国劳模表彰制度的初步确立。随后,1956年的全国先进生产者代表会议进一步促进了劳模表彰的制度化和规范化。

1950—1966年,党中央、国务院共举行了4次劳模评选和表彰工作会议,表彰了来自工、农、教、文、卫、体等各条战线的先进对象,也实现了"艰苦奋斗、无私奉献"劳动价值观的广泛传播。这一时期涌现出了"铁人"王进喜、"两弹元勋"邓稼先、"知识分子的杰出代表"蒋筑英等一大批先进模范。

> **榜样人物**
>
> ### 中华人民共和国第一代劳模黄宝妹的奋斗人生
>
> 黄宝妹在1953年以一人照看800个纱锭的全厂最快纪录,从上海30多万名纺纱工人中脱颖而出,被评为中华人民共和国第一代劳模。她的这一成就不仅体现了她个人的工作能力,也代表了当时中国纺织工业的高水平。
>
> 黄宝妹多次受到毛泽东、周恩来等老一辈党和国家领导人的亲切接见。这些经历不仅是对她个人工作的认可,也是对她精神风貌的高度评价。
>
> 退休后,黄宝妹并未停止为社会作贡献。她参与全国各地多个棉纺厂的建设,并为新疆等地开办的纺织厂出谋划策。此外,她还通过上短视频平台直播讲课等方式,向年轻人传播知识,坚定他们对中国特色社会主义的道路自信、理论自信、制度自信、文化自信。
>
> 黄宝妹的一生体现了共产党员的初心和使命。她从13岁开始在日资纱厂当童工,一直工作到1986年退休,工龄42年。她的故事激励了一代又一代的人,成为中华人民共和国纺织工人的优秀代表和国家发展的见证者、参与者、奉献者。

### 3. 变革转型阶段（1977—2012年）

这一时期,中国共产党劳动模范评选制度经历了重要的变革转型。1977—1979年,中共中央、国务院连续5次表彰全国劳动模范,这在中华人民共和国历史上是绝无仅有的高规格、高密度的劳模表彰活动。这一时期的劳模表彰活动源于拨乱反正、开启新征程的时代需要,对于重整风气、激励民心、开拓新局面起到了积极的助推作用。这表明,在这一时期,劳动模范评选制度已经开始向更加规范化、系统化的方向发展。在改革开放新时期,劳动模范评选制度不仅在形式上进行了创新,而且在内容上也更加注重对劳模精神的时代内涵的发掘。

1977—2012年,劳模评选制度的具体转型体现在：第一,评选标准不断完善、评选范围有所扩展。第二,评选工作更加注重创新和质量,劳模形象从"吃苦耐劳、无私奉献"转向"开拓创新、争创一流",这反映了社会发展的需求和对劳模角色的新期待,凸显了不同时期劳模精神的主要特征。

这些变化不仅提升了劳模的社会地位和影响力,也为推动社会主义现代化建设提供了强大的精神动力和社会支持。

> **榜样人物**
>
> ### 共和国勋章获得者申纪兰：初心不变　奋斗不止
>
> 申纪兰,一名来自山西的普通农家妇女,她的事迹和社会影响在中国历史上留下

了深刻的印记。她的一生致力于推动社会进步和性别平等。

申纪兰最突出的贡献之一是推动"男女同工同酬"的实施。1951年，她在西沟村初级农业合作社担任副社长时，发现女社员的工分只有男社员的一半，这严重挫伤了妇女参加社会劳动的积极性。她组织女社员与男社员进行劳动竞赛，证明了女性劳动能力并不比男性差。1952年，西沟村实现了"男女干一样的活，应记一样的工分"，这一做法随后被推广至全国，并在1954年中华人民共和国第一部宪法中得到正式确认。

申纪兰还积极参与政治活动，成为唯一一位连任十三届全国人大代表的人。她坚持"不领工资、不转户口、不定级别、不坐专车、不要住房、不脱离农村"，始终与群众保持紧密联系。在改革开放后，申纪兰带领山区群众勇闯市场经济，探索农村改革发展新路，为山西太行老区经济建设和老区人民脱贫攻坚作出了巨大贡献。

申纪兰于2020年6月28日逝世，享年91岁。她的一生满载荣誉和成就，包括获得"全国劳动模范""全国优秀共产党员""改革先锋""最美奋斗者"等称号，以及2019年被授予"共和国勋章"。

申纪兰的事迹不仅在中国，而且在国际上也产生了深远的影响，她被视为性别平等和农村发展的象征，她的故事和贡献将继续激励着未来的世代。

### 4. 新时代发展阶段（2013年至今）

进入新时代后，劳模评选工作继续得到加强和发展。从2015年开始，全国劳动模范的评选与表彰活动再次开始，由中共中央、国务院等国家机关联合举办，分别于当年和2020年召开了全国劳动模范和先进工作者表彰大会。此外，还有特定的主题活动，例如庆祝中国共产党成立100周年的"七一勋章"颁授仪式，以及在五一劳动节前夕举行的劳动模范代表记者见面会。

自2013年以来，劳动模范的评选活动确定了多种评选方式和严格的制度标准，展现了对劳动模范的高度认可和尊重。这些活动不仅表彰了劳动模范的杰出贡献，也持续激励广大劳动者为实现中华民族伟大复兴贡献力量。

### 榜样人物

**大国工匠周皓：永远追求极致的"深海匠人"**

周皓，一名来自中国科学院深海科学与工程研究所的钳工，以其卓越的技艺和敬业精神，成为了全国劳动模范和先进工作者的典范。他的事迹和贡献在多个领域产生了深远的影响。

周皓19岁从技校毕业后，在煤炭开采装备制造厂开始了他的钳工生涯。经过20

年的努力，他从一名普通的钳工成长为全国技能大师和全国劳动模范，获得了"中国青年五四奖章"等多项荣誉。他的职业生涯充满了对技术的追求和对工作的热爱，他不仅在加工制造方面达到了零失误的纪录，而且还在深海科研装备的维护和升级方面作出了显著贡献。

在加入中国科学院深海科学与工程研究所后，周皓参与了多次重要的深海科考任务。他解决了156项科研装备技术难题，对58项科考装备进行了合理升级改造，使国产自主研发的科研装备取得了多项国际和国内第一的成绩。他的工作不仅提高了科研装备的性能，而且为远洋深海科考提供了强有力的技术支持。

周皓还有着很强的社会责任感。他连续两届当选为全国党代表，积极参与政治活动，并在学习和宣讲党的二十大报告方面作出了贡献。他的故事和成就激励着无数人，成为了一个在平凡岗位上作出不平凡贡献的典范。

周皓的职业生涯和贡献充分展示了他对工作的热情、对技术的追求和对社会的责任感。他的故事和成就在社会上产生了广泛的影响，传递着劳动最美丽的价值理念。

## （二）劳模精神的内涵

劳模精神的内涵是"爱岗敬业、争创一流，艰苦奋斗、勇于创新，淡泊名利、甘于奉献"。2020年在全国劳动模范和先进工作者表彰大会上，习近平总书记精辟概括了劳模精神、劳动精神、工匠精神的深刻内涵，指出劳模精神、劳动精神、工匠精神是鼓舞全党全国各族人民风雨无阻、勇敢前进的强大精神动力，强调要大力弘扬劳模精神、劳动精神、工匠精神。此外，劳模精神还被视为民族精神和时代精神的生动体现，具有丰富深刻的内涵，是社会主义核心价值体系的重要组成部分，对于引领社会风尚、激发全社会的奋斗意志和创新能力具有重要作用。

### 1. 爱岗敬业、争创一流

"爱岗敬业、争创一流"是劳模精神的本质特征，体现了劳模对国家、社会、职业的高度责任感、使命感和舍我其谁的主人翁精神。爱岗敬业意味着劳动者对自己的工作充满热情，全心全意投入工作，不断提升自己的业务能力和工作效率。争创一流则是指劳动者在本职工作中不断追求高标准、高效率，努力达到行业内的顶尖水平。这种精神不仅能够提升个人的职业技能和综合素质，还能促进整个社会的生产力发展和科技进步。

### 2. 艰苦奋斗、勇于创新

"艰苦奋斗、勇于创新"突出了劳动者在面对困难和挑战时的坚持与努力，以及在工作中不断尝试新方法、新技术的重要性。艰苦奋斗体现了劳动者不畏艰难、勇于克服各种困难的精神状态。勇于创新则是指劳动者在工作中敢于突破传统思维和方法，探索新的解决方案和工作模式。这种精神有助于推动社会进步和科技发展，是实现高质量发展的关键因素。

### 3. 淡泊名利、甘于奉献

"淡泊名利、甘于奉献"强调的是超越物质利益，注重精神价值和社会贡献的态度。淡泊名利意味着劳动者不过分追求个人名利和物质财富，而是将更多的精力和时间投入为社会和他人服务中。甘于奉献则是指劳动者在工作中无私地贡献自己的力量，即使面对低报酬或艰苦条件也愿意坚持下去。这种精神有助于构建和谐社会，增强团队合作和社会凝聚力。

这3组概念之间存在着密切的内在联系。"爱岗敬业、争创一流"是基础，体现了对职业的热爱和追求卓越的态度，为"艰苦奋斗、勇于创新"提供了动力和方向；"艰苦奋斗、勇于创新"是实现目标和梦想的重要途径，是实现"淡泊名利、甘于奉献"的前提和保障；"淡泊名利、甘于奉献"则体现了一种高尚的人生境界和价值观。这些精神财富共同构成了推动社会主义现代化建设的强大精神力量，是新时代劳动者应有的精神风貌。

### 榜样人物

#### 赛道设计师的无畏与担当

姚启明是同济大学建筑设计研究院团队的教师，同时也是汽车运动与安全研究中心的主任。她是JENNYAO品牌的创始人，全国劳动模范，亚洲唯一一位获得国际汽联许可的赛道设计师，也是全球历史上唯一一位女性赛道设计师。她在150余个赛车场的规划设计中创造了30余次"中国第一"和"世界第一"，获得包括"全国向上向善好青年"在内的20余项省部级以上荣誉称号。

2004年，姚启明成为上海DTM（Deutsche Tourenwagen Masters，德国房车大师赛）赛道的总设计师，之后又设计了长春国际赛车场。面对国际赛道设计公司拒绝提供设计规范的难题，姚启明决定自主研发，创立了JENNYAO品牌，并开发了具有独立知识产权的赛道安全模拟系统。

姚启明致力于汽车运动安全和文化领域的科研创新、设计实践和公益科普。她强调了安全的重要性，并认为设计师需要在安全和商业之间找到平衡。她提倡对安全的敬畏和对底线的捍卫，希望通过自己的工作提升公众对汽车运动和文化的认知。

姚启明认为劳模精神是容易学习的一种民族精神，她提到了爱岗敬业、争创一流、艰苦奋斗、勇于创新、淡泊名利和甘于奉献等特质。姚启明提倡"爱一行，干一行"的理念，认为热爱自己的工作是成功的关键。她鼓励年轻人理解劳动创造幸福的道理，培养对劳动的热爱和尊重。

## 四、工匠精神

### （一）历史中的工匠精神

#### 1. 古代工匠的概念

"工匠"一词最早出现在春秋战国时期，主要指代专门从事手工业的群体，如木匠等。这一群体在社会分工中独立存在，体现了当时社会对技艺人才的需求和重视。在中国传统农业社会中，工匠群体是社会生产力水平的直接体现者。历朝历代的工匠被视为稀缺人才，他们的技艺传承对于社会发展具有重要意义。

"工"在《说文解字》中的解释是"巧饰也。象人有规矩也"。也就是说，"工"具有巧饰之意，文字的字形像是人手持规矩一般。"工"在《考工记》中是一个代表各种工匠（百工）的类概念，与王公、士大夫、商旅、农夫、妇功并列为国家的"六职"之一，其职责是"审曲面埶，以饬五材，以辨民器"。"审曲面埶"指的是对材料的形状和特性进行仔细的审查和评估，"以饬五材"涉及对5种基本材料（金、木、水、火、土）的加工和利用，"以辨民器"指的是制作和区分各种民用器具。也就是说，"工"即从事以制备器物为核心工作的一类人，他们创造并制作器具，同时从审美层面改善器具的外观、从质量层面提升器具的内在品质，精心雕琢手中的材料，不断追求更高的工艺水准。《考工记》中将"工"冠以"国"字，谓之"国工"，不仅凸显了部分手工业者不凡的技艺，而且彰显了当时手工业者日益提高的社会地位。

"匠"在《说文解字》中的解释是"木工也"，是众多"工"中的一种，木工的工作主要包括土木的设计与工程的推进。《小尔雅》中对"匠"的定义是："匠，治也。"此处"匠"的工作则是治理、营造。《考工记》中有3处提到"匠"这个字。第一处为"匠人建国，水地以县，置槷以县，眂以景"，此处所讲为匠人利用悬垂线树立一个表，通过观察太阳出来时表的影子来确定东西南北方向。第二处为"匠人营国，方九里，旁三门"，此处所讲为匠人营建都城的方法和尺寸规定。第三处为"匠人为沟洫，耜广五寸，二耜为耦"，此处所讲为匠人利用工具制作田间沟渠。按照记述者的用字习惯，"匠人建国""匠人营国"中"匠人"的解释应是建造都城的人，"匠人为沟洫"的"匠人"应为建造沟渠的人。

总的来看，"工"包含"匠人""函人""鲍人""辀人"等各个工种，是所有制备器物的手工业者的统称。"工人"是普通的按照规矩从事器物制备的人，而"匠人"是精通一门技艺或手艺的人。

#### 2. 古代工匠精神的内涵

在传统社会手工业劳动中形成的"制器"理念，是现代工匠精神的缘起，为当下社会实践提供了多方面指引。古人在制作器物的过程中形成了以"天时""地气""材美""工巧"为核心的制器理念，只有适应时令、地理等自然条件，吸纳礼法制度等社会因素，加之精湛的技艺，才能制作出满足社会实际需求的良器。

此外，古代工匠精神的另一重要特质"创造与传承"，也影响着现代工匠精神。《考工记·总叙》中提到："知者创物，巧者述之守之，世谓之工。""知者创物"指的是具有智慧和

图文 宋代科技文化繁荣与工匠精神

创造力的人创造新的器物或物品,此处"知者"可以理解为有知识、有见识的人,他们运用自己的智慧创造出各种有用的物品。"巧者述之守之"指的是技艺高超的人不仅能够制作物品,还能将制作过程和技艺记录下来,传授给他人,使这些技艺和制作方法被一代代地保留和继承下去,"守"在这里有保持、维护和传承的含义,表明工匠们不仅创造和记录技艺,还将其传递给后人,使之得以延续。这句话强调了工匠在创造、记录和传承技艺方面的作用,他们用自己的智慧和技艺制作出各种器物,满足社会的需求。

回望历史,可以发现古代工匠在社会中的重要作用,他们不仅是制作物品的技工,还是文化和技术传承的关键承载者。通过不断的创新和传承,工匠们推动了中国社会的技术发展和社会进步。

### 3. 古代社会中杰出的工匠群体

中国历史上著名的工匠大师如鲁班、李春、李冰、沈括等,体现了工匠精神的精髓。鲁班被誉为"中国工匠师祖",其名字已成为古代劳动人民智慧的象征。李春是隋朝著名的工匠,设计并建造了赵州桥,这座桥至今已有1 400多年的历史,经历了无数次地震和战争的考验,仍然巍然屹立。这些工匠大师不仅展现了精湛的技艺,也体现了中华优秀传统文化中的工匠精神,如精益求精、追求卓越,对完美的不懈追求等。

工匠精神根植于中华优秀传统文化的深厚土壤中,它并不是西方工业文明的"舶来品"。中国的丝绸、瓷器、金银等精美制造产品,都是工匠们精湛技艺的展现。工匠精神包含着"尚巧达善"的追求、"知行合一"的理念、"德艺兼修"的境界,这些共同构成中华优秀传统文化的重要组成部分。

**拓展阅读**

### 杜甫《题李尊师松树障子歌》中的工匠精神

#### 题李尊师松树障子歌

老夫清晨梳白头,玄都道士来相访。
握发呼儿延入户,手提新画青松障。
障子松林静杳冥,凭轩忽若无丹青。
阴崖却承霜雪干,偃盖反走虬龙形。
老夫平生好奇古,对此兴与精灵聚。
已知仙客意相亲,更觉良工心独苦。
松下丈人巾屦同,偶坐似是商山翁。
怅望聊歌紫芝曲,时危惨澹来悲风。

### 赏 析

这首诗通过描绘一幅松树障子的画面，表达了诗人对李尊师艺术创作才华的赞赏以及对其人品和技艺的敬佩。诗中的"障子松林静杳冥"一句，描绘了松林的静谧与深远，而"阴崖却承霜雪干，偃盖反走虬龙形"则生动地勾勒出了松树的姿态和风骨，展现了画家高超的艺术技巧和对自然美的深刻理解。

诗中还提到了"已知仙客意相亲，更觉良工心独苦"，这不仅表达了诗人对李尊师个人的亲近感，也反映了诗人对其艺术创作过程中所付出的努力和承受的艰辛的认可和尊重，体现了工匠精神的核心要素。

"更觉良工心独苦"进一步强调了工匠在创作过程中的艰辛和孤独。这句话揭示了工匠在追求技艺精进的过程中所付出的努力和承受的心理压力，这与工匠精神中强调的执着、坚持、专注乃至陶醉、痴迷的精神状态相契合。工匠们不仅仅是在物质层面上对作品进行雕琢和改善，更是在精神层面上对完美不懈追求，这种精神上的孤独和努力是工匠精神最为宝贵的内核。

杜甫在这两句诗中所表达的情感和态度，不仅展现了他对艺术作品的深刻理解和热爱，也反映了他对工匠精神的理解和推崇。事实上，无论是古代的工匠还是现代的艺术家，他们都在用自己的方式诠释着工匠精神——对技艺的不断追求和完善，以及在这一过程中所体现出的坚忍不拔和无私奉献的精神。

## （二）中华人民共和国成立后的工匠精神

### 1. 社会主义建设时期的工匠精神

在中华人民共和国成立初期，面对一穷二白的工业基础，无数专家、工人夜以继日地奋战在生产技术、科研攻关的第一线，展现了异于常人的意志、毅力和创新精神。这一时期，中国共产党坚持弘扬工匠精神，推动社会主义现代化建设的进程，神州大地上涌现出一大批追求极致、精益求精的工匠。

随着时间的推移，工匠精神不仅仅局限于传统的制造业，还扩展到了各行各业，如北京永定机械厂钳工倪志福通过反复钻研改进，发明出三尖七刃麻花钻，大大提高了钻头的使用性能和寿命，在国内外引起重大反响。改革开放后，"蓝领专家"孔祥瑞、"金牌工人"窦铁成等人的出现，进一步证明了工匠精神在新时代的价值和意义。

### 2. 迈向制造强国时期的工匠精神

进入新时代，工匠精神已经摆脱了微观个体匠心独运的局限，上升至国家战略高度。在当前我国从制造大国向制造强国迈进的关键时期，工匠精神是中国制造业转型升级、发展新质生产力、实现高质量发展的重要精神力量。

党的十八大以来，习近平总书记多次强调工匠精神，为建设制造强国提供了根本遵循。2016年12月14日，习近平总书记在中央经济工作会议上强调，要引导企业形成自己独有的比较优势，发扬工匠精神，加强品牌建设，培育更多"百年老店"，增强产品竞争力。2017年10月18日，习近平总书记在党的十九大报告中强调，建设知识型、技能型、创新型劳动者大军，弘扬劳模精神和工匠精神，营造劳动光荣的社会风尚和精益求精的敬业风气。2019年9月23日，习近平总书记对我国技能选手在第45届世界技能大赛上取得佳绩作出重要指示，强调要在全社会弘扬精益求精的工匠精神，激励广大青年走技能成才、技能报国之路。青年是工匠精神的继承者与发扬者，青年对知识技能的热爱将全面推动全社会对工匠精神的价值认同。工匠精神只有在青年心中筑牢根基，才能在全面建设社会主义现代化国家的新征程上生根发芽，在实现中华民族伟大复兴的道路中绽放绚丽之花。2020年11月24日，习近平总书记在全国劳动模范和先进工作者表彰大会上强调，劳模精神、劳动精神、工匠精神是以爱国主义为核心的民族精神和以改革创新为核心的时代精神的生动体现，是鼓舞全党全国各族人民风雨无阻、勇敢前进的强大精神动力。当前，新一轮科技革命和产业变革与我国加快转变经济发展方式进程交汇，国际产业分工格局正在重塑。建设高素质技能型人才队伍、打造大国工匠、培育新时期的工匠精神已经成为社会各界关注的焦点。2022年4月27日，习近平总书记在致首届大国工匠创新交流大会的贺信中强调，我国工人阶级和广大劳动群众要大力弘扬劳模精神、劳动精神、工匠精神，适应当今世界科技革命和产业变革的需要，勤学苦练、深入钻研，勇于创新、敢为人先，不断提高技术技能水平，为推动高质量发展、实施制造强国战略、全面建设社会主义现代化国家贡献智慧和力量。

## 榜样人物

### 大国工匠高凤林：默默无闻，却拥有不可替代的地位

中国航天科技集团第一研究院211厂发动机车间班组长高凤林，给火箭焊"心脏"焊了30多年。

30多年来，高凤林就像现实版的"卖油翁"，一天天、一月月、一年年，无数次地重复着同一个工作——焊接火箭发动机喷管。对他来说，焊接已经不是单纯、枯燥、机械而重复的动作，而是一个"创造艺术"的过程。在他眼中，经过焊接的每一个喷管都是一个金娃娃，倾注了他的全部心血，经过了精雕细琢，是最完美的艺术。

曾经，有企业开出"高薪加两套北京住房"的优厚条件对高凤林挖墙脚，高凤林却无动于衷。这并不是因为中国航天科技集团给他的条件更好，而是因为他在给火箭焊"心脏"的过程中，得到了一种发自内心的满足感。这种满足感与成就感，不是真正的匠人是无法体会的。

高凤林用30多年的坚守，将一个航天匠人对理想的执着诠释得淋漓尽致。正是因为有了一个又一个高凤林这样的"工匠"，才有了我国航天事业的蓬勃发展。

### 3. 新时代工匠精神的内涵

2020年，习近平总书记在全国劳动模范和先进工作者表彰大会上阐明的"执着专注、精益求精、一丝不苟、追求卓越"的工匠精神内涵，强调了通过劳动实现自我价值或人生价值是工匠精神的本质内涵。

执着专注，是指对某一技能或工作领域专心致志、坚持不懈的态度。这种态度体现了劳动者的敬业精神和对职业理想的坚定追求，是工匠精神的基础。它要求劳动者内心笃定、耐心执着，通过持续不断的磨炼，最终获得卓越的成就。

精益求精，是指追求质量无止境、服务无止境、努力无止境的工作态度。它强调注重细节、追求完美，通过高标准的工作模式和严格科学的工作方法，不断推出更高质量的产品和服务。这种精神不仅是对产品本身的尊重，也是对市场和消费者需求的深刻理解。

一丝不苟，意味着在工作中对待每一个细节都要认真细致，不可马虎大意。这种态度体现了劳动者对工作的高度负责和对成果的严格要求，是实现精益求精的基础。

追求卓越，是对上述所有品质的升华，它要求劳动者不仅要在自己的岗位上做到最好，还要不断突破自我，创造奇迹。追求卓越是一种超凡脱俗、非常优异的状态，它要求劳动者胸怀大局、自信开放、迎难而上。

这4个方面相辅相成，共同构成了工匠精神的核心。"执着专注"为"精益求精"提供了动力源泉；"精益求精"是实现"一丝不苟"的具体体现，而"一丝不苟"是"追求卓越"的基础；"追求卓越"则是这一系列品质的最终目标，它要求劳动者不断地超越自我，追求更高的成就。这些品质不仅体现在高技能人才群体中，更是广大劳动者心无旁骛钻研技能的专业素质和职业精神的体现。

**榜样人物**

#### 大国工匠胡洋："鲲鹏"机身数字化装配领军人

胡洋，一名来自中航西安飞机工业集团股份有限公司（以下简称中航西飞）的"90后"年轻人，以其卓越的技术和领导能力，成为了中国大飞机制造领域的领军人物。他的主要成就是在运-20飞机（代号"鲲鹏"）的机身数字化装配领域取得的突破。

胡洋在2014年大学毕业后加入中航西飞，最初的工作是手工制孔，这让他感到不甘心。然而，在一次制孔过程中，由于心浮气躁，他在一个已经制过的孔上又制了一遍，差点导致严重后果。这次经历让他深刻认识到细节的重要性，并从此变得更加踏实沉稳。

为提高制造效率，中航西飞决定在运-20装配中启用数字化系统。胡洋被推荐加入了培训班，学习了涉及测量系统、自动控制和计算机软件等先进技术。通过不懈的努力和深入学习，胡洋带领团队实现了大飞机机身数字化装配的零的突破，将工作效率提高了百倍，同时精度达到了毫米级。

胡洋的事迹不仅体现了他在技术上的卓越成就，而且展示了他从毛头小伙到业内专家的蜕变。他的工作不仅提升了中国大飞机设计制造能力，也为中国航空工业的发展作出了重要贡献。

### 观影启智

请扫码阅读影片相关材料，思考对应问题。

#### 电影一《黄大年》

黄大年的扮演者张秋歌说："为了演好这位时代楷模的感人事迹，我很早就开始在吉林大学等黄大年同志生活过、学习过的地方深入探访和采风。在和黄老师的助理于平教授深入接触和交流后，我脑海中已经初步勾勒出这位人民教师的形象。除了我以外，我们电影的主创团队采访了将近140名当事人，从方方面面了解黄大年生前的各种事迹、生活细节、性格细节，以保证文学剧本和影片创作的真实性。我以零片酬出演这部电影，因为我不仅从黄大年身上学会了'做人'，更学会了'做事'，他的精神也鼓舞着我日后创作出更好的作品。"

图文
《黄大年》
《中国机长》
赏析

结合以上这段感言，请谈谈你对于职业与人生、国家利益与个人利益、物质与精神之间关系的看法。

#### 电影二《中国机长》

1. 习近平总书记曾说："一个有希望的民族不能没有英雄，一个有前途的国家不能没有先锋。"请结合该部影片思考：什么是英雄？什么是英雄精神？英雄与劳动者的关系是什么？

2. 该部影片所呈现的场景主要由空难中机组人员的职业环境及在非常态职业环境下机组人员的心理表现和行为反馈构成。请选出一名最打动你的影片人物角色，并说明原因。

## 知识地图

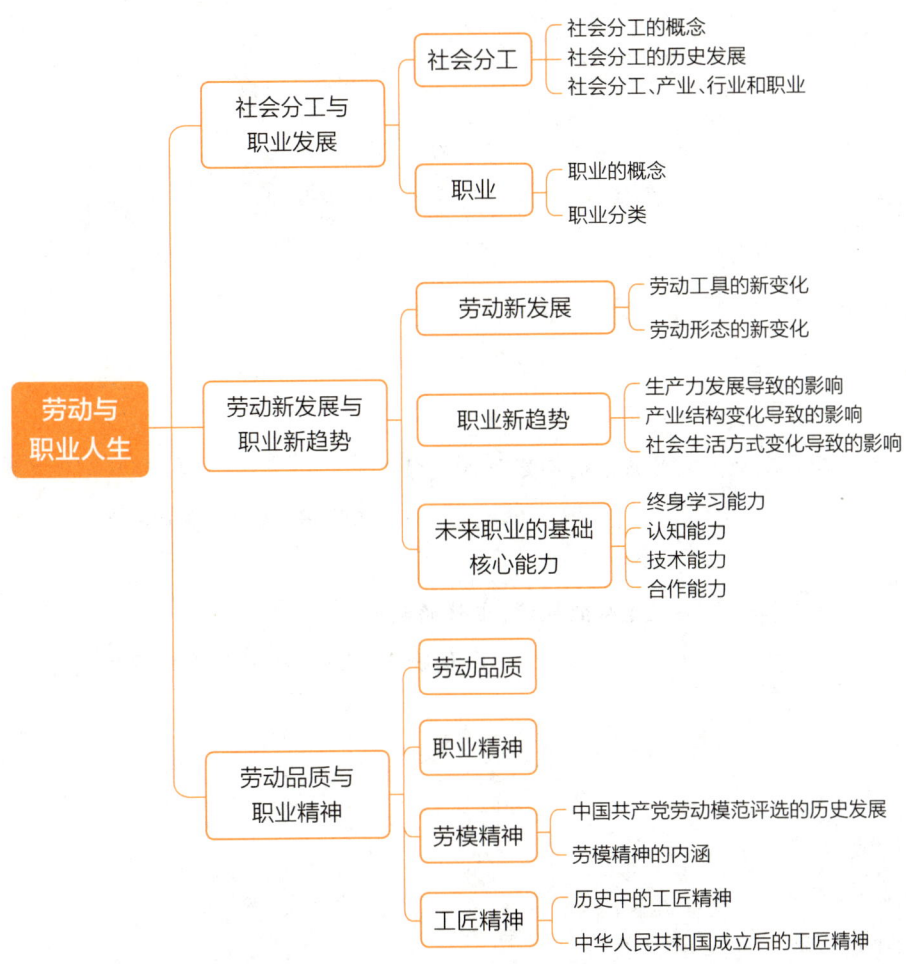

# 专题五　劳动与职业健康

 **言之有理**

人生最大的幸福是健康。国家最基本的问题是国民保健。

——郭沫若,选自《赞天地之化育》

强健的身体和活泼的精神是个人生趣的根源,工作的利器。

——杨贤江,选自《青年修养与青年教育》

 **核心问题**

1. 什么是劳动安全?
2. 什么是职业安全?
3. 什么是职业健康?
4. 什么是职业应急?

## 导引阅读

### 深圳某制造厂未建立、健全职业病危害事故应急救援预案案

**案情简介：**

2023年6月15日，深圳市某区卫生健康局卫生执法人员对深圳市某制造厂进行现场监督检查时发现，该制造厂存在苯系物、噪声、粉尘等职业病危害因素，能够出示其工作场所职业病危害因素检测报告及其员工的职业健康检查报告，但该制造厂未能提供职业病危害事故应急救援预案资料。经调查核实，该制造厂存在未建立、健全职业病危害事故应急救援预案的违法行为。

针对该制造厂未建立、健全职业病危害事故应急救援预案的违法行为，考虑到其进行了工作场所职业病危害因素检测和员工职业健康检查，并于2023年6月21日提交了整改报告，建立健全职业病危害事故应急救援预案，积极改正违法行为，深圳市某区卫生健康局对该制造厂作出了不予行政处罚的决定。

**法律分析：**

本案中，深圳市某制造厂未建立、健全职业病危害事故应急救援预案的违法行为违反了《中华人民共和国职业病防治法》第二十条第（六）项"用人单位应当采取下列职业病防治管理措施：（六）建立、健全职业病危害事故应急救援预案"的规定，结合《深圳市卫生健康领域轻微违法行为不予行政处罚清单（第一版）》序号2的不予行政处罚适用情形，深圳市某区卫生健康局对该制造厂作出了不予行政处罚的决定。

（资料来源：深圳市司法局官网，2024年2月27日，有改动。）

## 思考与讨论

建立健全职业病危害事故应急救援预案，可以使用人单位有效识别风险隐患，了解突发事件的发生机理，明确应急救援的范围和流程，从而使突发事件应对处置的各个环节有章可循。请同学们结合以上案例思考以下问题：

1. 为什么政府要制定相关法律法规来规范企业的职业安全健康管理？这些法律法规对于预防职业病和事故有什么作用？

2. 为什么预防措施比事故发生后的处理更为重要？企业应当采取哪些预防措施来避免职业病和事故的发生？

# 单元一 劳动中的职业安全

## 一、职业安全

广义的劳动安全不仅包括职业场景下的安全,还涵盖了非职业场景中的劳动安全,如家庭劳动者、志愿者在进行非营利性质的劳动时的安全问题。劳动安全的核心是保护劳动者在各种劳动环境中的生命安全和身体健康,防止各种可能导致伤害的事故和危害。

职业安全是劳动安全在职业劳动领域的具体体现,它更侧重于职业活动中的安全与健康问题,包括预防职业伤害、减少职业风险、控制职业病危害等。职业安全通常与工作环境、工作条件、职业病防治等方面密切相关。

### (一)职业安全的概念

职业安全是劳动安全中的一个重要方面,它涉及防止和减少工作场所可能对劳动者造成的各种伤害和健康问题。职业安全是指在职业活动中采取各种措施,保护劳动者免受职业危害,预防职业病和工伤事故的发生,确保劳动者的生命安全和身体健康。它包括但不限于工作环境的安全、使用机械设备的安全、预防职业病和工作相关疾病的发生等方面。

职业安全的概念涵盖了影响工作场所内员工(包括临时工、合同工)、外来人员和其他人员安全与健康的条件和因素。它要求生产经营单位必须遵守安全生产相关的法律法规,加强安全生产管理,建立健全全员安全生产责任制和安全生产规章制度,加大对安全生产资金、物资、技术、人员的投入保障力度,改善安全生产条件,加强安全生产标准化、信息化建设,构建安全风险分级管控和隐患排查治理双重预防机制,提高安全生产水平。

### (二)国家职业安全法律制度的发展历程

#### 1. 初始化阶段

中华人民共和国成立初期,安全生产主要依靠政策指导和行政命令来实施。1954年,中华人民共和国第一部宪法颁布,为后续安全生产立法提供了根本大法保障。1982年,现行宪法颁布,为法律体系建设提供了宪法基础。

#### 2. 体系化阶段

1978年,党的十一届三中全会提出加强社会主义法制,标志着法制建设的全面展开。2002年,《中华人民共和国安全生产法》(以下简称《安全生产法》)通过,为安全生产提供了全面的法律框架。

### 3. 强化阶段

2009年,《安全生产法》进行第一次修订,强化了安全生产的法律要求。2014年,《安全生产法》进行第二次修订,进一步完善了安全生产的法律体系。

### 4. 国际化阶段

随着改革开放的深入,中国开始更多地参考和借鉴国际职业安全卫生法规和标准,如国际劳工组织(international labour organization, ILO)的公约等,推动国内安全生产法律与国际标准接轨。

### 5. 全面深化改革阶段

2011年,中国特色社会主义法律体系已经形成,包括安全生产法律法规在内的法律体系基本成型。2021年6月10日,《全国人民代表大会常务委员会关于修改〈中华人民共和国安全生产法〉的决定》通过,新修订的《安全生产法》于2021年9月1日起施行,体现了对安全生产法律法规的全面深化改革。

从以上发展历程来看,中国职业安全法律制度经历了从无到有、从有到全、从全到深的历史发展脉络。随着国家对安全生产的重视程度不断提升,相关法律法规也在不断修订完善,以适应经济社会发展的新要求。

**拓展阅读**

## 20年来中国生产安全事故变化趋势

根据近20年的数据,中国在减少生产安全事故方面取得了显著的进步。2001—2019年,生产安全事故的总数和死亡人数一直在稳步下降。2002年的事故死亡人数达到了近14万人的高峰,但到了2019年,这一数字降至不到3万人。这种下降趋势与《安全生产法》的实施、政府监管力度的加大和企业安全生产投入的增加密切相关。

值得注意的是,2014—2015年,事故起数出现了显著下降,这可能是由于统计标准的变化,只统计了导致人员伤亡的事故起数,而不再统计只有经济损失的事故起数。此外,自2001年以来,中国的生产安全事故起数和死亡人数连续16年呈现双下降趋势。

在具体年份的数据方面,2020年全国生产安全事故的死亡人数降至2.74万余人,而2022年全年各类生产安全事故共导致20 963人死亡,较2021年的26 307人有所下降。这些数据反映了中国在安全生产方面的持续改善。

总的来说,中国在减少生产安全事故方面取得了显著成效。然而,尽管取得了进步,安全生产仍需持续关注和改进,特别是在高危行业和新兴业态中。

## 二、职业活动中的事故

### (一) 职业活动中的事故分类

安全事故的分类依据通常包括事故的性质、原因、严重程度,以及造成的损失等,具体如下。

根据事故性质分类,安全事故可分为责任事故和非责任事故。责任事故是指可以预见、抵御和避免,但由于人的原因没有采取预防措施从而造成的事故。据有关部门对事故的分析,责任事故占90%以上。非责任事故包括自然灾害事故和技术事故(如地震、泥石流造成的事故)。技术事故是指由于科学技术水平的限制,安全防范知识和技术条件、设备条件达不到应有的水平和性能,因而无法避免的事故。

根据事故原因分类,安全事故可分为物体打击事故、车辆伤害事故、机械伤害事故、起重伤害事故、触电事故、火灾事故、灼烫事故、淹溺事故、高处坠落事故、坍塌事故等。

根据事故伤害程度分类,安全事故可分为轻伤事故、重伤事故、死亡事故、重大伤亡事故和特别重大事故等。

根据造成的人员伤亡或者直接经济损失分类,安全事故可分为特别重大事故、重大事故、较大事故和一般事故。

### (二) 职业活动中的事故等级

职业活动中的事故等级通常按照事故造成的人员伤亡或者直接经济损失进行划分。根据《生产安全事故报告和调查处理条例》,具体可分为以下4级。

特别重大事故:是指造成30人以上死亡,或者100人以上重伤(包括急性工业中毒,下同),或者1亿元以上直接经济损失的事故。

重大事故:是指造成10人以上30人以下死亡,或者50人以上100人以下重伤,或者5 000万元以上1亿元以下直接经济损失的事故。

较大事故:是指造成3人以上10人以下死亡,或者10人以上50人以下重伤,或者1 000万元以上5 000万元以下直接经济损失的事故。

一般事故:是指造成3人以下死亡,或者10人以下重伤,或者1 000万元以下直接经济损失的事故。

对事故等级的划分有助于政府和相关部门采取相应的应急措施,进行事故调查处理,制定预防措施,以减轻事故造成的影响。同时,对于事故责任单位和个人的处罚和责任追究也会根据事故等级来确定。

### (三) 职业活动中的事故隐患

#### 1. 人的不安全因素

人的不安全因素通常是指劳动者在职业活动中的非故意行为,这些行为主要由主观上缺乏安全意识、心理压力、情绪问题或其他心理因素和身体健康问题而导致。人的不安全行为包括现场管理者的不安全行为和工作人员的不安全行为。主要包括：

第一，忽视安全规则和警告，导致操作失误或违规操作；

第二，使用不安全的设备或工具，或未按设计用途使用设备；

第三，人为造成安全装置失效，例如绕过安全防护措施；

第四，用手代替工具进行操作，增加受伤风险；

第五，冒险进入危险场所，缺乏必要的安全意识；

第六，未正确使用或忽视个体劳动防护用品；

第七，对易燃、易爆等危险物品的处理不当。

### 2. 物的不安全状态

物的不安全状态是指设备、设施或环境存在可能导致事故的物理条件或状态。主要包括：

第一，防护、保险、信号等安全装置缺乏或有缺陷；

第二，设备、设施、工具、附件存在设计或维护上的缺陷；

第三，劳动防护用品用具缺乏或有缺陷，不能提供应有的保护；

第四，生产（施工）场地作业环境不良，如地面不平整、杂乱堆放物品等。

### 3. 环境的不安全因素

环境的不安全因素是指可能导致事故发生的物理、化学、生物等方面的工作环境条件。主要包括：

第一，作业环境中存在的物理性危害，如噪声、振动、辐射、高温、低温、粉尘、气溶胶等；

第二，作业环境布局不合理，如安全通道不畅、紧急出口锁闭或被堵塞；

第三，采光照明不良，导致视觉障碍；

第四，通风不良，可能造成有毒有害气体积聚；

第五，工作场所存在的化学性危害，如可能接触到的有毒有害化学品；

第六，工作场所存在的生物危害，如细菌、病毒、真菌和寄生虫等。

### 4. 组织的安全管理缺陷

组织的安全管理缺陷是指管理层在制定和执行安全政策、程序和实践方面的不足。主要包括：

第一，安全生产责任制不明确，管理层对安全重视不够；

第二，缺乏有效的安全生产教育培训，员工对操作规程和应急措施不熟悉；

第三，安全生产规章制度不健全，或执行不到位；

第四，缺乏事故防范和应急措施，或措施不健全；

第五，安全检查和隐患排查工作不充分，未能及时发现和整改安全隐患。

通过以上4个方面的综合管理和控制（图1-5-1），可以有效地识别和减少职业活动中的事故隐患，提升整体的职业安全水平。

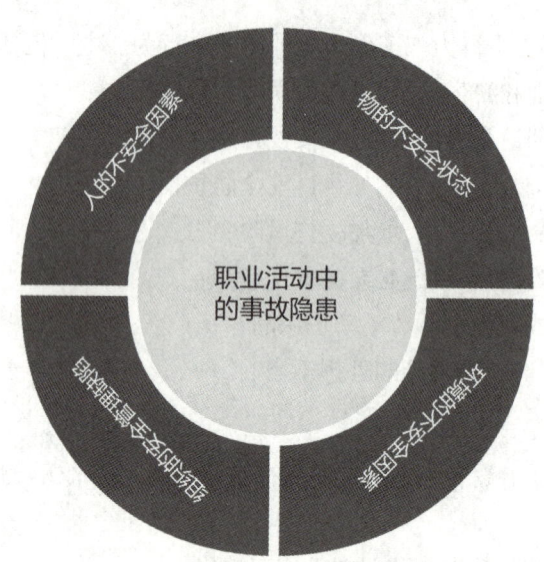

图1-5-1　职业活动中的事故隐患

### （四）职业活动中的事故预防策略

#### 1. 安全技术

安全技术的侧重点是通过工程技术手段来预防和控制职业活动中的安全风险。主要包括：

第一，本质安全。通过设计和科学管理消除危险有害因素，提升设备和工艺的内在安全性能；设置安全色、安全标志等，通过联锁装置脱离危险状态；在难以消除危险时，采取预防性技术措施，如使用安全阀、漏电保护装等。

第二，风险监测。加强安全风险监测预警系统的建设和应用，推进高危行业领域的自动化和智能化改造。

第三，工程技术。提升救援技术和装备水平，发展机械化、自动化工程治理措施，减少人员在危险环境中的暴露。

#### 2. 安全教育

安全教育的侧重点是强化劳动者的安全意识和安全行为，确保他们了解潜在的危险并能够采取适当的预防措施。主要包括：

第一，安全培训。加强劳动者的安全教育和培训，提供特定的岗位安全培训，加深劳动者对安全规程和应急程序的了解，使劳动者掌握如何安全地执行工作任务，提升应急防范意识和安全防护技能。

第二，文化宣传。通过多种形式的教育活动，如事故分析、警示教育，深化劳动者对个人安全和他人安全重要性的认识，提高劳动者的安全素养。

第三，法治教育。加强劳动者的法治教育、生命教育和心理健康教育，培养劳动者的自我保护意识和能力。

### 3. 安全管理

安全管理的侧重点是建立和维护一个安全的工作文化和管理体系,以预防事故的发生。建立责任体系,明确各级人员的安全生产责任,建立责任清单和量化指标体系。加强安全生产监管执法,严厉打击非法违规行为,实施精准严格执法。加强系统化管理,推动安全生产治理体系和治理能力现代化,建立安全生产标准化管理体系。主要包括:

第一,综合治理。采取"人防、技防、工程防、管理防"等多种措施,综合治理安全生产问题。

第二,隐患排查。建立重大事故隐患自查自改常态化机制,动态清零事故隐患。

第三,应急管理。制定完善事故应急救援预案,建立应急救援体系,提高应对突发事件能力。

## 拓展阅读

## 什么是危险源?

### 一、危险源定义

危险源是指可能导致人身伤害和(或)健康损害的根源、状态或行为,或其组合。它包括但不限于:生产过程中的能量或能量载体,如机械、电气设备;危险物质,包括可燃、易爆、有毒、有害物质;设备故障、人的失误、环境不良和管理缺陷。

根据国际劳工组织和美国职业安全与健康管理局(OSHA)的定义,危险源不仅仅局限于物理伤害和健康损害,还包括对心理和行为的影响。此外,环境因素如气候变化和生物多样性的损失也被视为危险源。

### 二、危险源影响

危险源的影响主要体现在其可能导致的事故和健康问题,具体包括:

第一,人身伤害。如物体打击、车辆伤害、机械伤害等。

第二,健康损害。如中毒、窒息、职业病等,还包括长期暴露在高压或有害环境中可能导致的心理健康问题。

第三,财产损失。如火灾、爆炸、设备损坏等。

第四,环境影响。如污染排放、资源浪费等,这类危险源的管理不善可能导致生态系统破坏和气候变化。

第五,法律后果。违反职业健康安全和环境保护法规可能导致法律责任和经济损失。

### 三、危险源识别范围

危险源识别是指识别危险源并确定其特性的过程,范围包括:

第一,常规和非常规活动,包括基础设施、设备、原料等。

第二,组织内部或外部以往发生的相关事件及其原因。

第三,潜在的紧急情况。

第四,人员因素,包括工作人员、承包方、访问者等。

第五,组织、运行、过程、活动和职业健康安全管理体系中的实际或拟定的变更。

### 四、危险源识别方法

第一,工作危害分析法(job hazard analysis, JHA)。通过对工作过程的逐步分析,找出具有危险的工作步骤。

第二,安全检查表法(safety checklist, SCL)。依据相关标准、规范,对工程、系统中已知的危险类别进行判别检查。

第三,风险评估软件。利用先进的风险评估软件进行系统性分析。

第四,社区参与。鼓励员工和社区成员参与危险源的识别,以提高识别的全面性。

第五,生命周期评估。考虑产品或服务从设计、生产、使用到废弃的整个生命周期中可能出现的危险源。

# 单元二 劳动中的职业健康

## 一、职业健康

### (一)职业健康的概念

职业健康是指在工作场所中对人体健康造成危害或引发职业相关疾病的有毒有害物质的防范,这包括物理、化学、生物和人机工效等方面的危害。其目的是保障和促进各行业劳动者在职业活动中的身心健康。

职业安全主要关注的是预防工作场所发生事故和伤害,它侧重于消除或减少工作环境中的物理、化学、生物和心理风险。职业安全的目的是保护员工不受到急性伤害,如跌倒、机械事故、化学品泄漏、火灾等。职业健康的概念则更加广泛,它不仅包括预防工作中的急性伤害,还涉及长期的健康问题,如职业病、工作相关的慢性疾病、心理健康问题,以及工作与生活质量的平衡。职业健康还包括健康促进、疾病预防、健康教育和员工福利等方面。

### (二)国家职业健康法律制度体系发展历程

中国共产党始终坚持以人民为中心的根本立场,注重在发展中保障和改善民生,使人民的获得感、幸福感、安全感更加充实、更有保障、更可持续,其中对劳动者职业健康的关注贯穿了建党以来的各个历史时期并不断强化。特别是进入21世纪后,随着经济社会的快速发展,职业病危害因素成为影响成年人健康的重要因素。据《健康中国行动(2019—2030年)》估算,我国接触职业病危害因素的人群约有2亿人。国家通过立法、政策引导和实施行动计划等方式,不断加强职业健康保护。近10年来我国职业病防治工作取得显著成效,新发职业病病例数从2013年的26 393例下降到2022年的11 108例,降幅达到58%。

职业健康法律制度的发展历程可以概括为以下6个阶段(图1-5-2)。

### 1. 萌芽期(1949年以前)

1921年,中共一大通过《中国共产党第一个决议》,提出要建立产业工会,维护劳动健康。1922年,第一次全国劳动大会提出《劳动法大纲》,要求工厂合理规定工时、工资及劳动保护,这是我国最早与劳动者健康安全相关的法规。1931年,中华苏维埃第一次全国代表大会通过了《中华苏维埃共和国劳动法》,规定"工作条件与工作过程特别危害工人身体健康的工厂,需供给工人特别保护衣服和其他保护物"。1942年,陕甘宁边区政府颁布《陕甘宁边区劳动保护条例(草案)》,规定"各企业各机关必须采取适当设备,以消灭或减少工人危险"。

### 2. 初建期(1949—1966年)

1949年,中国人民政治协商会议第一届全体会议通过《中国人民政治协商会议共同纲领》,规定"保护青工、女工的特殊利益""实行工矿检查制度,以改进工矿的安全和卫生设备"。1954年,中华人民共和国第一部宪法规定"国家通过国民经济有计划的发展,逐步扩大劳动就业,改善劳动条件和工资待遇"。1957年,《职业病范围和职业病患者处理办法的规定》将14种病因明确、危害较大的职业性疾患列为法定职业病。

### 3. 坚守期(1966—1980年)

这一时期,为摸清我国化学致癌物的危害情况,卫生部、冶金部、化工部和全国总工会共同组织、开展了对焦炉逸散物、氯甲醚、石棉、联苯胺、苯、砷、氯乙烯和铬8种化学物质对企业职工危害的流行病学调查,初步明确了8种职业病化学物质与职业肿瘤发病的关系。1978年,卫生部、国家劳动总局、全国总工会、国家医药管理总局共同下发《关于开展职业病普查工作的通知》,对铅、苯、汞、有机磷农药和三硝基甲苯5种毒物进行了全国性普查,基本摸清了当时全国5种职业中毒地区和行业分布情况,以及5种职业中毒主要集中的工种。1979年,卫生部修订颁布《工业企业设计卫生标准(TJ 36—1979)》。

### 4. 发展期(1980—2001年)

1984年,卫生部下达"七五"重点科研项目,开展尘肺流行病学调查。1987年,国务院发布《中华人民共和国尘肺病防治条例》。20世纪80—90年代,全国职业病防治工作的有力开展助推了地方性规定的出台,河北、湖南、广东、四川等省相继颁布了职业病防治管理规定。

### 5. 完善期(2001—2018年)

2001年10月,第九届全国人民代表大会常务委员会第二十四次会议通过《中华人民共和国职业病防治法》(以下简称《职业病防治法》),这是我国第一部职业病防治法。2002

图文解读《职业病防治法》

年,《职业病防治法》正式实施,标志着中国职业健康法律体系的正式建立。自2002年起,我国将每年4月最后一周定为全国《职业病防治法》宣传周。2011年、2016年、2017年、2018年,《职业病防治法》经历4次修订,不断完善和发展。

### 6. 新时代（2019年至今）

2019年以来,国务院印发《健康中国行动(2019—2030年)》,其中第9项主要任务是加强职业健康保护,有效预防和控制职业病危害,切实保障劳动者职业健康权益。尽管《健康中国行动(2019—2030年)》和《国家职业病防治规划(2021—2025年)》中提出了明确的目标,但部分地区、行业的劳动者职业健康素养水平仍然较低。为加快推进相关目标实现,全面助力健康中国建设,国家卫生健康委员会等八部门联合印发了《关于进一步推进职业健康保护行动 提升劳动者职业健康素养水平的通知》。

从无到有,再到逐步完善,我国职业健康法律制度经历了长期发展,已形成了较为系统的法律体系,为保障劳动者健康权益、促进经济社会的持续健康发展提供了有力的制度保障。

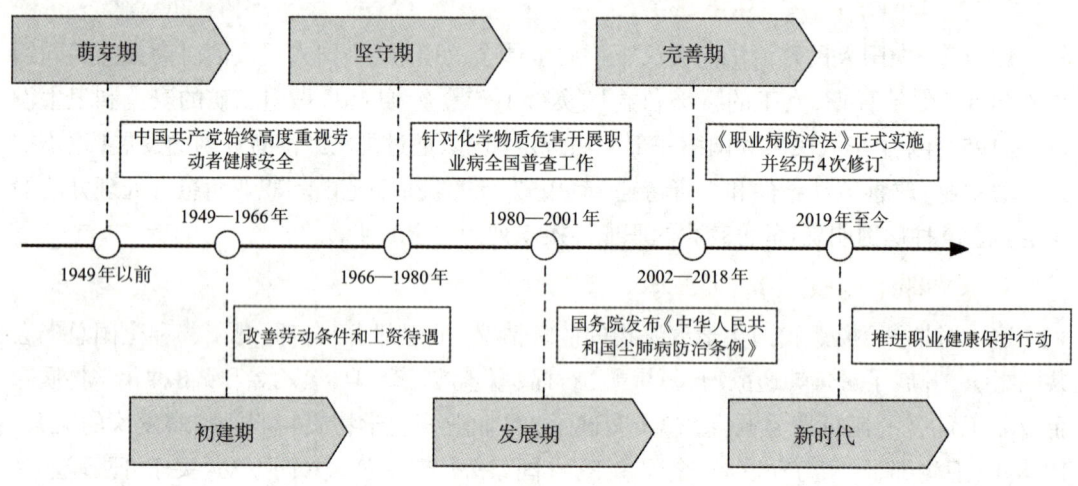

图1-5-2 国家职业健康制度体系发展历程

## 拓展阅读

### 部分行业劳动者职业健康素养较低

随着工业化和城镇化快速发展,我国职业健康工作面临双重挑战。一方面,职业中毒、尘肺病、噪声聋等传统职业病防控压力巨大;另一方面,由不良作业方式、工作紧张等导致的新型职业病危害问题也日益突出。

在这种背景下,我国的劳动者职业健康素养情况并不十分乐观。

2022年国家卫生健康委在全国首次开展重点人群职业健康素养监测,监测范围覆盖31个省、自治区、直辖市和新疆生产建设兵团(不包括香港、澳门、台湾地区),监测对象为第二产业18个行业与第三产业5个行业的16～59岁劳动者。最终监测结果显示，2022年全国重点人群职业健康素养水平为52.6%。这一数字代表着参与本次调查问卷综合得分在80分及以上的劳动者占被全部调查对象的比例。

此次监测所选择的第二产业中的18个行业均为近几年监测发现的职业病危害较为严重的行业，如煤矿开采制造业、化学产品制造业等。第三产业中选择的5个行业是《健康中国行动（2019—2030年）》职业健康保护行动中特别提出的重点行业，如外卖快递业、中小学教师等。选择对象均为一线劳动者，代表性较强。

2019年健康中国行动实施以来，各地采取多种方式推进职业健康保护行动，取得明显成效。但通过监测不难看出，部分地区、行业的劳动者职业健康素养水平仍然较低，缺乏职业健康知识和防护技能，距离《健康中国行动（2019—2030年）》中"重点行业劳动者对本岗位主要危害及防护知识知晓率≥90%"以及《国家职业病防治规划（2021—2025年）》中"重点人群职业健康知识知晓率≥85%"的规划指标仍有较大差距，职业健康培训和科普宣传等工作亟待进一步加强。

在这种背景下，国家卫生健康委员会与教育部、人力资源和社会保障部等八部门联合印发《关于进一步推进职业健康保护行动 提升劳动者职业健康素养水平的通知》，进一步推动用人单位落实职业病防治责任，加强职业健康培训和科普宣传等工作，推动劳动者职业健康素养相关目标如期实现。

## 二、职业病

### （一）职业病的分类

职业病是指企业、事业单位和个体经济组织等用人单位的劳动者在职业活动中，因接触粉尘、放射性物质和其他有毒、有害因素而引起的疾病。广义的职业病是指由职业有害因素所致的各种职业性损害，包括职业病、工作相关疾病和职业性外伤。法定职业病是指由《职业病防治法》定义、由国家卫生行政等部门颁布的职业病种类。构成职业病的4个要件是：患病主体，用人单位的劳动者；患病过程，在职业活动中产生的疾病；患病原因，接触粉尘、放射性物质和其他有毒有害因素；法定疾病，职业病目录所列疾病。

2013年发布的《职业病分类和目录》将职业病分为10大类132种：第一类，尘肺病及其他呼吸系统疾病；第二类，职业性皮肤病；第三类，职业性眼病；第四类，职业性耳鼻喉口腔疾病；第五类，职业性化学中毒；第六类，物理因素所致职业病；第七类，职业性放射性疾病；第八类，职业性传染病；第九类，职业性肿瘤；第十类，其他职业病。

图文
《职业病分类和目录》

### （二）职业病的产生

职业病危害因素通常包括生产过程中的有害因素和劳动环境中的有害因素。根据2015

年修订的《职业病危害因素分类目录》,职业病危害因素可以归纳为粉尘、化学因素、物理因素、放射性因素、生物因素和其他因素6大类459种,具体如下。

粉尘(52种):包括矽尘、煤尘、石棉粉尘、滑石粉尘、水泥粉尘等,这些粉尘可能引起呼吸系统疾病,如硅肺。

化学因素(375种):涉及铅、汞、锰、镉、铍等金属及其化合物,以及氯气、氨、一氧化碳、二硫化碳、硫化氢等有害气体,还有甲醛、苯、甲苯等有机溶剂。

物理因素(15种):包括噪声、高温、低气压、高气压、高原低氧、振动、激光、低温、微波、紫外线、红外线、工频电磁场、高频电磁场、超高频电磁场等。

放射性因素(8种):涉及密封放射源、X射线装置(含CT机)、加速器、中子发生器产生的电离辐射,非密封放射性物质,氡及其短寿命子体,铀及其化合物等。

生物因素(6种):包括艾滋病病毒、布鲁氏菌、伯氏疏螺旋体、森林脑炎病毒、炭疽芽孢杆菌等,主要影响医疗卫生人员及人民警察。

其他因素(3种):如金属烟、井下不良作业条件(限于井下工人)、刮研作业(限于手工刮研作业人员)等。

### (三)职业病防治与诊断

#### 1. 职业病防治

职业病防治是一项系统工程,主要涉及政府、用人单位和劳动者个体3类主体。3类主体分别必须做到以下方面。

(1)政府。通过政府监管、用人单位的主体责任落实、劳动者个体的权利与义务相结合,共同推动构建一个全面的职业病防治体系,实现劳动者健康福祉。

① 法规制定。政府负责制定和修订职业病防治相关的法律、法规和标准,为职业病防治工作提供法律依据。

② 监督检查。政府卫生健康部门负责对用人单位的职业病防治工作进行监督检查,确保其遵守相关法律法规。

③ 宣传教育。政府负责加强对职业病防治的宣传教育,加深公众和用人单位对职业病危害的认识。

④ 公共服务。政府负责推动建立职业健康服务体系、职业病防治技术支撑体系等,包括职业病的诊断、治疗和康复服务。

⑤ 违规处罚。政府应对违反职业病防治法律法规的用人单位进行处罚,确保法律法规得到有效执行。

(2)用人单位(企事业单位)。根据《职业病防治法》,用人单位是职业病防治的责任主体,对本单位产生的职业病危害承担责任。

① 职业健康监护。用人单位负责组织劳动者的职业健康检查,包括上岗前、在岗期间和离岗时的检查,并将检查结果告知劳动者。

② 坚持预防为主。用人单位应采取预防性措施,优先采用有利于防治职业病危害和保

护劳动者健康的新技术、新工艺、新材料、新设备。

③ 职业卫生管理。用人单位应设置或指定职业卫生管理机构，配备专职或兼职的职业卫生管理人员，并对其进行必要的职业卫生培训。

④ 告知义务。用人单位在与劳动者签订劳动合同时，应如实告知工作过程中可能产生的职业病危害及其后果和防护措施。

⑤ 应急管理。用人单位应建立职业病危害事故应急救援预案，一旦发生事故，立即采取应急措施并报告相关部门。

⑥ 监督检查。用人单位应配合卫生健康主管部门的监督检查，并对发现的问题及时整改。

（3）劳动者个体。

① 享有权利与履行义务。劳动者依法享有职业卫生保护的权利，包括获得职业健康检查、了解职业病危害信息、拒绝危险作业等。劳动者应参与职业健康检查，并知晓个人健康监护档案的内容。劳动者有权拒绝违章指挥和没有职业病防护措施的作业。劳动者可以通过工会等组织参与职业卫生工作的民主管理，对职业病防治工作提出意见和建议。劳动者发现职业病危害事故隐患或用人单位违法行为时，应及时报告并有权进行检举和控告。劳动者应接受职业卫生培训，学习和掌握相关的职业卫生知识，增强职业病防范意识。

② 提升应急处置能力。劳动者学习掌握现场急救知识和急性危害的应急处置方法，能够做到正确的自救、互救。加强防暑降温措施。建议高温作业、高温天气作业等劳动者注意预防中暑。可佩戴隔热面罩和穿着隔热、通风性能良好的防热服，注意使用空调等防暑降温设施进行降温。建议适量补充水、含食盐和水溶性维生素等防暑降温饮料。

### 2. 职业病诊断

（1）职业病诊断的基本程序。

① 劳动者可以在用人单位所在地、本人户籍所在地或者经常居住地的职业病诊断机构进行诊断。诊断时应携带相关材料，包括劳动者的职业史和职业病危害接触史、职业健康检查结果、工作场所职业病危害因素检测结果等。

② 职业病诊断机构根据劳动者提供的信息和资料，结合临床表现和辅助检查结果进行综合分析，以确定是否为职业病。

③ 确诊职业病后，职业病诊断机构须出具诊断证明书。诊断证明书应包含劳动者和用人单位基本信息、诊断结论、诊断时间等，并由参与诊断的医师共同签署。诊断机构须对所作出的职业病诊断结论负责，并应建立职业病诊断档案，永久保存相关资料。

（2）职业病诊断注意事项。

① 费用承担。用人单位应承担劳动者职业病诊断、鉴定的费用，以及疑似职业病患者在诊断、医学观察期间的费用。

② 诊断争议解决。若劳动者对诊断结果有异议，可以依法申请职业病鉴定，由专家组进行再次鉴定。

③ 个人隐私保护。职业病诊断机构及其工作人员应保护劳动者的隐私，所有参与职业病诊断的人员应当依法保护当事人的个人隐私。

④ 监督与管理。卫生健康主管部门负责对职业病诊断机构进行监督检查，确保其服务质量和诊断的准确性。

⑤ 劳动者的权利。劳动者有权要求进行职业病诊断，有权拒绝没有职业病防护措施的作业，有权对违反职业病防治法律、法规的行为提出批评、检举和控告。

### 3. 职业病的三级预防

为了有效预防和控制职业病，我国建立了职业病三级预防体系，旨在通过不同阶段的预防措施，减少职业病的发生、发展和影响。

（1）第一级预防（病因预防）。第一级预防侧重于消除或控制职业性有害因素，防止疾病的发生。其目的是降低发病率，促进健康。主要措施如下：

第一，改进生产工艺和生产设备，确保符合工业企业设计卫生标准；

第二，合理利用防护设施及个人防护用品，减少劳动者接触有害因素的机会；

第三，制定和执行职业卫生立法及有关标准、法规；

第四，控制个体危险因素，如禁止吸烟等。

（2）第二级预防（早期预防）。第二级预防旨在通过早期发现和治疗，防止疾病的进一步发展。其目的是保护健康，降低发病率。主要措施如下：

第一，定期监测职业病危害因素，评估工作环境中的潜在风险；

第二，对接触职业病危害因素的劳动者进行定期体格检查，以便早期发现健康损害；

第三，根据疾病的发病时间、严重程度、接触因素的浓度或强度和接触人群的易感性，确定体格检查的间隔期。

（3）第三级预防（临床预防）。第三级预防关注对已经发生的健康损害进行治疗和康复，以减少病残和死亡。其目的是恢复健康，降低病死率。主要措施如下：

第一，对已有健康损害的劳动者调离工作岗位，并提供合理治疗；

第二，根据健康损害的原因，改善生产环境和改进工艺流程，加强一级预防措施；

第三，促进患者的康复，预防并发症的发生和发展。

我国对职业病的预防和控制采取了全面而系统的方法。这些措施不仅包括对工作环境的改善和个人防护的加强，还涵盖了对职业病的监测、早期诊断和治疗，以及对患者的康复促进和后续的工作环境改进。通过这样的三级预防体系，可以有效地减少职业病的发生，保护劳动者的健康，同时也有助于促进整个社会的生产力和经济发展。

职业病的预防是一个长期系统的工作，需要政府、企业和劳动者共同努力。通过持续的预防措施和健康教育，提高劳动者的健康意识，减少职业病发生，为建设健康中国贡献力量。

## 单元 三 劳动中的职业应急

### 一、职业应急的概念

职业应急是指在可能发生急性职业损伤的有毒、有害工作场所，为避免或减轻职业危害，保护劳动者生命安全和身体健康而采取的一系列预防和应急措施。这包括但不限于报警装置的设置、现场急救用品的配置、冲洗设备的配备、应急撤离通道的规划、泄险区的设置，以及强制通风设施的安装等。

### 二、职业活动中的现场急救与避险

面对职业活动中不同的突发事件类型和危急场景，劳动者需要根据具体情况灵活调整现场急救和避险逃生的措施。

#### （一）现场急救

现场急救是指在事故发生现场对伤者进行的初步医疗救护措施，目的是稳定伤者的生命体征，减轻伤害程度，并为进一步的医疗救治争取时间和创造条件。其目的是抢救生命、减少痛苦、防止伤情加重和预防并发症。基本步骤方法如下：

第一，评估情况。迅速评估现场安全状况，判断是否有进一步危险，如火灾、有毒气体泄漏等。检查伤者的生命体征，包括意识、呼吸、脉搏和出血情况。

第二，呼叫救援。立即拨打紧急服务电话（120），请求专业医疗救援。在确保自身安全的前提下进行救援，必要时使用个人防护装备。

第三，救护伤者。不同的伤患情况应采取不同的救护措施。例如：对无呼吸无心跳的伤者立即进行心肺复苏（CPR）；对出血部位进行压迫止血，使用干净的布料或绷带包扎；将休克伤者平躺，抬高下肢约30厘米，保持温暖，避免过多移动；对疑似骨折的部位进行固定，避免造成更大的伤害。注意保护伤者，避免伤者受到寒冷或过热的影响，必要时使用保温毯或衣物覆盖。并为伤者提供心理安慰，使伤者减少恐慌和焦虑。

#### （二）现场避险逃生

##### 1. 基本步骤方法

现场避险逃生是指在突发事件发生时，采取紧急行动以避免危险，逃离事故现场，保证自身安全。其目的是保护个体生命安全，避免或减少伤害。基本步骤方法如下：

第一，迅速识别并安全撤离。立即识别突发事件的类型和危险程度。确定并选择最近的安全撤离路线，避免使用电梯。

第二，采取保护动作。如用手臂保护头部，避免被飞溅物或掉落物击中。保持冷静，避免盲目跟随人群，防止踩踏事件。如有必要，使用灭火器、防毒面具、救生绳等设备。

第三，联络救援。在安全地点使用手机或其他通信工具联络救援。或者撤离到预定的安全集合点，方便点名和快速救援。

第四，避免返回。在情况未完全控制前，不要返回危险区域。

第五，互助合作。帮助老弱病残等行动不便的人员一起撤离。在撤离过程中持续关注周围环境，警惕可能的次生灾害。

### 2. 不同场景下的急救和避险逃生

（1）地震。

① 避险要点。

第一，寻找掩护。地震发生时，应立即寻找掩体，如桌子、椅子或其他坚固的家具。

第二，远离危险。迅速远离可能掉落或倒塌的物体，如书架、灯具、玻璃窗等。

第三，伏地、遮挡、手抓牢。采取"伏地"（趴在地上以降低重心）、"遮挡"（寻找掩护以保护头部和上半身）、"手抓牢"（牢牢抓住掩护物以防被甩出去）的策略。

第四，避免跳楼。千万不要试图通过窗户跳楼逃生，这会增加严重受伤或死亡的风险。

第五，室外避险。如果在室外，远离建筑物、电线杆、广告牌等可能倒塌的物体。

第六，有序撤离。地震停止后，听从指挥，有序撤离到开阔地带。

第七，检查安全。在撤离过程中注意观察周围环境，警惕可能的余震。

第八，关闭危险源。如果安全条件允许，关闭煤气、电源等可能引发次生灾害的源头。

第九，通信联络。一旦到达安全地点，使用手机或无线电联络家人或救援机构。

第十，准备救援。在安全地点准备提供救援，帮助其他需要帮助的人。

② 急救要点。

第一，评估伤情。检查受害者是否有骨折、出血、头部损伤或其他严重伤害。

第二，止血。对出血的伤口，使用干净的布料直接压迫止血。

第三，固定骨折。对疑似骨折的部位，使用木板、树枝或杂志等固定，防止进一步损伤。

第四，保护脊柱。在移动伤者时要非常小心，避免脊柱弯曲或扭伤，以免导致瘫痪。

第五，保持呼吸道畅通。确保伤者的呼吸道没有被血块、呕吐物或其他物体阻塞。

第六，心肺复苏。如果伤者无意识、无呼吸，立即进行心肺复苏。

第七，保温。对处于休克状态的伤者，使用毯子或衣物保温。

第八，避免给伤者饮水。对意识不清的伤者，不要给其饮水，以免造成呼吸道堵塞。

第九，心理安慰。为伤者提供心理支持，减少伤者的恐慌和焦虑。

第十，专业医疗救助。尽快联系专业医疗救助，将伤者送往医院。

③ 特定情况下的注意事项。

第一，被困废墟。如果被困在废墟中，尽量清理一些空间以保持呼吸，使用敲击方式发出求救信号。

第二，余震可能。地震后可能会有余震，因此在救援过程中要保持警惕。

第三,救援安全。进行救援时要确保自身安全,避免造成更大的伤害。

第四,信息传递。如果被困,尽量通过手机发送位置信息给救援团队。

(2) 火灾。

① 避险要点。

第一,报警。一旦发现火灾,立即拨打紧急服务电话(119),准确报告火灾发生的位置和火势。

第二,评估情况。判断火势大小和蔓延方向,选择最安全的逃生路线。

第三,避免使用电梯。火灾可能导致电源中断,使用电梯可能会被困,应使用楼梯撤离。

第四,关闭门窗。在撤离前关闭身后的门窗,以减缓火势和烟雾的蔓延。

第五,保持低姿态。由于烟雾和有毒气体上升,应尽量保持低姿态,贴近地面行走或爬行。

第六,用湿毛巾。使用湿毛巾掩住口鼻,减少有毒烟雾吸入。

第七,有序撤离。避免恐慌,有序撤离,不要互相推挤,确保快速而安全地离开建筑。

第八,集合点。前往预定的安全集合点,以便快速统计人数和组织进一步救援。

第九,避免重返。不要重返火场,即使有贵重物品遗留。

第十,注意火源。如果安全条件允许,尝试识别火源并关闭,如关闭煤气阀门。

② 急救要点。

第一,评估伤情。检查伤者是否有烧伤、吸入性损伤或其他相关伤害。

第二,冷却烧伤。对轻微烧伤,可以用凉水轻轻冲洗烧伤部位,但不要使用冰块。

第三,避免移除衣物。如果衣物粘在烧伤的皮肤上,不要强行移除,以免加重伤情。

第四,覆盖烧伤。用干净、湿润的布覆盖烧伤部位,保护伤口,避免感染。

第五,处理吸入性损伤。如果伤者有吸入性损伤,将其置于新鲜空气中,并进行人工呼吸或心肺复苏。

第六,监测生命体征。在等待专业医疗救援时,密切监测伤者的生命体征。

第七,心理安慰。为伤者提供心理支持,帮助他们保持冷静。

第八,记录信息。记录伤者的伤情和已采取的急救措施,以便医疗人员了解情况。

第九,专业医疗。尽快将伤者送往医院,接受专业治疗。

第十,避免自行治疗。不要自行给伤者服用药物或饮料,除非是专业医疗人员的建议。

③ 特定情况下的注意事项。

第一,电气火灾。如果怀疑是电气火灾,切勿用水灭火,因为这可能导致触电。

第二,化学或油类火灾。对于某些特殊类型的火灾,如水无法扑灭的油类或化学火灾,应使用特定的灭火剂。

第三,高层建筑。在高层建筑中,如果下楼梯不安全,应前往专门的避难层等待救援。

第四,公共场合。在商场、剧院等公共场合,应遵循安全出口指示撤离。

(3) 化学泄露。

① 避险要点。

第一,立即撤离。迅速远离泄露源,如果可能,往逆风方向撤离,避免吸入有害气体。

第二,防护措施。使用可用的个人防护装备,如防毒面具、防护服、护目镜等。

第三,避免吸入。不要靠近或吸入任何可疑的烟雾或气体,用湿布掩住口鼻。

第四,防止接触。避免皮肤接触泄露的化学物质,如果已经接触,立即用大量清水冲洗。

第五,封锁区域。如果条件允许,封锁泄露区域,防止无关人员进入。

第六,通知当局。立即拨打紧急服务电话(119)或专业化学泄露应急电话,报告泄露事件。

第七,提供信息。向应急响应人员提供泄露化学品的名称、数量、泄露位置等信息。

② 急救要点。

第一,评估伤情。快速评估伤者的伤情,判断是否吸入有毒气体、皮肤是否接触化学物质。

第二,脱离污染。将伤者移至空气新鲜处,脱掉被污染的衣物,避免二次污染。

第三,呼吸支持。如果伤者呼吸困难或停止呼吸,立即进行人工呼吸或心肺复苏。

第四,清洗接触部位。如果化学物质接触到皮肤,用大量清水或肥皂水冲洗至少15分钟。

第五,眼睛清洗。如果化学品溅入眼睛,用生理盐水或清水冲洗眼睛至少15分钟。

第六,医疗救助。尽快联系医疗急救团队,获取专业医疗援助。

第七,监测症状。在等待救援时,监测伤者的生命体征,如意识、呼吸和脉搏。

第八,避免服用。不要给意识不清或呼吸困难的伤者喂食或饮水。

第九,记录信息。记录伤者接触的化学物质、采取的急救措施,以便医疗人员了解情况。

第十,心理安慰。为伤者提供心理支持,减少伤者的恐慌和焦虑。

③ 特定情况下的注意事项。

第一,易燃易爆化学品。如果泄露的化学品易燃易爆,应避免一切可能产生火花的行为,如使用手机、开车等。

第二,腐蚀性化学品。对于腐蚀性化学品,除了清洗外,还应尽快获取医疗援助,以评估是否需要特殊治疗。

第三,不明化学品。如果不清楚泄露的化学品性质,不要擅自处理,应尽快撤离并报告专业人员。

通过以上步骤方法,可以更有效地应对职业活动中可能遇到的各类突发事件,最大程度地减少伤亡和损失,保护劳动者生命安全。

## 观影启智

请扫码阅读影片相关材料,并思考对应问题。

### 电影一《峰爆》

影片通过精心设计的剧情和生动的人物形象塑造,成功地勾勒出基建英雄的群体画像,展现了他们的坚定信仰和崇高品质。请结合专业,思考你所学习的专业对应的未来职业环境中可能发生哪些应急事件,你将如何面对事故、

图文
《峰爆》《紧急救援》赏析

风险或灾难,实施哪些有效应急措施,进而最大限度止损,保障身边人的生命和财产安全。

### 电影二《紧急救援》

电影中人物之间的情感线索展现了他们在高强度工作下的相互支持和理解。请思考应如何在个人生活和职业关系中建立和维护健康的社会支持系统。

## 知识地图

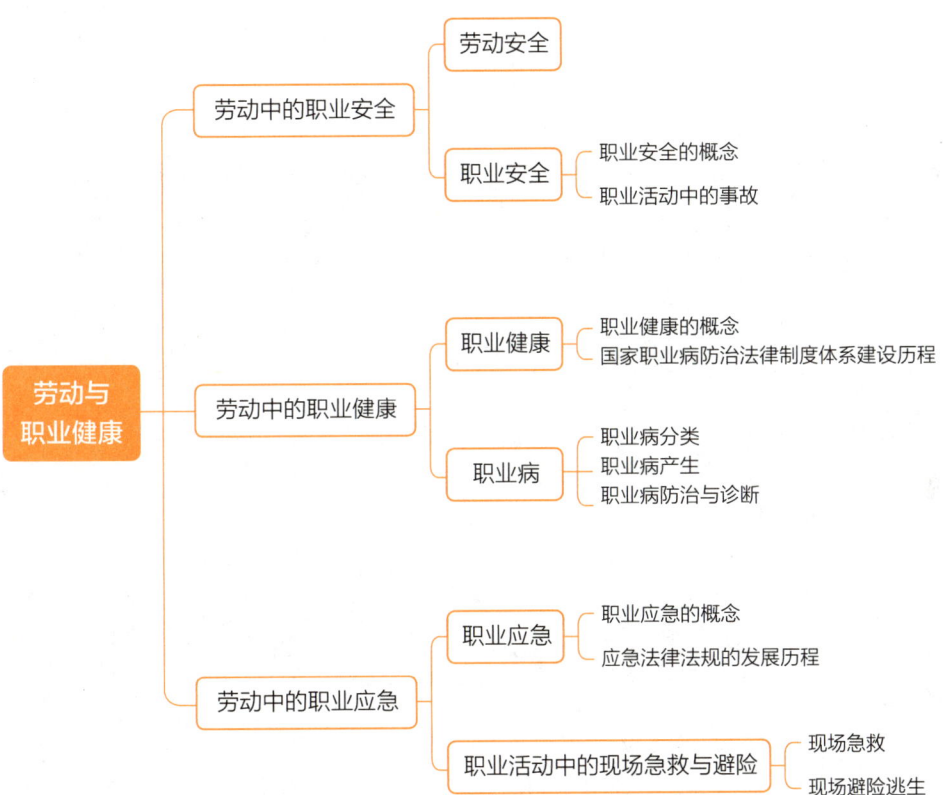

# 中篇

# 劳动保障篇

- **专题一** 认识劳动法
- **专题二** 劳动合同
- **专题三** 劳务派遣和非全日制用工
- **专题四** 失业保险和工伤保险制度
- **专题五** 劳动争议仲裁和诉讼

# 专题一　认识劳动法

 **言之有理**

故治国者,圆不失规,方不失矩,本不失末,为政不失其道,万事可成,其功可保。

——诸葛亮,选自《便宜十六策·治乱第十二》

 **核心问题**

1. 什么是劳动法?
2. 劳动法调整的范围是什么?
3. 劳动者应当具备的条件有哪些?

### 导引阅读

## 保姆行业等不受劳动合同法保护

《中华人民共和国劳动合同法》于2008年1月1日实施。

劳动合同法调整的是劳动关系，一般来说，劳动关系的双方是管理与被管理的关系。在现实生活中，由于受保护范围的限制，仍有一部分劳动者游离于劳动合同法的保护之外，无法享受到劳动法律保障。明明也是工作，却没有形成劳动关系，受了伤害也不受劳动法保护。一旦发生纠纷，他们只能寻求民事法律的救济。

在目前不受劳动合同法保护的行业中，以保姆、保险推销员等尤为典型。另外，兼职学生、退休返聘者和协议承包人等也常发生此类事件。

1. 保姆行业——属于非典型劳动关系

据不完全统计，全国约有1 500万名保姆，占整个农民工人数的1/10以上。

保姆行业签订劳动合同的状况一直都不理想。保姆在工作中面临的困境主要有休假权得不到落实、难以获得社会保险及发生纠纷后维权难等。

吴芳（化名）在北京从事保姆工作，社会保险没有着落，而她以前在工厂上班时，工厂会按规定为其缴纳各种社会保险，"现在心里一直空荡荡的，总感觉没有保障"。

保姆行业属于一种非典型劳动关系，从雇主来说，基本上都是个人。依照劳动法、劳动合同法的相关规定，我国境内的企业、个体经济组织、民办非企业单位等组织、国家机关、事业单位、社会团体可以与个人建立劳动关系。因此，在法律层面上，雇主无法成为劳动法意义上的用人单位，但这并不是说保姆不受法律保护；如果是雇主和保姆双方直接商谈的，那么保姆的权益可以按照民法来操作。当事人可以以侵权、合同违约等案由直接向法院提起民事诉讼。

2. 保险推销行业——属于委托代理关系

保险推销行业的人事制度是代理制，而非雇员制。营销员联系着保险公司与被保险人。

2015年6月，徐某某通过了成都一家保险公司的考核，从事保险销售工作。其间，徐某某取得了中国保险监督委员会颁发的保险资格证书。

依据保险公司与她签订的保险代理合同书，她可以在成都区域内销售该保险公司的产品，保险公司按照约定向其支付代理费。

徐某某因与新来的部门主任发生矛盾，被保险公司以违反相关制度规定为由解除与她的保险代理关系。徐某某将保险公司起诉到了法院，要求保险公司支付未签订劳动合同工资两倍的赔偿、违法解除劳动合同赔偿金及缴纳社会保险。

最终，法院没有支持徐某某的诉求。

承办法官指出，《中华人民共和国保险法》第一百一十七条第一款规定，保险代理人与保险公司之间的关系属于民事代理关系。从合同履行情况看，虽然保险公司要求徐某某遵守公司管理制度，接受公司管理和监督，并参加有关培训，但这种管理和培训是保险公司拓展业务与提高保险代理人工作能力的需要，不能等同于劳动合同中用人单位对劳动者的管理与培训。

（资料来源：《法制日报》，2019年4月30日，有改动。）

### 思考与讨论

请同学们结合以上案例思考：
1. 除了以上行业以外，还有哪些领域的"工作关系"不受劳动法保护？
2. 如果"工作关系"不受劳动法保护，那么工作人员该如何维护自己的权益？

# 单元一 劳动法概述

## 一、相关的劳动法

劳动法不是一部单独的法律,它是所有调整劳动关系及调整围绕劳动关系而产生的社会关系的法律统称。被称为法的劳动法包括《中华人民共和国劳动法》(以下简称《劳动法》)、《中华人民共和国劳动合同法》(以下简称《劳动合同法》)、《中华人民共和国劳动争议调整仲裁法》、《中华人民共和国就业促进法》,被称为法规的劳动法包括《中华人民共和国劳动合同法实施条例》,被称为规章的劳动法包括《工资支付暂行规定》《企业职工带薪年休假实施办法》。除此以外,还有大量的地方规范性文件,如《山东省劳动合同条例》《河北省劳动合同管理办法》。

### 拓展阅读

### 立 法 权 限

**1. 法律**

全国人民代表大会和全国人民代表大会常务委员会行使国家立法权。

全国人民代表大会制定与修改刑事、民事、国家机构的和其他的基本法律。

全国人民代表大会常务委员会制定和修改除应当由全国人民代表大会制定的法律以外的其他法律。

**2. 法规**

法规指行政法规,由国务院根据宪法和法律制定。

**3. 地方性法规**

省、自治区、直辖市的人民代表大会及其常务委员会,省、自治区的人民政府所在地的市,经济特区所在地的市和国务院已经批准的较大的市的人民代表大会及其常务委员会在不与宪法、法律、行政法规相抵触的前提下,可以制定地方性法规。

**4. 规章**

(1)部门规章。国务院各部、委员会、中国人民银行、审计署和具有行政管理职能的直属机构,可以根据法律和国务院的行政法规、决定、命令,在本部门的权限范围内制定规章。

(2)地方政府规章。 省、自治区、直辖市和设区的市、自治州的人民政府,可以根据法律、行政法规和本省、自治区、直辖市的地方性法规制定规章。

## 二、劳动法的调整范围

### 1. 劳动关系

劳动法意义上的劳动关系特指劳动者与用人单位之间在劳动关系存续期间产生的一方提供劳动力，另一方提供劳动报酬的社会关系，如图2-1-1所示。这是劳动法最主要的调整范围。

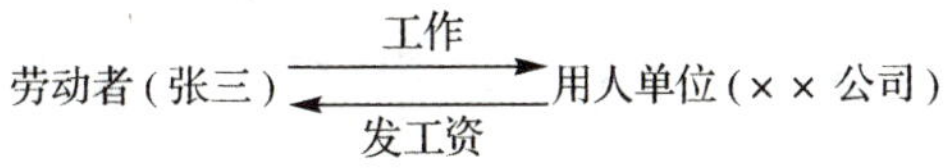

```
                     工作
    劳动者（张三） ⇌ 用人单位（××公司）
                    发工资
```

图2-1-1　劳动关系示例

### 2. 围绕劳动关系产生的其他社会关系

劳动者在劳动过程中与除用人单位之外的部门形成的社会关系，包括劳动者与劳动行政部门、社会保险经办机构、劳动争议处理机构形成的劳动行政关系、社会保险关系、劳动仲裁法律关系等。

## 三、劳动法的基本原则

劳动法的基本原则，是指调整劳动关系以及因劳动关系产生的其他社会关系，贯穿劳动法立法、劳动法执法、劳动法司法全过程总的指导思想和根本准则，是劳动法基本精神的集中体现。

### 1. 劳动权法定原则

劳动是一切有劳动能力的公民的光荣职责。《中华人民共和国宪法》第四十二条规定："中华人民共和国公民有劳动的权利和义务。"为了保证落实公民的劳动权利，国家制定了《中华人民共和国就业促进法》，将保证就业放在经济社会发展的突出位置，要求县级以上人民政府"把扩大就业作为经济和社会发展的重要目标，纳入国民经济和社会发展规划，并制定促进就业的中长期规划和年度工作计划"；通过"发展经济和调整产业结构、规范人力资源市场、完善就业服务、加强职业教育和培训、提供就业援助、创造就业条件"等措施来扩大就业，力争实现"劳动者自主择业、市场调节就业、政府促进就业"等多渠道扩大就业。

### 2. 自主择业原则

劳动者是指满足一定年龄条件的自然人，具有独立的人格，能独立支配自己的劳动力。劳动者有自主择业的权利，用人单位有合法用工的自由，自主择业与用工自由是劳动法理论中劳动自由原则的表现，劳动自由原则是现代劳动法制存在和发展的基础。劳动自由最核心的表现是劳动者的就业自由，即自主择业，劳动者与哪个用人单位签订劳动合同及从事什么工作岗位都是自己自由意志的体现。进一步延伸，劳动者有支配自己工作时间之外时间的自由、有支配自己劳动报酬的自由、有选择和决定自己劳动权利保护方式的自由。

### 3. 保护劳动者合法权益原则

《劳动法》第三条规定:"劳动者享有平等就业和选择职业的权利、取得劳动报酬的权利、休息休假的权利、获得劳动安全卫生保护的权利、接受职业技能培训的权利、享受社会保险和福利的权利、提请劳动争议处理的权利以及法律规定的其他劳动权利。"第七条规定:"劳动者有权依法参加和组织工会。"第八条规定:"劳动者依照法律规定,通过职工大会、职工代表大会或者其他形式,参与民主管理或者就保护劳动者合法权益与用人单位进行平等协商。"劳动法落实了宪法中关于劳动者权益的规定,具体规定了劳动者享有劳动权、劳动报酬权、劳动保护权、休息权、职业培训权、物质帮助权、企业民主管理权等,以保护劳动者最基本的权益。

## 单元二 劳动者

### 一、劳动者的内涵

劳动者可分为广义上的劳动者和狭义上的劳动者。广义上的劳动者是指达到法定就业年龄、具有劳动能力的所有公民。狭义上的劳动者是指达到法定就业年龄、具有劳动能力并与用人单位建立劳动关系的公民。我国劳动法所指的劳动者是狭义上的劳动者。

### 二、劳动者应当具备的条件

#### 1. 符合法律规定的劳动年龄

我国《劳动法》和《劳动合同法》没有规定劳动者的法定年龄。《中华人民共和国民法典》第十八条第二款规定,"十六周岁以上的未成年人,以自己的劳动收入为主要生活来源的,视为完全民事行为能力人"。原劳动和社会保障部以劳社厅函的方式将劳动者的起始年龄确定为16周岁。

劳动和社会保障部办公厅《关于落实再就业政策考核指标几个具体问题的函》(劳社厅函〔2003〕227号)规定:"就业人员:指在法定劳动年龄内(男16—60岁,女16—55岁),从事一定的社会经济活动,并取得合法劳动报酬或经营收入的人员。"该规定明确劳动者的法定年龄为男16—60岁,女16—55岁。但该规定出台的目的是落实再就业政策考核指标,以此确定各地落实再就业目标责任,为再就业提供考核依据。所以,该规定中的"法定劳动年龄"将女性劳动者终止劳动年龄确定为55岁、男性劳动者终止劳动年龄确定为60岁,与其他规定及司法实践是有冲突的。

劳动和社会保障部办公厅《关于企业职工"法定退休年龄"涵义的复函》(劳社厅函

〔2001〕125号）指出，"国家法定的企业职工退休年龄"是指国家法律规定的正常退休年龄，即"男年满60周岁，女工人年满50周岁，女干部年满55周岁"。该规定是对正常退休年龄的答复。还有一些特殊情况规定在其他文件中。例如，《关于工人退休、退职的暂行办法》（国发〔1978〕104号）第一条规定："全民所有制企业、事业单位和国家机关、人民团体的工人，符合下列条件之一的，应该退休。……（二）从事井下、高空、高温、特别繁重体力劳动或者其他有害身体健康的工作，男年满五十五周岁、女年满四十五周岁，连续工龄满十年的。"该文件的出台有特殊的时代背景，该条的适用有严格条件：主体是"全民所有制企业、事业单位和国家机关、人民团体的工人"，从事的工作为"井下、高空、高温、特别繁重体力劳动或者其他有害身体健康的工作""连续工龄满十年"。

以上规定中干部、工人身份的确定以人事档案记载为准。

### 2. 具有劳动能力

民法中的完全民事行为能力人是指年满18周岁且能辨认自己行为的自然人。如果已满16周岁不满18周岁的自然人能以自己的劳动收入为主要生活来源的，被视为完全民事行为能力人。劳动法中劳动者的劳动能力一般以民法中的完全民事行为能力来确定，同时考虑不同劳动岗位对劳动者身体状况的机能条件和技术学历等专业条件。

### 3. 是自然人

目前，我国劳动法中的劳动者必须是自然人，一般情况下应为中国公民。

## 案例一　北京君信安科技公司与刘某的劳动争议

**【（2020）京02民终9125号】**

### 基本案情

2019年5月29日，刘某到君信安科技公司面试，填写了面试登记表和入职员工登记表。5月30日，刘某入职，担任安全服务工程师。2019年11月25日（刘某认为工作至12月2日），刘某通过微信提出离职。2020年4月8日，刘某向北京市东城区劳动人事争议仲裁委员会申请仲裁，仲裁请求：支付2019年10月1日至2020年2月4日工资40 000元；支付2019年5月27日至2020年2月4日未签劳动合同二倍工资差额80 000元。

### 仲裁结果

（1）支付刘某2019年10月1日至2020年2月4日工资28 735.6元。

（2）支付刘某2019年6月30日至2020年2月4日未签劳动合同二倍工资差额58 735.6元。

（3）驳回刘某的其他仲裁请求。

君信安科技公司不服仲裁裁决,诉至法院。

一审判决

(1) 自判决生效之日起10日内,君信安科技公司支付刘某2019年10月1日至2019年12月2日、2019年12月19日至2020年1月13日期间工资27 816.6元。

(2) 自判决生效之日起10日内,君信安科技公司支付刘某2019年6月30日至2019年12月2日期间未续签劳动合同双倍工资差额57 816.6元。

(3) 驳回君信安科技公司的诉讼请求。

君信安科技公司不服一审判决,提起上诉。

二审判决

一审判决认定事实清楚,适用法律正确,予以维持。驳回上诉,维持原判。

评析

刘某,男,2000年10月26日出生,入职时的身份为在校大学生,入职时未签订劳动合同。在一、二审中,法院均在判决中查明未签订劳动合同的事实。一、二审法院以《关于确立劳动关系有关事项的通知》(劳社部发〔2005〕12号)的规定认定刘某与君信安科技公司之间的劳动关系成立。二审法院对刘某的工作构成用人单位业务组成部分进行了论述:"刘某工作的方式非利用业余时间勤工助学,而是稳定持续地接受公司的劳动管理、从事公司安排的工作、公司按月向刘某支付劳动报酬、刘某提供的劳动构成科技公司业务组成部分,故认定为存在劳动关系。"判决主文中唯一表述不恰当的是"刘某入职科技公司时虽为在校学生,但其已年满18周岁,具有法律规定的建立劳动关系的主体资格",如果刘某入职时满17周岁或满16周岁,不满18周岁,是否就不能认定劳动关系了呢?判决应当结合案件事实及民法的规定对劳动者的年龄作出恰当的表述。

### 案例二 李某与奇瑞汽车公司的劳动争议

【(2020)皖02民终2587号】

基本案情

李某系亳州中药科技学校的学生,该校与安徽省汽车工业学校签订了代培协议,2016年8月至2019年6月,李某在安徽省汽车工业学校汽车运用与维修专业2016年秋季汽车8班学习(学制3年)。

按照安徽省汽车工业学校教学安排,李某于2018年7月至安徽省汽车工业学校实习协议单位即奇瑞汽车公司实习,三方签订了"职业院校实习合作三方协议书"。协议书约定:奇瑞汽车公司为实习生提供实习实训与就业的机会,学校指定驻场老师负责对实习生进行跟踪管理；实习生在实习期间严格执行公司的各项规章制度，服从公司管理；如实习生在实习期间自动离岗的(连续旷工3天以上)，视为终止实习申请；根据考勤、考核情况给予实习生一定的实习补贴。

李某自2018年7月起在奇瑞汽车公司实习，实习期间领过实习补贴。李某后因病请假，在假期届满后未续请病假，也未到公司实习，公司根据规章制度决定终止李某的实习，并通知学校办理终止实习手续。李某认为其与奇瑞汽车公司形成劳动关系，要求公司支付未签订书面劳动合同的补偿及恢复劳动关系并补发工资。李某以此为由申请仲裁。

仲裁结果

不予受理。

李某不服仲裁裁决，诉至法院。

一审判决

李某系奇瑞汽车公司的实习生，奇瑞汽车公司定期发放的报酬不是劳动报酬，是履行"职业院校实习合作三方协议书"发放的实习补贴，李某与奇瑞汽车公司之间并非劳动合同关系，是实习单位与实习生的关系。故李某诉请确认其与奇瑞汽车公司之间为劳动关系，无事实和法律依据，依法不予支持；李某的工资请求、赔偿请求无事实和法律依据，不予支持，驳回李某的诉讼请求。

李某不服一审判决，提起上诉。

二审判决

劳动关系的本质是合同关系，劳动者与用人单位之间要成立劳动关系，双方之间要有建立劳动关系的合意。李某到奇瑞汽车公司实习的行为是经学校批准的教学实践行为，是李某完成学业的重要内容，李某与奇瑞汽车公司之间没有建立劳动关系的合意。公司支付给李某的是实习补助，并非李某的劳动对价。在实习期间，奇瑞汽车公司对李某进行的指导管理，并不影响李某的学生身份及学校对其进行的教育管理，不能据此认定李某与奇瑞汽车公司之间形成劳动制度上的员工管理关系。故李某上诉主张双方之间存在劳动关系于法无据，依法不予支持。驳回上诉，维持原判。

评析

这份判决的说理性很强，论证非常充分，把实习关系、劳动关系分析得很清楚。这份判决清楚地表明了一个观点，建立劳动关系得有"合意"。在校大学生到企业"工作"的性质该怎么认定，非常关键的一个要素是"双方的合意"。这个合意体现在协议中。所以，签订协议明确各方的意思表示很重要。在本案中，三方协议已经表明了实习、学习的意思。对企业来说，有必要要求学校、学生签订三方协议，以免发生纠纷；对学生来说，到企业"工作"有必要明确自己的意思是工作还是实习。

## 案例三 谷某与鞍山新隆嘉公司灵山分公司的劳动争议

**【(2020)辽03民终2040号】**

**基本案情**

谷某,1998年12月20日出生。2018年9月7日,谷某与新隆嘉灵山分公司在签订劳动合同时是盘锦职业技术学校大三学生,尚未毕业。2018年9月7日,谷某与新隆嘉灵山分公司签订劳动合同书。2019年9月9日,谷某向新隆嘉灵山分公司递交"离职申请书",离职理由是个人原因。之后,谷某要求新隆嘉灵山分公司向其支付加班费、工作已满一年的经济补偿金、补交工作期间的社会保险及未缴社保导致的未能领取失业补助金的损失。

**仲裁结果**

不予支持。

谷某不服仲裁裁决,诉至法院。

**一审判决**

离职原因是个人原因,并且谷某没有证据证明其离职原因是灵山分公司没有为自己缴纳社会保险费,没对"离职申请书"的真实性予以确认,故谷某要求支付经济补偿金的诉讼请求没有法律依据,不予支持。用人单位是否为劳动者缴纳了社会保险费是由劳动行政部门管理,非人民法院受案范围,本院不予审理。在校学生利用业余时间的勤工俭学行为不视为就业,谷某与灵山分公司之间虽签订了书面劳动合同,但并未建立真正法律意义上的劳动关系,故对谷某补缴社会保险费及支付失业金的诉讼请求不予支持。谷某对自己的加班行为及加班费用没有提供合法证据,应承担举证不利的法律后果,故法院对该项诉讼请求不予支持。驳回原告谷某的诉讼请求。

**二审判决**

依据我国社会保险法的规定,用人单位应当依法为劳动者缴纳社会保险费。经查,谷某在签订劳动合同时是在校学生,不具备劳动者资格,双方虽然签订了劳动合同但并未形成劳动关系。新隆嘉灵山分公司作为用人单位既无义务也因客观事实无法为其办理社会保险等相关手续。故谷某要求新隆嘉灵山分公司无论是补缴社会保险费还是赔偿失业保险的上诉请求均没有事实和法律依据,本院不予支持。驳回上诉,维持原判。

**评析**

本案的判决结果匪夷所思。年满16周岁的在校大学生就不具备劳动者资格?辽宁省对此没有专门的规定。在辽宁省没有地方性规定的情况下,年龄、双方的合意及劳动者工作的内容等因素是成为判断是否形成事实劳动关系的依据。就本案来说，双方已经签订书面劳动合同，劳动的合意是非常明确的，一、二审法院仅以在校学生身份直接否定存在劳动关系，不具有说服力。谷某于1998年12月20日出生，在申请仲裁时已年满18周岁。

## 案例四　董某与滦县滦影公司的劳动争议

【（2020）冀02民终445号】

### 基本案情

董某，1997年4月18日出生。2015年9月，董某到滦影公司工作，未毕业，双方约定日工资为90元。2016年3月26日7时30分许，董某驾驶电动自行车发生交通事故受伤，该事故经原滦县公安交通警察大队勘查认定，董某无事故责任。在发生交通事故时，董某未离职。董某因交通事故所受损害已由（2017）冀0223民初1659号民事判决予以确认并得到赔偿。2017年3月10日，董某提出仲裁申请，申请确认与滦影公司之间存在事实劳动关系。

### 仲裁结果

裁决董某与滦影公司之间不存在事实劳动关系。

董某不服仲裁裁决，提起诉讼。

### 一审判决

董某未与滦影公司签订劳动合同，也未与滦影公司签订毕业后到滦影公司继续工作的意向协议，董某在发生交通事故时是尚未毕业的大学生，其在滦影公司工作的性质实际上是在滦影公司实习。实习生的身份仍是学生，实习生不是劳动法意义上的劳动者，在校学生与实习单位之间建立的不是劳动关系。董某对与滦影公司存在事实劳动关系的主张没有事实和法律依据，双方不存在事实劳动关系，董某的诉讼请求不予支持。驳回董某的诉讼请求。

董某不服一审判决，提起上诉。

### 二审判决

董某到滦影公司工作时尚未毕业，属于在校学生实习期间顶岗实习。实习要服从实习单位的管理，遵守规章制度，实习单位虽向其支付劳动报酬，但实习生身份仍隶属于学校，不属于劳动法意义上的劳动者，与实习单位之间的劳动关系不成立。因此，一审判决董某与滦影公司之间不存在事实劳动关系并无不当。驳回上诉，维持原判。

董某认为有新证据表明二审判决认定事实与适用法律存在错误，申请再审。

##### 再审裁定

董某在发生交通事故时尚为在校学生，到滦影公司工作时尚未毕业，正在实习期间。根据职业学校学生实习管理相关规定，职业学校学生实习包括认识学习、跟岗实习和顶岗实习等形式。董某到滦影公司工作是顶岗实习，日工资为90元，与2016年当地实习工资标准相当，并未明显高于实习工资，且实习期间的身份仍为在校学生，董某的诉求与滦影公司存在事实劳动关系缺乏证据证明；其新提交的证明不属于再审新证据，不足以推翻原判决。本案不存在"同案不同判"的情形。裁定如下：驳回董某的再审申请。

##### 评析

本案由交通事故引起，从交通事故发生之日起计算，到劳动争议再审裁定生效，历时4年之久。就劳动争议案件经历了劳动争议仲裁、一审、二审、发回重审（一审）、二审和申请再审6个程序，经过基层人民法院、中级人民法院、高级人民法院三级法院审理，三级法院的审理态度高度一致，在校生不是劳动法意义上的劳动者，所进行的劳动是实习，所领取的报酬不是劳动法意义的工资。三级法院都忽略了董某到滦影公司工作时的年龄，董某工作时已经年满18周岁，年满18周岁的成年人难道因为没毕业就不能获取一份劳动法意义上的工作？再审裁定对董某顶岗实习的认定更是牵强，顶岗实习需要有学校参与管理，在学校不出面、学校公章不出面、指导教师不出面的情况下，就不能称为顶岗实习。该案的每份判决都很长，看似在说理，但没有说服力！

（案例来源：中国裁判文书网，有改动。）

### 知识地图

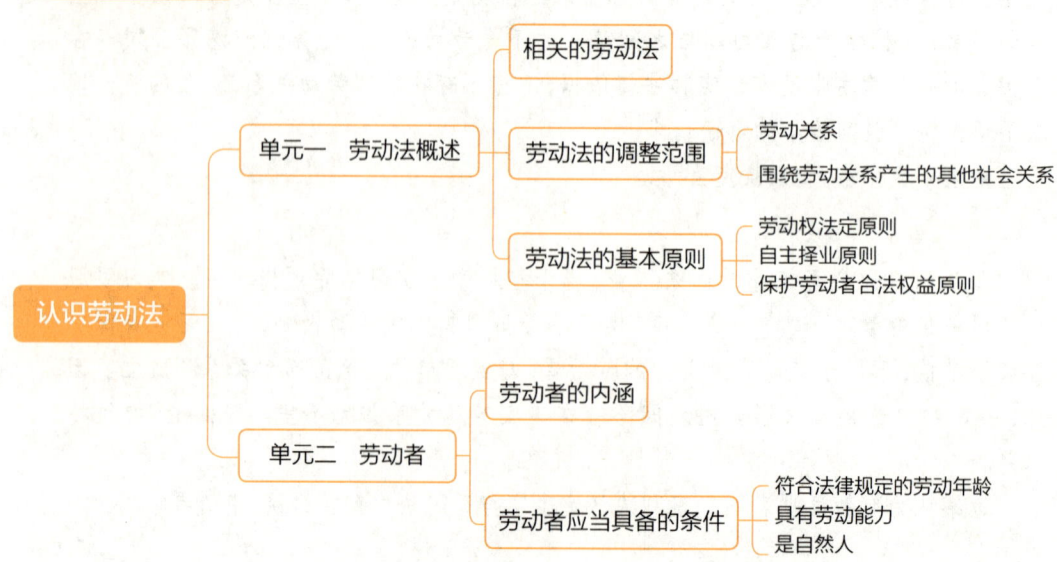

# 专题二　劳动合同

 **言之有理**

国无常强,无常弱。奉法者强则国强,奉法者弱则国弱。

——韩非子,选自《韩非子·有度》

 **核心问题**

1. 劳动合同的形式有哪些?
2. 未签订书面劳动合同都需要支付双倍工资吗?
3. 经济补偿金、赔偿金支付的条件是什么?

## 导引阅读

### 用人单位犯的低级错误

【案情简介】

2017年9月17日,李某到泉城公司从事销售总监工作,双方没有签订劳动合同,泉城公司没有为李某办理社会保险。在工作期间,李某没有办理带薪年休假,也未领取3倍带薪年休假工资。

2019年9月27日,泉城公司更换营销人员,采取办公场所强行上锁的方式将李某等营销人员辞退。李某通过诉讼方式主张自己的权利。

【法院认为】

1. 关于劳动关系

李某在泉城公司担任销售总监,接受泉城公司的管理,其从事的销售工作属于泉城公司的业务范围,符合劳动关系的特征。泉城公司认为双方是代理关系而不是劳动合同关系,无证据证明,不予采信。

2. 关于工资数额

根据《江苏省工资支付条例》第51条第1款,用人单位对工资承担举证责任。泉城公司举证不能,应承担不利后果。法院对李某的工资、奖金数额予以认定。

3. 关于未签订劳动合同二倍工资

李某自2017年9月17日进入泉城公司工作,应于2017年10月16日前签订劳动合同。泉城公司未签订劳动合同,应当支付二倍工资,故支持李某2017年10月17日至2018年9月16日未签订劳动合同的二倍工资227 916元(112 322元+115 594元)。

4. 关于解除劳动合同赔偿金

泉城公司口头通知李某离开岗位,未履行法定程序和通知义务,是违法解除劳动关系。法院支持泉城公司支付李某违法解除劳动合同的赔偿金91 184.35元[(11 170.04+7 066.83)×2.5×2]。

5. 关于失业金损失

法院认为,李某因泉城公司违法解除劳动关系,属于非本人意愿中断就业,符合《社会保险法》第45条、《江苏省失业保险规定》第18条规定的领取失业保险金的情形。

李某工作时间满2年,按照每满1年发放2个月失业金的标准发放失业金。泉城公司未有效举证,法院按照最高不超过最低工资1 830元计算,支持失业金损失7 320元(1 830元×2×2)。

6. 关于带薪年休假工资

李某请求带薪年休假工资,考虑到泉城公司在李某工作期间正常发放工资(1倍),根据《企业职工带薪年休假实施办法》第11条,支持李某带薪年休假工资差额8 384.77元[(11 170.04+7 066.83)/21.75×5×2]。

【法院判决】

泉城公司于判决生效后10日内支付李某未签订劳动合同的二倍工资227 916元、赔偿金91 184.35元、失业金损失7 320元、带薪年休假工资8 384.77元,合计334 805.12元。

(资料来源:https://new.qq.com/rain/a/20210130A0462P00,有改动。)

### 思考与讨论

请同学们根据以上案例思考:

1. 用人单位聘用员工应当在什么时间签订劳动合同?
2. 用人单位是否应当向员工公示规章制度?是否允许员工查阅规章制度?

# 单元 一 劳动合同的概念和分类

## 一、劳动合同的概念

《劳动法》第十六条规定:"劳动合同是劳动者与用人单位确立劳动关系、明确双方权利和义务的协议。建立劳动关系应当订立劳动合同。"

## 二、劳动合同的分类

以合同期限为标准,劳动合同可分为以下2种类型。

### 1. 固定期限劳动合同

固定期限劳动合同是指用人单位与劳动者约定合同终止时间的劳动合同,如图2-2-1所示。

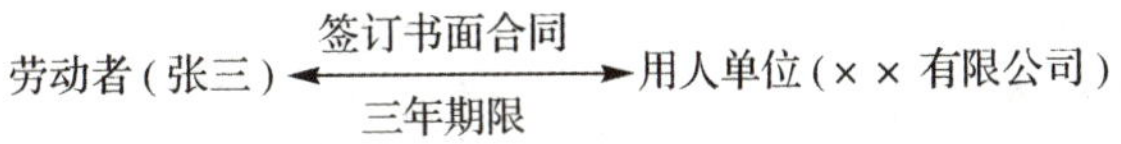

劳动者(张三) ←签订书面合同/三年期限→ 用人单位(××有限公司)

**图2-2-1　固定期限劳动合同示例**

### 2. 无固定期限劳动合同

无固定期限劳动合同是指用人单位与劳动者约定无确定合同终止时间的劳动合同。

《劳动合同法》第十四条第二款规定:"有下列情形之一,劳动者提出或者同意续订、订立劳动合同的,除劳动者提出订立固定期限劳动合同外,应当订立无固定期限劳动合同:(一)劳动者在该用人单位连续工作满十年的;(二)用人单位初次实行劳动合同制度或者国有企业改制重新订立劳动合同时,劳动者在该用人单位连续工作满十年且距法定退休年龄不足十年的;(三)连续订立二次固定期限劳动合同,且劳动者没有本法第三十九条和第四十条第一项、第二项规定的情形,续订劳动合同的。用人单位自用工之日起满一年不与劳动者订立书面劳动合同的,视为用人单位与劳动者已订立无固定期限劳动合同。"

# 单元二 劳动合同的订立

## 一、劳动合同订立的定义

劳动合同订立是指订立劳动合同的劳动者和用人单位就双方的权利与义务进行协商,达成劳动合意,签订对双方具有法律约束力的劳动合同的行为。

## 二、书面劳动合同的订立和未订立的后果

### (一)书面劳动合同的订立

《劳动合同法》第十条规定:"建立劳动关系,应当订立书面劳动合同。"第十六条规定:"劳动合同由用人单位与劳动者协商一致,并经用人单位与劳动者在劳动合同文本上签字或者盖章生效。"

### (二)未订立书面劳动合同的后果

#### 1. 劳动者不与用人单位订立书面劳动合同的后果

自用工之日起一个月内,经用人单位书面通知后,劳动者不与用人单位订立书面劳动合同的,用人单位应当书面通知劳动者终止劳动关系,无须向劳动者支付经济补偿。劳动者可以获得工作时间的劳动报酬。

#### 2. 用人单位不与劳动者订立书面劳动合同的后果

(1)用人单位自用工之日起超过一个月不满一年未与劳动者订立书面劳动合同的,应当依照《劳动合同法》第八十二条的规定向劳动者每月支付二倍的工资,并与劳动者补订书面劳动合同,如图2-2-2所示。

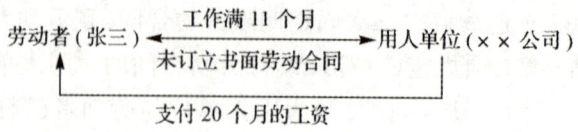

图2-2-2 未订立书面劳动合同的后果示例(一)

## 案例

### 山西晋商国际大酒店与高某的劳动争议案

**【(2019)晋民终250号】**

**基本案情**

2017年5月8日,高某到晋商酒店处从事后厨打荷工作,双方未签订书面劳动合同。2017年8月31日,高某在工作中受伤。在工作期间,晋商酒店未给高某缴纳社会保险费用,工资以现金形式发放,每月为2 400元。

**仲裁结果**

高某因存在劳动关系需支付工资、双倍工资、社会保险问题申请劳动仲裁。仲裁裁决书内容:双方存在劳动关系,晋商酒店应支付高某未签书面劳动合同的二倍工资差额6 786.2元。

晋商酒店不服仲裁裁决,诉至法院。

**一审判决**

根据高某在仲裁申请中提供的"员工入宿离宿申请表"及晋商酒店盖章的收据、证明等证据,对高某2017年5月18日入职并从事后厨打荷工作,并于2017年8月31日在工作中受伤的事实予以认定。在高某受伤后,劳动行政部门出具了《认定工伤决定书》,认定高某身体所受伤害构成工伤。据此,可以认定双方存在劳动关系。驳回晋商酒店的诉讼请求。

晋商酒店不服一审判决,提出上诉。

**二审判决**

一审法院认定事实清楚,适用法律正确,应予维持。驳回上诉,维持原判。

**评析**

本案案情简单,双方对入职时间没有争议。高某提供的"员工入宿离宿申请表"、加盖了财务专用章的"收据"足以证明其与晋商酒店建立了劳动关系。晋商酒店未与高某签订书面劳动合同,应自用工之日起满一个月后向高某支付双倍工资。

(案例来源:中国裁判文书网,有改动。)

(2)用人单位自用工之日起满一年未与劳动者订立书面劳动合同的,自用工之日起满一个月的次日至满一年的前一日应当依照《劳动合同法》第八十二条的规定向劳动者每月支付二倍的工资,并视为自用工之日起满一年的当日已经与劳动者订立无固定期限劳动合同,应当立即与劳动者补订书面劳动合同,如图2-2-3所示。

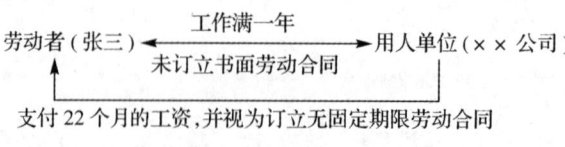

图2-2-3 未订立书面劳动合同的后果示例（二）

## 丁某与安徽华米科技公司的劳动争议

【(2020)皖01民终9555号】

**基本案情**

2016年2月26日，华米科技公司与丁某签订劳动合同，合同期限自2015年2月26日起至2017年2月25日止。2017年2月26日，双方续签劳动合同，合同期限自2017年2月26日起至2020年2月25日止。2019年4月1日，华米科技公司与丁某签订"劳动合同终止协议书"，协议内容为：自2019年3月31日起，双方的权利义务随之终止；甲方为乙方缴纳保险至2019年7月止；甲方已经一次性解决乙方的工资、经济补偿金等（包含可能存在的其他任何支付项目），双方的权利义务终止后，任何一方不再以任何形式向对方主张基于劳动合同关系产生的任何责任。"2019年4月1日，华米智能公司与丁某签订为期三年的劳动合同。同日，华米智能公司发布通知，认可丁某在华米科技公司的工龄，将会延续计算至其公司的工龄中。

**仲裁结果**

丁某作为申请人，以华米科技公司为被申请人提起仲裁。丁某请求裁决华米科技公司支付解除劳动关系的经济补偿金75 300.12元及相当于上述经济补偿100%的额外赔偿金75 300.12元，支付代通知金16 733.36元、未休年休假工资15 386.99元、未签订书面劳动合同的双倍工资差额143 000元、竞业限制补偿116 491.39元。仲裁委员会裁决：裁令华米科技公司支付丁某解除劳动关系的经济补偿75 300.12元，驳回丁某其他仲裁请求。

华米科技公司不服仲裁裁决，诉至法院。

**一审判决**

2019年4月1日，华米科技公司与丁某签订"劳动合同终止协议书"，协议中双方已经明确约定对丁某的工资、经济补偿金等一次性解决，任何一方不再以任何形式向对方主张基于劳动合同关系产生的任何责任。本案中，丁某再主张经济补偿金无事实和法律依据，不予支持。双倍工资制度是法律对用人单位未按照规定与劳动者签订书面劳动合同的一种惩罚性规定，对双倍工资提出仲裁请求的仲裁时效期间从当事人知道或者应当知道其权利被侵害之日起计算，丁某的请求已经超过仲裁时效，不予支持。华米科技公司不存在无过失性辞退丁某的情形，丁某主张代通知金无事实依据，不予采信。丁某自行填写的请假条显示其已经休完在职期间的全部带薪年休假，该请假条与公司系统内部其请假申请流程截图均能相互印证，丁某未能提供其他证据推翻上述证据，应当承担举证不能的不利后果，对其辩称的年休假工资不予采信。驳回丁某的诉讼请求。

丁某不服一审判决，提出上诉。

### 二审判决

一审判决认定事实清楚，适用法律正确，应予维持。驳回上诉，维持原判。

### 评析

选择本案并将当事人的仲裁请求及金额一一列出，是想陈列出劳动争议仲裁可以申请的项目。可以将当事人的请求项目与"劳动合同终止协议书"中的兜底条款做比较，"包含可能存在的其他任何支付项目"，任何一方不再以任何形式向对方主张基于劳动合同关系产生的任何责任。劳动者与用人单位在劳动关系终止时或双方达成解除劳动关系的协议时，双方对工资、经济补偿金等形成的合意在不违反法律强制性规定情况下对各方均有约束力。任何一方以协议内容为请求提起诉讼，除非有足够的证据证明在签订协议时存在欺诈、胁迫的情形，否则该协议有效。

（案例来源：中国裁判文书网，有改动。）

# 单元三 劳动合同的解除和终止

## 一、劳动合同的解除

劳动合同的解除是指在劳动合同成立以后，劳动者或者用人单位单方行使解除权或双方经过协商一致，使劳动合同消灭的行为。

### 1. 劳动者单方面解除劳动合同的情形

（1）在试用期内，劳动者可以提前3日通知用人单位解除劳动合同。

（2）在劳动合同履行期间，劳动者可以提前30日通知用人单位解除劳动合同。

（3）用人单位有下列情形之一的，劳动者可以行使解除权：

①用人单位未按照劳动合同约定提供劳动保护或者劳动条件的。

② 用人单位未及时足额支付劳动报酬的。
③ 用人单位未依法为劳动者缴纳社会保险费的。
④ 用人单位的规章制度违反法律、法规的规定,损害劳动者权益的。
⑤ 用人单位以欺诈、胁迫的手段或者乘人之危,使劳动者在违背真实意思的情况下订立或者变更劳动合同的。
⑥ 用人单位在劳动合同中免除自己的法定责任、排除劳动者权利的。
⑦ 用人单位违反法律、行政法规强制性规定的。
⑧ 用人单位以暴力、威胁或者非法限制人身自由的手段强迫劳动者劳动的。
⑨ 用人单位违章指挥、强令冒险作业危及劳动者人身安全的。
⑩ 法律、行政法规规定劳动者可以解除劳动合同的其他情形。

### 2. 用人单位单方面解除劳动合同的情形

(1) 无过失辞退。

① 无过失辞退的情形。

第一,劳动者患病或者非因工负伤,在规定的医疗期满后不能从事原工作,也不能从事由用人单位另行安排的工作的。

第二,劳动者不能胜任工作,经过培训或者调整工作岗位,仍不能胜任工作的。

第三,劳动合同订立时所依据的客观情况发生重大变化,致使劳动合同无法履行,经用人单位与劳动者协商,未能就变更劳动合同内容达成协议的。

② 无过失辞退的程序和方式。用人单位提前30日以书面形式通知劳动者本人或者额外支付劳动者一个月工资后,可以解除劳动合同。

【链接】

用人单位额外支付劳动者的一个月工资,又称代通知金,按照该劳动者上一个月的工资标准确定。

(2) 经济性裁员。

① 依照企业破产法规定进行重整的。
② 生产经营发生严重困难的。
③ 企业转产、重大技术革新或者经营方式调整,经变更劳动合同后,仍需裁减人员的。
④ 其他因劳动合同订立时所依据的客观经济情况发生重大变化,致使劳动合同无法履行的。

(3) 因劳动者的原因,用人单位单方行使解除权的情形。

① 劳动者在试用期间被证明不符合录用条件的。
② 劳动者严重违反用人单位的规章制度的。
③ 劳动者严重失职,营私舞弊,给用人单位造成重大损害的。
④ 劳动者同时与其他用人单位建立劳动关系,对完成本单位的工作任务造成严重影响,或者经用人单位提出,拒不改正的。

⑤ 劳动者以欺诈、胁迫的手段或者乘人之危,使用人单位在违背真实意思的情况下订立或者变更劳动合同的。
⑥ 劳动者被依法追究刑事责任的。

### 3. 双方协商一致解除劳动合同的情形
(1) 劳动者经与用人单位协商一致可以解除劳动合同。
(2) 用人单位与劳动者双方协商一致可以解除劳动合同。

### 4. 用人单位不得解除劳动合同的情形
(1) 从事接触职业病危害作业的劳动者未进行离岗前职业健康检查,或者疑似职业病患者在诊断或者医学观察期间的。
(2) 在本单位患职业病或者因工负伤并被确认丧失或者部分丧失劳动能力的。
(3) 患病或者非因工负伤,在规定的医疗期内的。
(4) 女职工在孕期、产期、哺乳期的。
(5) 在本单位连续工作满15年,且距法定退休年龄不足5年的。
(6) 法律、行政法规规定的其他情形。

## 二、劳动合同的终止

劳动合同的终止是指因合同期满、劳动者不具备主体资格,以及用人单位或劳动者任何一方主体资格的消灭而导致劳动合同的权利、义务终止。

根据《劳动合同法》第四十四条规定,有下列情形之一的,劳动合同终止:
(1) 劳动合同期满的。
(2) 劳动者开始依法享受基本养老保险待遇的。
(3) 劳动者死亡,或者被人民法院宣告死亡或者宣告失踪的。
(4) 用人单位被依法宣告破产的。
(5) 用人单位被吊销营业执照、责令关闭、撤销或者用人单位决定提前解散的。
(6) 法律、行政法规规定的其他情形。

# 单元四 劳动合同的经济补偿和赔偿

## 一、经济补偿金

经济补偿金是指因劳动合同解除或终止符合法定情形,由用人单位一次性支付给劳动者的经济上的补助。

### 1. 经济补偿金的适用范围

（1）劳动者依照《劳动合同法》第三十八条（"未按照劳动合同约定提供劳动保护或者劳动条件的；未及时足额支付劳动报酬的；未依法为劳动者缴纳社会保险费的；用人单位的规章制度违反法律、法规的规定，损害劳动者权益的；因用人单位'以欺诈、胁迫的手段或者乘人之危，使对方在违背真实意思的情况下订立或者变更劳动合同的'致使劳动合同无效的"等情形）规定解除劳动合同的。

（2）用人单位依照《劳动合同法》第三十六条规定向劳动者提出解除劳动合同并与劳动者协商一致解除劳动合同的。

（3）用人单位依照《劳动合同法》第四十条（"劳动者患病或者非因工负伤，在规定的医疗期满后不能从事原工作，也不能从事由用人单位另行安排的工作的；劳动者不能胜任工作，经过培训或者调整工作岗位，仍不能胜任工作的；劳动合同订立时所依据的客观情况发生重大变化，致使劳动合同无法履行，经用人单位与劳动者协商，未能就变更劳动合同内容达成协议的"等情形）规定解除劳动合同的。

（4）用人单位依照《劳动合同法》第四十一条第一款（"依照企业破产法规定进行重整的；生产经营发生严重困难的；企业转产、重大技术革新或者经营方式调整，经变更劳动合同后，仍需裁减人员的；其他因劳动合同订立时所依据的客观经济情况发生重大变化，致使劳动合同无法履行的"等情形）规定解除劳动合同的。

（5）除用人单位维持或者提高劳动合同约定条件续订劳动合同，劳动者不同意续订的情形外，依照《劳动合同法》第四十四条第一项（劳动合同期满的）规定终止固定期限劳动合同的。

（6）依照《劳动合同法》第四十四条第四项（用人单位被依法宣告破产的）、第五项（用人单位被吊销营业执照、责令关闭、撤销或者用人单位决定提前解散的）规定终止劳动合同的。

（7）法律、行政法规规定的其他情形。

### 2. 经济补偿金的计算方法

（1）按劳动者在本单位工作的年限，每满一年支付一个月工资（注意：满6个月不满一年，按一年计算；不满6个月，按半年计算），如图2-2-4所示。

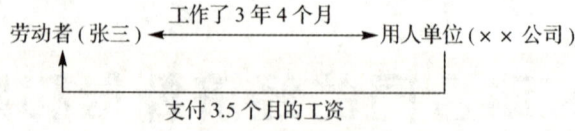

图2-2-4 经济补偿金的计算方法示例（一）

（2）对高薪者的限制。《劳动合同法》第四十七条第二款规定，劳动者月工资高于用人单位所在直辖市、设区的市级人民政府公布的本地区上年度职工月平均工资三倍的，向其支付经济补偿的标准按职工月平均工资三倍的数额支付，向其支付经济补偿的年限最高不超过十二年。如图2-2-5所示。

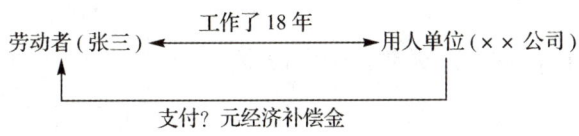

图2-2-5 经济补偿金的计算方法示例（二）

（3）计算基数。计算基数是指劳动者在劳动合同解除或者终止前十二个月的平均工资。

## 二、赔偿金

解除或终止劳动合同的赔偿金是指因用人单位违法解除或者终止劳动合同给劳动者造成经济损失而向劳动者支付的惩罚性赔偿。

### 1. 赔偿金的适用范围

用人单位违反《劳动合同法》的规定解除或者终止劳动合同的，应当向劳动者支付赔偿金。

《劳动合同法》第四十二条规定，劳动者有下列情形的，用人单位不得解除劳动合同：从事接触职业病危害作业的劳动者未进行离岗前职业健康检查，或者疑似职业病患者在诊断或者医学观察期间的；在本单位患职业病或者因工负伤并被确认丧失或者部分丧失劳动能力的；患病或者非因工负伤，在规定的医疗期内的；女职工在孕期、产期、哺乳期的；在本单位连续工作满十五年，且距法定退休年龄不足五年的。用人单位违反该规定而解除劳动合同的，应当向劳动者支付赔偿金。

### 2. 赔偿金的支付标准及计算方法

用人单位应当依照《劳动合同法》规定的经济补偿标准的二倍向劳动者支付赔偿金。赔偿金的计算年限自用工之日起计算。

### 案例一　南京邦奇自动变速箱公司与曹某的劳动争议

【（2019）浙民终1754号】

**基本案情**

2016年6月6日，曹某入职邦奇公司，双方签订劳动合同，合同期限自2016年6月6日至2019年6月5日；曹某的工作岗位为质量部客户质量工程师。2019年4月15日，邦奇公司以曹某违反《员工手册》及其他规章制度为由作出解除劳动合同的决定。16日，邦奇公司出具"关于与曹某终止或解除劳动合同的证明"。曹某在职期间月岗位工资为8 200元,在解除劳动合同前12个月平均工资为9 088元。

**仲裁结果**

2019年4月17日,曹某申请劳动争议仲裁,请求邦奇公司支付违法解除劳动合同赔偿金6.6万元,2019年4月份工资为5 000元。仲裁委作出不予受理的裁定。

曹某不服仲裁裁决,诉至法院。

**一审判决**

邦奇公司未提供相应证据证明《员工手册》和纪律及处分制度是经过《劳动合同法》第四条规定的民主程序,《员工手册》和纪律及处分制度不能作为认定曹某严重违纪的依据。邦奇公司未提供曹某不能胜任工作的证据,邦奇公司以曹某不能胜任工作为由主张其解除劳动合同,缺乏事实和法律依据。因此,邦奇公司解除与曹某劳动合同的行为违反法律规定,应当承担法律责任。曹某要求邦奇公司支付违法解除劳动合同赔偿金,理由成立,予以支持。邦奇公司应支付曹某赔偿金54 528元(3个月×9 088元/月×2)。

邦奇公司不服一审判决,提出上诉。

**二审判决**

对《员工手册》和纪律及处分制度未经民主程序制定的事实予以认定。邦奇公司提交的曹某与公司经理(微信名Lisa)的聊天记录不足以证明曹某存在不服从公司管理的怠工行为及工作态度恶劣的违纪行为。一审判决认定邦奇公司解除劳动合同的行为属于违法解除劳动,应支付经济赔偿金,并无不当,维持邦奇公司应支付曹某违法解除劳动合同赔偿金54 528元的判项。

**评析**

《劳动合同法》第四条第二款规定:"用人单位在制定、修改或者决定有关劳动报酬、工作时间、休息休假、劳动安全卫生、保险福利、职工培训、劳动纪律以及劳动定额管理等直接涉及劳动者切身利益的规章制度或者重大事项时,应当经职工代表大会或者全体职工讨论,提出方案和意见,与工会或者职工代表平等协商确定。"本案以《员工手册》的制定未经法律规定的民主程序而认定该手册不能作为解除劳动合同的依据,属于违法解除,应当支付赔偿金。

### 案例二 余某与成都乘风出租汽车公司的劳动争议
【(2017)川01民终6834号】

**基本案情**

余某与乘风公司签订了劳动合同、成都乘风出租汽车公司经济责任合同,劳动合同期限自 2010 年 4 月 11 日起至 2015 年 4 月 10 日止。经劳动保障部门批准,乘风公司安排余某执行不定时工作制。余某的劳动报酬与个人工作绩效挂钩。2015 年 2 月,乘风公司向余某发出通知:"贵方与乘风公司签订的劳动合同将于 2015 年 4 月到期,请你 30 日内到公司续签劳动合同,新劳动合同维持或略微提高上一轮劳动合同约定条件(基本工资增加 100 元左右),过期不办视为你不愿续签。"余某在乘风公司发出的通知上签写:"本人不愿续签劳动合同,请办理结算。"2015 年 4 月 27 日,双方签订《劳动关系终止协议》,余某在协议中表明不愿续签劳动合同,余某确认其合同期内的每月劳动收入(基本工资 + 安全奖 + 绩效提留)均达到当月成都市最低工资标准;余某同意公司一次性支付余某现金 8 600 元。当日,余某向乘风公司出具了收条,收条内容:"本人收到乘风公司支付本人现金 8 600 元,本人与乘风公司的劳动合同和经济责任合同终止,账目结算清楚,此后,本人与该单位包括劳动关系和经济责任合同关系在内的所有事项全部了结。"

### 仲裁结果

2016 年 1 月 25 日,余某提起劳动仲裁,请求乘风公司支付解除劳动合同的经济补偿金、最低工资差额部分、经济补偿 5 000 元、加班工资。劳动人事争议仲裁委员会裁决驳回了余某的仲裁请求。

余某不服仲裁裁决,诉至法院。

### 一审判决

乘风公司出示的"通知"足以证明乘风公司愿意以提高原劳动合同待遇的条件与余某续签劳动合同,余某明确拒绝续签劳动合同,余某主张乘风公司支付经济补偿金,缺乏事实和法律依据,不予支持。余某的劳动报酬主要源于营收提成,余某在《劳动关系终止协议》中认可其每月实际收入已达到成都市最低工资标准,该项请求缺乏事实和法律依据,不予支持。余某的工作岗位实行的是不定时工作制,根据《工资支付暂行规定》的规定,"实行不定时工时制的劳动者,不执行上述规定(工作日加班、法定节假日加班、休息日加班工资规定)",对余某要求支付法定节假日加班工资的请求不予支持。驳回余某的诉讼请求。

余某不服一审判决,提出上诉。

### 二审判决

一审判决认定事实清楚,适用法律正确。驳回上诉,维持原判。

### 评析

本案的"不定时工作制"是选取案例的一个原因。如在案例中所述,用人单位实行不定时工作制需要经劳动行政部门审批。经劳动行政部门审批实行不定时工作制的,不适用加班费的规定。快递、交通运输等行业一般实行不定时工作制。

## 案例三 黄某与路兴公司的劳动争议

**【(2020)苏03民终5898号】**

### 基本案情

2010年6月，黄某在路兴公司担任驾驶员，2019年3月31日劳动合同到期。2019年3月，黄某持续缺勤至月底。合同到期，双方未续签。2019年4月15日，路兴公司出具终止劳动合同证明书。黄某在路兴公司工作了8年9个月。2018年5月至2019年9月，黄某的月平均工资为3 173.5元。另查明，2019年3月13日和2019年4月12日，黄某从徐州百大劳务有限公司处领取过工资。

### 仲裁结果

黄某向劳动人事争议仲裁委员会申请仲裁，仲裁委发出不予受理案件的通知。

黄忠不服仲裁裁决，诉至法院。

### 一审判决

2019年3月，黄某未到单位持续考勤，但双方劳动合同终止的原因是合同到期，故路兴公司应向黄某支付经济补偿金28 561.5元（3 173.5元×9个月）。工资明细中表明路兴公司已支付加班工资和轮胎补助费用，对该项诉请不予支持。公司应支付8年的防暑降温费9 600元，根据徐州市相关标准，予以支持6 400元（200元/月×4个月×8年）。路兴公司自认未予发放2019年3月生活费1 296元，该项主张予以支持。

路兴公司不服一审判决，提出上诉。

### 二审判决

本院在二审期间对黄某2019年3月13日和2019年4月12日从徐州百大劳务有限公司处领取工资的情况进行调查，并对工作人员周某制作了询问笔录。周某陈述：徐州百大劳务有限公司通过劳务派遣向徐州沃融华物流有限公司派遣人员，上述两笔工资是其公司代徐州沃融华物流有限公司发放的。因为临时放假，黄某到徐州沃融华物流有限公司找零活，不是长期干，所以徐州百大劳务有限公司和徐州沃融华物流有限公司都没有与黄某签订劳动合同、购买社会保险。路兴公司在一审期间陈述其属于道路施工单位，（每年）1月、2月天冷不能开工，故放假休息，黄某在路兴公司放假期间至徐州沃融华物流有限公司打零工。因路兴公司放假期间仅发放生活费，黄某的上述行为具有合理性，并不违反法律规定。在本案双方劳动合同于2019年3月31日到期后，路兴公司在没有证据证明其向黄某提出维持或者提高劳动合同约定条件续订劳动合同，而黄某不同意续订的情况下，终止本案劳动合同关系，应当依法向黄某支付经济补偿金。驳回上诉，维持原判。

### 评析

本案案情是简单的,二审判决的内容是温暖的。法官为了查明案情进行实地调查,查明了两笔收入的来龙去脉,并且在判决书中写明黄某在放假期间打零工具有合理性。相比报道中的机械执法,这份判决是一份有温度的判决。另外,这个案例告诉劳动者只能与一个用人单位形成劳动关系。

## 案例四 周某某与湖北饭店公司的劳动合同纠纷

【(2020)鄂01民终12211号】

### 基本案情

2015年3月25日,鄂旅投公司向湖北省广水市委组织部发出职工商调公函,其上载明:"经研究,拟调周某某同志到我公司下属湖北饭店有限公司工作,如你单位同意调出,请将该同志的全部档案、党组织关系等材料寄来,并予办理调动手续。"同年4月28日,湖北饭店与周某某签订了无固定期限劳动合同,岗位为管理岗位。

2017年5月9日,鄂旅投公司向湖北饭店出具关于周某某同志免职的通知。同日,周某某向湖北饭店提交了员工请(休)假审批表,请(休)假原因为"连续一线工作2年未休,申请休假2个月",湖北饭店同意周某某休假1个月至2017年6月8日。周某某休假期满后处于待安排工作状态。湖北饭店为周某某缴纳社会保险至2017年8月后未再缴纳。

2018年9月7日,周某某通过EMS邮政快递向湖北饭店邮寄了《主张劳动权益通知书》,其上载明:"本人被单方解聘副总经理职务并停岗未安排新的岗位,后又停薪停缴五险一金等行为侵权至今未得到任何解决,今致函向你公司主张劳动权利及劳动权益,要求贵公司按照劳动法律法规政策等规定履行法定义务。"

2019年8月28日,周某某又通过EMS邮政快递向湖北饭店邮寄了解除劳动关系通知书。周某某在岗期间的月平均工资为12 999元/月。

### 仲裁结果

2019年8月30日,周某某申请仲裁。2019年11月11日,仲裁委员会做出仲裁裁决书,裁决确认双方在2015年4月28日至2017年10月26日存在劳动关系;湖北饭店应自裁决书生效之日起15日内支付解除劳动合同经济补偿金30 747.5元。

周某某不服仲裁裁决,诉至法院。

### 一审判决

2019年8月28日,周某某向湖北饭店邮寄了《解除劳动关系通知书》,周某某和湖北饭店的劳动关系在2019年8月28日解除。

对周某某主张湖北饭店支付2017年11月1日至2019年8月28日工资的诉讼请求,予以支持。在该期间周某某因湖北饭店未安排工作没有提供劳动,故法院酌定湖北饭店应当按照周某某正常月工资水平的70%为基准发放此期间的工资。

周某某因湖北饭店免去其职务后未向其提供新的工作岗位,且停止发放工资及停缴五险一金而提出解除劳动合同,故湖北饭店应支付解除劳动合同的经济补偿金。本案中,周某某于2011年4月起任广水市陈巷镇党委书记,至2015年4月28日,其工作的"单位"不属于《中华人民共和国劳动法》第二条和《中华人民共和国劳动合同法》第二条所规定的"用人单位",周某某任镇党委书记工作年限不能合并计算。经济补偿金按周某某在湖北饭店的工作年限及工资数额计算。

周某某与湖北饭店均不服一审判决,提出上诉。

### 二审判决

一审认定事实清楚,适用法律正确,实体处理恰当,驳回上诉。

### 评析

本案因用人单位单方免职、停发工资、停办社会保险,劳动者提出解除合同。劳动者在提出解除劳动合同前向用人单位发函指出用人单位的违法之处,之后发出解除劳动合同的通知。从证据角度来看,这样的发函顺序符合法律规定。

本案中周某某的身份特殊,在任湖北饭店副总经理前任镇党委书记。来湖北饭店工作是湖北饭店的母公司以商调的方式调入的,是由公务员向劳动者转换。所以,在二审判决中,对周某某在镇党委工作期间的工作年限特别做了说明,周某某在任镇党委书记期间,其身份不属于劳动法上的劳动者,故工作年限不予计算。

## 案例五 曹某某与辽宁东林瑞那斯公司的劳动争议

**【(2020)黑01民终5486号】**

### 基本案情

2012年8月16日,东林瑞那斯公司与哈尔滨市恒大兴业房地产开发有限公司签订建筑施工专业分包合同,东林瑞那斯公司承包了恒大城门窗安装工程。东林瑞那斯公司将部分工程分包由李某、黄某施工,并向恒大兴业房地产开发有限公司出具委托书,确认李某为分包项目经理。自2014年4月起,曹某某经黄某介绍到恒大城门窗安装现场工作。工作期间月工资约定为5 000元,每月伙食费为450元,电话费为100元。之后,李某、黄某将其中部分工程另行转包给曹某某安装,李、黄二人向曹某某支付工程款共计630 071元。

**仲裁结果**

2019年7月14日,曹某某申请仲裁。仲裁委审理期间,曹某某自认李某支付63万元不只是工资还有承包工程的费用。仲裁驳回曹某某的仲裁申请。

曹某某不服仲裁裁决,诉至法院。

**一审判决**

东林瑞那斯公司具备用工主体资格。曹某某提交的证据能证明李某等人是该项目经理,财务人员邵某将款项打入李某账户内支付曹某工资。故此应当认定曹某与东林瑞那斯公司形成劳动关系。

曹某与东林瑞那斯公司均不服一审判决,提出上诉。

**二审判决**

二审查明,李某的养老保险、医疗保险均在辽宁省营口市社会保险事业管理局以个体从业人员自由职业者建户。根据李某的养老保险信息可以确认,李某与东林瑞那斯公司之间不具有劳动人事关系,李某作为自由职业者,并不具有代表东林瑞那斯公司招聘劳动者与公司形成劳动用工关系的权利能力。东林瑞那斯公司与李某之间系工程转包关系,曹某某在仲裁期间自认收取李某的63万元中包含工资和承包费,足以证明曹某某在2015年至2017年与李某存在工程转包关系。曹某某与李某在工程施工过程中均不受东林瑞那斯公司的制度约束,东林瑞那斯公司没有向曹某某支付劳动报酬。一审判决东林瑞那斯公司向曹某某支付268 065元工资,属基础事实认定不清,适用法律有误,本院予以纠正。撤销哈尔滨市阿城区人民法院(2019)黑0112民初4605号民事判决。驳回曹某某的诉讼请求。

**评析**

本案一审与二审的判决截然不同。一审认定存在劳动关系,二审则认为是工程转包关系。在建设工程施工过程中,劳动关系与劳务工程施工往往会纠缠在一起。认定是否存在劳动关系,以劳动者与用人单位之间是否实际存在管理与被管理、指挥与被指挥、监督与被监督的关系为依据。而劳务工程的承包人则与发包人之间不存在规章制度的管理约束与监督指挥。

(案例来源:中国裁判文书网,有改动。)

📝 知识地图

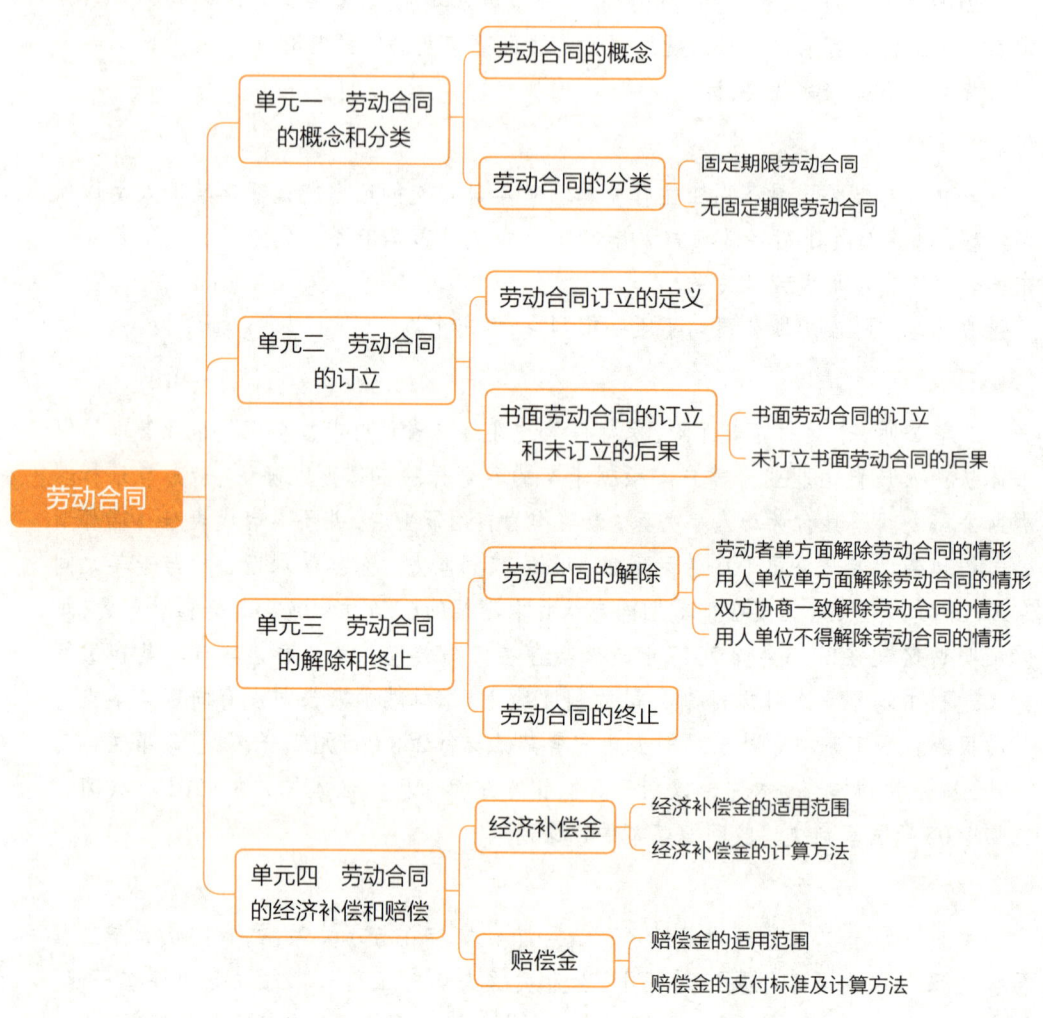

# 专题三　劳务派遣和非全日制用工

 **言之有理**

　　执法是把纸面上的法律变为现实生活中活的法律的关键环节,执法人员必须忠于法律、捍卫法律,严格执法、敢于担当。

——习近平,选自2014年10月23日在党的十八届四中全会第二次全体会议上的讲话

 **核心问题**

1. 用人单位在哪些岗位可以使用劳务派遣人员?
2. 如何保障劳务派遣人员同工同酬的待遇?
3. 非全日制用工的工作时间是如何规定的?

## 导引阅读

### 大限将至,劳务派遣工转正还是辞退?

2014年3月1日起实施的《劳务派遣暂行规定》明确要求,用工单位使用的被派遣劳动者数量不得超过其用工总量的10%。

广东省人社厅发布《劳务派遣调整用工方案参考样本》(以下简称《样本》),规定用人单位"至2016年2月29日,被派遣劳动者达到(或低于)法定10%的劳务派遣用工比例"。许多企业拟用"假外包、真派遣"的手段蒙混10%的劳务派遣用工红线。有的企业则打算直接辞退劳动者。

"做同样的工作,工资要少2 000多元。"市民李先生谈到劳务派遣工的待遇时这么说。作为一名劳务派遣工,他遇到的问题也是许多被派遣劳动者的问题——同工不同酬、社保福利差、无职业培训等。由于担心被辞退,他一直不敢提涨薪,但《样本》颁布后,李先生备感雀跃。"公司已经下发通知了,过一段时间就组织考试,考过了就能转正。"李先生对自己工作转正很有信心。

有人开心就有人发愁。陈女士就有担忧:"我们公司员工40%以上是劳务派遣工,转正名额少,竞争非常大啊。"陈女士是一家餐饮公司的会计,两年前被派遣到现在的公司上班,她的工资福利比正式员工少一半左右。由于能力并不是特别突出,陈女士担心自己被辞退。

全国总工会的一项调查显示,2011年被派遣劳动者人数约为3 700万人,占国内职工总数的13.1%,而记者了解到,很多企业派遣工的比例甚至达到60%以上。为何企业一直钟情于劳务派遣这种用工形式?既然已经"同工同酬",为何不直接将劳动者转正呢?

"主要是规避管理责任",一家纺织企业的胡经理告诉记者,他所在的公司已经实现了劳务派遣的"同工同酬",但用劳务派遣主要可以规避"工伤等社保福利的管理"。对于10%的规定,胡经理表示,公司已经着手引进机器人来代替传统的生产方式。

记者还发现,一些企业把客服电话业务、前台业务等工作进行外包,而这些承接外包工作的劳务公司实际上还是原来的劳务派遣公司,也就是"假外包、真派遣"。

(资料来源:《工人日报》,2016年01月05日,有改动。)

### 思考与讨论

请同学们根据以上案例思考:

1. 案例中胡经理的"用劳务派遣主要可以规避'工伤等社保福利的管理'"说法对吗?还有哪些原因促使用人单位使用劳务派遣人员?

2. 毕业时,有一家央企来学校招聘劳务派遣工,招聘职位与你的专业相符,而且你符合条件,你会选择这家企业吗?

# 单元一 劳务派遣

## 一、劳务派遣的定义

劳务派遣是指劳务派遣单位作为用人单位招聘劳动者,与被派遣劳动者签订劳动合同,将劳动者派遣到需要用工者的用工单位,劳动者在用工单位的指挥、监督下提供劳动的用工形式。劳务派遣涉及三方主体,即用人单位、劳动者和用工单位,如图2-3-1所示。

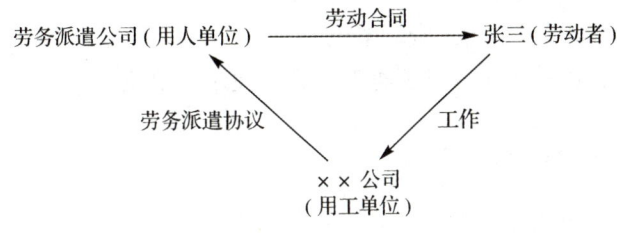

图2-3-1 劳务派遣示例

**思考与讨论**

为何××公司需要工作人员却由第三方劳务派遣公司作为用人单位招聘呢?

## 二、劳务派遣单位作为用人单位应承担的义务

### 1. 限定劳动合同期限

劳务派遣单位应当依法与被派遣劳动者订立2年以上的固定期限书面劳动合同。

### 2. 告知义务

劳务派遣单位应当将劳务派遣协议的内容告知被派遣劳动者。

### 3. 无工作期间的工资保障

被派遣劳动者在无工作期间,劳务派遣单位应当按照所在地人民政府规定的最低工资标准向其按月支付报酬。

### 4. 保护劳动者权益

(1)不得克扣用工单位按照劳务派遣协议支付给被派遣劳动者的劳动报酬。
(2)劳务派遣单位和用工单位不得向被派遣劳动者收取费用。

### 三、对用工单位的规制

#### 1. 用工单位使用劳务派遣的岗位规制

（1）劳务派遣一般在临时性、辅助性或者替代性的工作岗位上实施。

（2）临时性工作岗位是指存续时间不超过6个月的岗位；辅助性工作岗位是指为主营业务岗位提供服务的非主营业务岗位；替代性工作岗位是指在用工单位的劳动者因脱产学习、休假等原因无法工作的一定期间内，可以由其他劳动者替代工作的岗位。

#### 2. 用工单位的义务

（1）执行国家劳动标准，提供相应的劳动条件和劳动保护。

（2）告知被派遣劳动者工作要求和劳动报酬。

（3）支付加班费、绩效奖金，提供与工作岗位相关的福利待遇。

（4）对在岗被派遣劳动者进行工作岗位所必需的培训。

（5）连续用工的，实行正常的工资调整机制。

（6）用工单位不得将被派遣劳动者再派遣到其他用人单位。

### 四、被派遣劳动者的权利与义务

#### 1. 被派遣劳动者的权利

（1）劳动者享有与用工单位的劳动者同工同酬的权利。

（2）劳动者有权在劳务派遣单位或者用工单位依法参加或者组织工会，维护自身的合法权益。

（3）劳动者享有法律规定的劳动者权利。

#### 2. 被派遣劳动者的义务

劳动者在被派遣期间应遵守用工单位的规章制度。

案 例

## 案例一　龙某某与贵州电网都匀供电局劳务派遣纠纷

【（2020）黔27民终2444号】

**基本案情**

2010年7月1日至2018年1月4日，都匀供电局与黔南人力资源公司分别签订5份《人才派遣合作协议》。由黔南人力资源公司根据都匀供电局提供的职位说明书要求，选派符合要求的派遣人员到都匀供电局工作。2010年7月2日、2011年7月2日、2015年1月1日和2018年1月1日，龙某某与黔南人力资源公司签订《人才派遣劳动合同书》，到用工单位都匀供电局工作。龙某某从事输电线路运行维护工作，基本工资为1 698元/月，加班或奖励性报酬另行计算。与龙某某同一班组正式职工的岗位为输电线路运行与检修高级作业员、输电线路运行与检修中级作业员，岗位职责与龙某某不同。龙某某岗位职责明确，具有参与协助性质。

### 仲裁结果

2019年10月11日，龙某某以其应享受同工同酬的劳动待遇为由提出仲裁申请，申请裁决同工同酬工资差额426 436.29元。匀劳人裁字〔2019〕第118号仲裁裁决书驳回了龙某某的仲裁申请。

龙某某不服仲裁裁决，诉至法院。

### 一审判决

2010年至2018年，原告龙某某先后4次与被告人力资源公司签订人才派遣劳动合同书，黔南人力资源公司依约履行了支付工资、缴纳各种社会保险等义务。《中华人民共和国劳动合同法》第六十六条规定，劳务派遣用工是补充形式，只能在临时性、辅助性或者替代性的岗位上实施，但该规定系管理性规定而非效力性规定，不影响劳动合同的成立和效力。

《中华人民共和国劳动合同法》第六十三条第一款规定："被派遣劳动者享有与用工单位的劳动者同工同酬的权利。用工单位应当按照同工同酬原则，对被派遣劳动者与本单位同类岗位的劳动者实行相同的劳动报酬分配办法。用工单位无同类岗位劳动者的，参照用工单位所在地相同或者相近岗位劳动者的劳动报酬确定。"同工同酬必须具备3个条件，即劳动者的工作岗位、工作内容基本相同，在相同的工作岗位上付出了同样的劳动工作量，同样的工作量取得了相同的工作业绩。同工同酬作为一项分配原则具有相对性，法律不禁止用人单位根据本单位的经营特点、经济效益及劳动者资历、能力、经验等方面的差异，允许用人单位对同一工作岗位的劳动者在劳动报酬方面有所差别。本案中，龙某某在都匀供电局从事劳动长达8年时间，无论其是否从事辅助性或者替代性工作，通过长期的岗位学习及磨炼，龙某某的劳动技能水平有可能超过同岗位的其他工作人员，但在通过一定的选拔或者竞争程序调整岗位前，不能认定被告都匀供电局违反同工同酬的原则。驳回原告龙某某的全部诉讼请求。

龙某某不服一审判决，提出上诉。

### 二审判决

二审查明的事实与一审查明的事实一致。龙某某4次与黔南人力资源公司签订人才派遣劳动合同书，4次被派遣到同一单位工作。同时，在派遣至同一单位的10名员工中，有4人与龙某某系同岗位从事输电线路运行维护工作，月平均工资与龙某某基本相同，也与签订的派遣合同约定的工资收入相符，不存在同工不同酬的问题。另外,根据一审查明的事实,与龙某某同一班组的其他正式职工的岗位入职条件和程序比龙某某的入职方式严苛得多,岗位职责虽然有交叉部分,但是不完全相同。用人单位根据本单位的职级岗位管理制度,按照劳动者的入职条件、专业理论水平、专业技术含量、承担的责任等方面的不同,依法自主确定本单位的工资分配方式和工资水平。龙某某主张的同工不同酬的问题就查明的事实来看并不成立,故驳回上诉,维持原判。

### 评析

劳务派遣是一种在电力、通信、建筑、银行等行业非常普遍的用工方式。"同工同酬"是劳务派遣中关注最多的一个问题。正如二审判决,劳务派遣与正式职工在入职条件、职级岗位管理、岗位责任等方面都有不同,还有考核标准、考核方式的不同。这么多不同很难导致"同酬"。许多工作看似相同,实则很难完全相同。用工单位为了降低管理成本,还有的单位考虑到人事制度的安排使用劳务派遣工,但从实践来看,劳务派遣用工已经突破了"三性"的限制。诚如判决所言,劳务派遣岗位"三性"限制是一种管理性规范,而非效力性规范。但无论怎样,劳务中的劳务派遣还是用得太多了。有一点还是要指出的,本案二审判决假装糊涂,同岗位劳务派遣工作人员进行了薪酬对比,认为不存在同工不同酬。

## 案例二 周某某与荆城人力资源公司劳务派遣合同纠纷

【(2020)鄂10民终1446号】

### 基本案情

2001年7月,周某某作为聘用的临时人员进入荆州市公安局荆州区分局工作,在派出所担任驾驶员。2007年12月,将周某某辞退,发放补偿金4 114.5元。

从2008年1月1日起,荆城人力资源公司与周某某签订劳动合同,每两年签订一次。2018年1月1日再次签订,合同期自2018年1月1日起至2019年12月31日止,将周某某派遣至荆州区公安分局,从事辅警岗位工作。合同签订后,荆州区分局将周某某安排在其下属的东城派出所从事辅警(协勤)工作。2016年4月8日,荆州区分局制定了《荆州区公安分局协勤人员管理办法》。

2018年12月,周某某连续迟到和早退,2018年12月25日被东城派出所副所长约谈。2019年3月7日,周某某未请假未值班,次日被东城派出所副所长约谈。2019年5月,周某某未到监察委员会执行看护工作,2019年5月10日再次被东城派出所副所长约谈。三次约谈后,周某某均向东城派出所出具了书面检讨书。2019年5月29日,派出所向荆州市荆城人力资源公司发出《关于将周某某退回劳务派遣公司的函》,将周某某退回荆城人力资源公司。2019年5月30日,荆城人力资源公司以周某某在派遣期间严重违反《荆州区公安分局协勤人员管理办法》第十一条第三款、第三十三条的规定被退回为由,将周某某辞退,自2019年5月31日起与周某某正式解除劳动合同。

仲裁结果

2019年7月11日,周某某申请仲裁。荆劳人仲裁字〔2019〕105号仲裁裁决书裁决荆城人力资源公司向周某某支付违法解除劳动合同赔偿金48 091.47元。

荆城人力资源公司不服仲裁裁决,诉至法院。

一审判决

荆城人力资源公司辞退周某某的依据即用工单位荆州市公安局荆州区分局制定的《荆州区公安分局协勤人员管理办法》,该管理办法系荆州市公安局荆州区分局经党委会议讨论通过施行,内容符合法律规定,不存在明显不合理的情形。但无证据证实向周某某予以公示或者告知该办法,该程序存在瑕疵。周某某多次迟到、早退、旷工和不服从工作安排,这些行为属于不言自明的基本劳动纪律,周某某作为一名在公安机关工作了十几年的劳动者对此应当明知。

结合周某某的工作岗位和违纪行为来看,连续几天都有迟到和早退的现象,被约谈后写下书面检讨书,保证不再犯,但未能改正错误,又因旷工和不服从工作安排两次被约谈并写下书面检讨书。因公安机关的工作性质特殊,周某某作为一名辅警,多次违反工作纪律,势必对工作的开展产生严重影响,因此被退回荆城人力资源公司,周某某上述违反劳动纪律的行为应认定达到了"严重程度"。荆城人力资源公司系根据《中华人民共和国劳动合同法》第三十九条第二项"严重违反用人单位的规章制度的"规定解除了与周某某之间的劳动合同,并未违反法律规定。故荆城人力资源公司未违法解除与周某某之间的劳动合同,不应向周某某支付赔偿金。

周某某不服一审判决,提出上诉。

二审判决

一审判决认定事实清楚,适用法律正确。上诉人的上诉理由不能成立。驳回上诉,维持原判。

评析

本案是一起劳动者违反用工单位的规章制度被退回劳务派遣公司而引发的劳动争议。用工单位的规章制度能否作为劳务派遣公司的处罚依据,需要以劳动合同的约定、劳务派遣协议及是否向劳动者予以说明来判定。本案的特殊性在于最后一次派遣发生在2018年,而用工单位的《荆州区公安分局协勤人员管理办法》制定于2016年,该办法是否对周某某有约束力?从整个案情来看,周某某从2001年就在该公安分局担任辅警,其间,虽经解聘,但通过劳务派遣方式又回到该公安分局。可以说,周某某在公安系统的工作具有连续性。在荆州区公安分局2016年颁布《荆州区公安局协勤人员管理办法》时，周某某也在该分局工作，推定当时对办法是知情的。2018年再次派遣，虽然未有证据证明向周某某公示或告知过该办法，在证据上存在瑕疵，但如判决书所述，周某某在公安系统工作多年，对辅警的职责是清楚的，因为工作的特殊性连续出现不服从派出所的安排，属于严重违反规章制度的行为。劳务派遣公司据此做出解除劳动合同的决定不属于违法解除合同，不应当支付赔偿金。

### 案例三　天如人力公司与南京林业大学、吴某某劳务派遣劳动合同纠纷

【(2020)苏01民终6293号】

#### 基本案情

2014年6月12日、2016年6月21日，吴某某与天如人力公司先后两次签订《南京市劳务派遣劳动合同书》，期限为2014年6月12日至2016年6月30日、2016年7月1日至2018年6月30日。天如人力公司将吴某某派遣至林业大学后勤服务岗位工作。2018年7月20日，天如人力公司以邮政速递方式向吴某某邮寄了解除劳动合同通知书，解除理由为：经常性请病假导致无法正常开展工作；患病，医疗期满后仍然无法胜任该岗位工作。劳动关系自2018年6月30日起解除。

#### 仲裁结果

2018年12月6日，吴某某以天如人力公司、南京林业大学为被申请人提起劳动争议仲裁，要求天如人力公司支付代通知金2 772.59元，经济赔偿金22 180.72元；要求林业大学支付2014年6月12日至2018年8月31日每年暑假共计8个月的最低工资15 120元。仲裁委做出终止审查的裁决。

吴某某不服仲裁裁决，诉至法院。

#### 一审判决

审理查明吴某某的工资均由林业大学发放。2014年至2017年，南京市最低工资标准分别为1 630元/月、1 630元/月、1 770元/月、1 890元/月。天如人力公司以吴某某经常性请病假，不能胜任工作岗位为由解除劳动合同，但天如人力公司并未提供对吴某某进行培训或者调整其工作岗位、吴某某仍不能胜任工作的证据。天如人力公司提供的诊断证明和病假条等证据不能作为解除劳动合同的依据，天如人力公司解除劳动合同的行为已构成违法解除劳动合同，应按照经济补偿金标准的两倍向劳动者支付赔偿金。

《江苏省工资支付条例》第三十一条规定："用人单位没有安排劳动者工作的，应当按照不低于当地最低工资标准的百分之八十支付劳动者生活费。"林业大学未安排

吴某某在 2015—2017 年的暑期（7 月与 8 月）正常工作，故林业大学应当按照南京市最低工资标准的 80% 支付上述期间的生活费。

天如人力公司、林业大学不服一审判决，提出上诉。

### 二审判决

在二审审理期间，天如人力资源公司与吴某某就支付终止劳务派遣劳动合同经济补偿达成协议，法院准许。判决天如人力公司支付吴某某终止劳务派遣劳动合同经济补偿 11 453.63 元。林业大学应按《江苏省工资支付条例》支付吴某某暑期工资差额 2 410.1 元。

### 评析

天如人力资源公司与吴某某建立劳动关系，林业大学是用工单位，但一审查明的事实是林业大学向吴某某发放工资。发放工资在劳动关系认定中是个敏感而关键的问题，但在实践中经常通过协议的方式，用人单位将发放工资委托给用工单位，由用工单位代发工资，并将委托发放工资告知劳动者。委托发放并不能改变劳动关系、劳务派遣关系的性质。但本案判决用工单位向劳动者支付差额，似乎混淆了用工单位与用人单位的法律关系。林业大学作为用工单位是工资发放的受托主体，支付工资是用人单位的义务，包括支付差额。从本案一、二审判决书来看，很难排除真用工假派遣的现象。但不管怎么样，劳动者的权益得到保障，法律的功能实现了。

## 案例四 邱某某与核工业南京建设集团、宁众人力公司劳务派遣合同纠纷

**【（2020）苏 01 民终 2935 号】**

### 基本案情

2014 年 8 月 1 日，邱某某被核工业南京建设集团（以下简称南建公司）安排至玻利维亚项目部从事测量工作。邱某某与宁众人力公司签订过劳动合同，参保单位为宁众人力公司，最后一期劳动合同截止时间为 2018 年 11 月 30 日。邱某某的年薪标准为 20 万元，由南建公司每月预发部分工资，余款在玻利维亚结算后支付。

2018 年 12 月 14 日，邱某某回国。2019 年 1 月 2 日，宁众人力公司与邱某某签订《终止劳动合同协议书》，协议书约定："劳动合同于 2018 年 11 月 30 日到期，不再续签，劳动合同终止，宁众人力公司一次性支付邱某某经济补偿金 75 000 元。"协议书同时表明宁众人力公司及南建公司的主管单位和股东——江苏省核工业二七二地质大队所有应承担的法律义务均已履行完毕，三方不存在任何纠葛，邱某某不得再主张其他权利。2019 年 1 月 24 日，南建公司支付了 75 000 元。

### 仲裁结果

2019年3月21日,邱某某申请仲裁,要求南建公司支付:2017年2月至2018年12月剩余工资145 921.20元、2016年4月至2018年10月加班费180 090.34元、拖欠工资25%的赔偿金36 480.29元、代通知金16 666.67元、2016年4月至2018年11月的额外桥涵施工负责补偿和本人负责支出的经营费用45万元、追讨工资期间误工费16 666.67元。2019年5月24日,仲裁裁决驳回邱某某的仲裁请求。

邱某某不服仲裁裁决,诉至法院。

### 一审判决

根据查明的事实,邱某某与宁众人力公司之间的劳动关系成立。双方签订的《终止劳动合同协议书》意思表示明确,邱某某没有提供证据证明该协议书存在无效或者可撤销的法定情形,对邱某某主张撤销协议书的请求不予支持。该协议已经履行完毕,三方不应再有劳动争议,对邱某某提出的工资、奖金、加班费、赔偿金、代通知金的请求均不予支持。邱某某在诉请中提出的关于施工承包费的请求,属于建设工程施工合同纠纷,不属于劳动争议,不是本案审理的范围,本案不做处理。综上,判决驳回邱某某的诉讼请求。

邱某某不服一审判决,提出上诉。

### 二审判决

一审判决认定事实清楚,实体处理并无不当,应予维持。判决如下,驳回上诉,维持原判。

### 评析

用人单位与劳动者在劳动合同终止或解除时达成的协议是民事协议。民事协议如果没有违反法律的强制性规定,该协议有效,对双方均有约束力。如果一方认为在协议订立过程中存在欺诈、胁迫等情形使其形成错误认识而作出错误判断,那么该方可以提供证据向法院主张撤销权。在本案中,邱某某没有证据证明双方在劳动合同终止时达成的协议存在可撤销的证据,该协议就有约束力。所以邱某某再主张工资、代通知金就没有依据。

本案是一起劳动争议纠纷,法院只按照案由进行审查。邱某某提出支付承包费的请求属于建设工程施工合同纠纷,与本案无关,故法院不予审理。

本案还有一个2016年4月至2018年10月加班费的问题,邱某某在一审中提供了加班确认单、考勤表等证据欲证明加班。可以肯定,这些证据在玻利维亚形成,具有涉外因素。按照规定,邱某某向法庭提供具有涉外因素的证据应当先对证据进行公证认证,并提供翻译文本。否则,法院会以证据形式不符合法律规定而拒绝审查。可以这样说,法庭审理审的是证据。

## 案例五　郁某与北京外航公司劳务派遣合同纠纷

【(2018)沪01民终4956号】

**基本案情**

郁某与北京外航公司签订书面合同,合同期限自2007年12月25日起至法定或约定的解除(终止)合同条件出现时止。合同约定北京外航公司将郁某派遣至芬兰航空公司担任空勤乘务员,工作地点在北京、上海等。2016年8月20日,郁某在执行上海飞往芬兰赫尔辛基的AY508航班任务时为他人捎带行李。2016年9月26日,芬兰航空公司飞行主管向郁某发出不能继续担任芬兰航空公司乘务员的通知。2016年10月1日,芬兰航空公司向北京外航公司发出解除用工通知书,解除与郁某的用工关系。2016年10月18日,北京外航公司向郁某发出解除劳动合同通知书,自2016年10月31日解除劳动合同。2016年10月20日,工会委员会回函"同意解除"。在劳动合同解除前12个月,郁某的平均工资为税前11 067.59元。

**仲裁结果**

2017年7月,郁某提起劳动争议仲裁,要求北京外航公司、北京外航公司上海分公司、芬兰航空公司上海办事处共同支付违法解除劳动关系赔偿金539 847元。2017年10月9日,仲裁裁决不予支持。

郁某不服仲裁裁决,诉至法院。

**一审判决**

北京外航公司与芬兰航空公司北京办事处签订了聘用中国空勤乘务员合同,约定北京外航公司按照芬兰航空公司的要求,为芬兰航空公司招聘空勤乘务员。该合同自2002年2月18日起生效。

1998年4月1日,芬兰航空公司制定客舱安全手册;2010年2月26日,该手册第34次修订。该手册的总则规定"乘务员不得捎带陌生人、同事或熟人的任何物品,包括信和信封"。

2012年至2015年,郁某多次参加芬兰航空公司安排的《客舱安全手册》方面的培训。

法院认为,郁某系劳务派遣人员,接受派遣后长期在芬兰航空公司从事空勤乘务员工作。郁某自接受派遣以来,每年参加芬兰航空公司组织的《客舱安全手册》等制度的培训,郁某对于芬兰航空公司制定的"乘务员不得捎带陌生人、同事或熟人的任何物品,包括信和信封"的规定是明知的。2016年8月20日,郁某在执行飞行任务时为他人捎带行李,严重影响航班的安全和安保利益。全球所有航空公司普遍禁止执飞捎带行为。北京外航公司在郁某被退回后,以郁某严重违纪为由作出解除双方劳动合同的决定并无不当,该解除行为合法。郁某要求北京外航公司支付违法解除劳动关系赔偿金、芬兰航空公司北京办事处承担连带责任的诉讼请求依据不足,法院不予支持。

郁某不服一审判决,提出上诉。

**二审判决**

《中华人民共和国民用航空安全保卫条例》第二十四条规定,禁止利用客票交运或者捎带非旅客本人的行李物品。《中华人民共和国海关进出境运输工具监管办法》第三十七条第二款亦规定:"运输工具工作人员不得为其他人员托带物品进境或者出境。"上述行政法规、规章均明令禁止航空公司工作人员为他人捎带或托带物品进出境。郁某作为航空公司乘务员,对此应属明知。在执行飞行任务时为他人捎带物品,该行为已经严重影响航空安全,此处的"严重"是指其行为的性质严重,而非以后果作为判断严重与否的标准。故芬兰航空公司北京办事处决定解除郁某的用工关系,北京外航公司据此解除郁某的劳动合同,并无不当。

郁某的上诉请求不能成立,应予驳回。

**评析**

航空运输、交通运输无小事。从判决披露的时间判断,郁某从2012年被派遣至芬兰航空工作,到2016年捎带行李事件发生时,已经执行飞行任务4年。对于一个已经工作了4年的空乘人员来说,无论是从情理方面讲还是从经验方面讲都不应该违反规定捎带行李。从二审法院引用的规定来判断,郁某捎带行李的行为属于违反航空法的行为。该行为的性质是严重的,不以引发的结果来判断其严重性。对员工加强安全法律法规教育、加强职业道德、职业纪律是用人单位、用工单位的一项重要义务,警钟长鸣才能避免或减少事故的发生。

(案例来源:中国裁判文书网,有改动。)

# 单元二 非全日制用工

## 一、非全日制用工的定义

非全日制用工是指以小时计酬为主,劳动者在同一用人单位平均每日工作时间不超过4小时,每周工作时间累计不超过24小时的用工形式。

## 二、非全日制用工的特殊性

（1）双方当事人可以订立口头协议。

（2）非全日制用工不得约定试用期。

（3）任何一方都可以随时通知对方终止用工。终止用工后，用人单位不向劳动者支付经济补偿。

（4）劳动报酬结算支付周期最长不得超过15日。

### 案例一　芜湖春童校车公司与邱某某劳动争议

【（2020）皖02民终3309号】

**基本案情**

2019年4月20日，邱某某到春童公司处从事校车陪护工作。2019年4月22日，春童公司与邱某某签订了为期一年的短期临时用工合同。合同约定，邱某某的工作时间是早上5：40—7：10，下午3：40—5：00。春童公司未给邱某某办理社会保险，邱某某的工资为每日66元。2019年11月12日6：30许，春童公司驾驶员李某驾驶的大型专用校车与骆某某驾驶的变型拖拉机发生碰撞，致使校车上的邱某某受伤。邱某某被送至芜湖县人民医院治疗。春童公司支付邱某某工资：11月，1 020元；12月，1 020元；2020年1月，1 000元；2020年2月，500元。

**仲裁结果**

2020年4月28日，邱某某提出仲裁申请，请求确认与春童公司存在劳动关系。仲裁裁决认定双方存在劳动关系。

春童公司不服仲裁裁决，诉至法院。

**一审判决**

邱某某与春童公司签订了用工合同，邱某某按照春童公司要求从事校车陪护工作，服从春童公司的管理，邱某某的工作属于春童公司业务的组成部分，可以认定春童公司与邱某某之间存在劳动关系。

春童公司不服一审判决，提出上诉。

**二审判决**

从双方合同可知，邱某某的工作内容为：在每天上午、下午的指定时间内从事学生上下车陪护、监督等工作，邱某某按小时计领取报酬。这种用工形式符合我国劳动合同法所规定的非全日制用工形式，一审对此认定准确。春童公司的上诉请求不能成立,应予驳回。

### 评析

非全日制用工是我国劳动合同法规定的一种特殊的用工形式,其特殊性表现为可以不签订书面劳动合同,双方可以随时终止用工关系,用人单位不支付经济补偿金,可以按小时支付劳动报酬。非全日制用工是否应当缴纳社会保险,法律没有规定,但根据双方可以不签订书面劳动合同的规定,用人单位可以不缴纳社会保险。再者,法律规定非全日制用工肯定了这种用工的灵活性,因为灵活所以没办法也没有必要缴纳社会保险。但双方形成的用工关系依然是劳动关系。劳动用工制度经过多年变化,"临时工"在人们的观念中依然存在。在本案中,双方签订了短期临时用工合同,从合同名称可以推断春童公司认为双方不构成劳动关系,就是一种临时用工。可法律有法律的判断标准,从邱某某的工作性质、工作内容和日常管理可以认定双方存在劳动关系。

## 案例二 江西纯金网络公司与张某某劳动争议案

【(2020)赣01民终2671号】

### 基本案情

2019年4月10日,张某某入职纯金网络公司,从事共享电动车的维护工作;双方未签订书面劳动合同,口头约定每月工作28天,保底工资为每月3 500元。2020年4月1日,双方协商劳动合同和社保事宜未果,纯金网络公司未为张某某缴纳社会保险。4月14日,张某某向纯金网络公司递交了解除劳动合同通知书后离职。

### 仲裁结果

2020年4月16日,张某某申请仲裁。2020年6月2日,仲裁委员会做出仲裁裁决,裁决确认双方劳动关系已经解除;纯金网络公司需向张某某支付未订立书面劳动合同二倍工资差额32 375元,并支付解除劳动合同经济补偿金3 208元,以及支付双休日加班工资差额1 625元。

纯金网络公司不服仲裁裁决,诉至法院。

### 一审判决

一审查明纯金网络公司向张某某按月支付报酬,工作时间超过非全日制用工的时间限制。结合相关微信记录等证据,法院确定双方之间不属于非全日制用工,而是正常的劳动关系。纯金网络公司未与张某某签订劳动合同,按照法律规定,纯金网络公司应向张某某支付二倍工资、经济补偿金和加班工资。

纯金网络公司不服一审判决,提出上诉。

### 二审判决

二审法院认为一审法院认定双方之间存在劳动关系，符合法律规定。纯金网络公司与张某某之间的劳动关系已经解除，纯金网络公司应向张某某支付二倍工资、经济补偿金和加班工资。

### 评析

这个案例是"教科书"式的操作。用工时未签订书面劳动合同，满一年时提出缴纳社会保险，协商未果，劳动者提出解除劳动合同。这样，劳动者不仅得到了11个月的二倍工资，还可以得到一个月的经济补偿金。加班工资一般因证据不充分很难得到支持，但本案支持了双休日的加班工资，可能双方对每月工作28天这个事实无争议，所以，法院支持了双休日的加班工资。

（案例来源：中国裁判文书网，有改动。）

## 知识地图

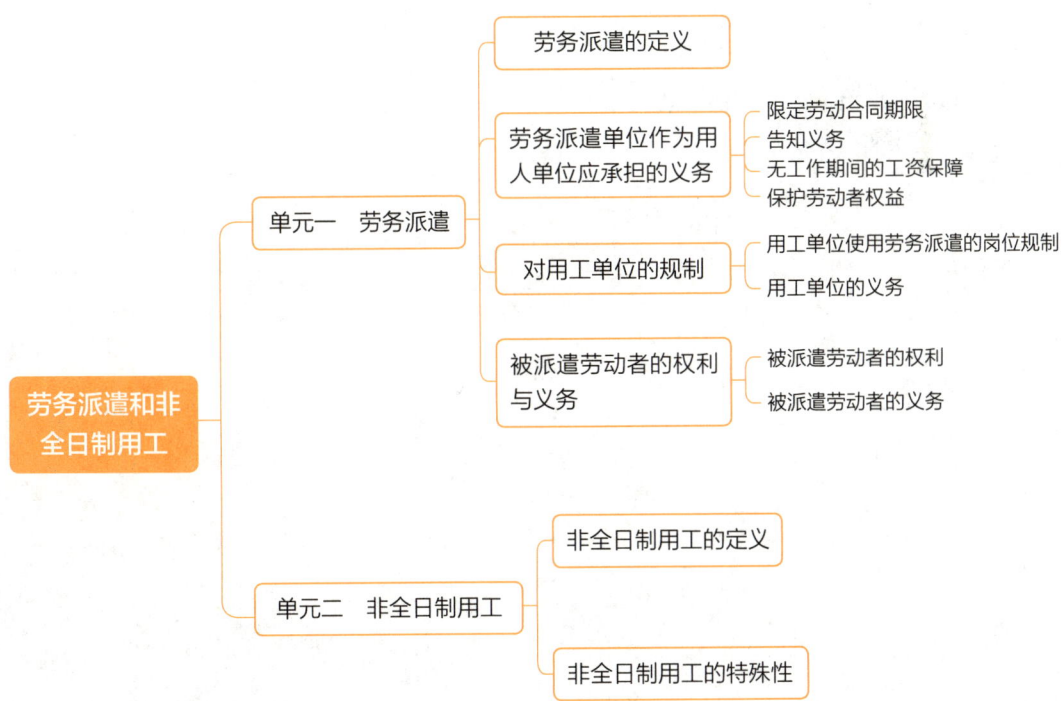

# 专题四　失业保险和工伤保险制度

 言之有理

　　法律的生命力在于实施。如果有了法律而不实施,或者实施不力,搞得有法不依、执法不严、违法不究,那制定再多法律也无济于事。
　　——习近平,选自2013年2月23日在十八届中央政治局第四次集体学习时的讲话

 核心问题

1. 领取失业保险金的条件是什么?
2. 工伤认定的条件是什么?

> **导引阅读**

## 实习生等8类特定人员纳入工伤保险参保范围

2020年12月31日,广东省人力资源和社会保障厅、广东省财政厅、广东省税务局出台了《关于单位从业的超过法定退休年龄劳动者等特定人员参加工伤保险的办法(试行)》(以下简称《办法》),创新政策首次将超过法定退休年龄劳动者、实习学生、见习人员、村居两委人员、家政服务机构从业的家政人员、新业态从业人员、从事公益活动的志愿者等未建立劳动关系特定人员纳入了工伤保险参保范围。

这些人群可由所在从业单位(组织)自愿选择为其单项参加工伤保险、缴纳工伤保险费,参保人员可按规定享受工伤保险基金支付的各项工伤保险待遇。这项政策预计惠及人群超过300万,从2021年4月1日起实施。

广东全省工伤保险参保人数超过3 800万,约占全国总参保人数的1/7,居全国首位。与其他省份相比,广东省《办法》的适用范围更广、制度模式更灵活。

根据《办法》,有8类特定人员可享受这项政策,主要包括在从业单位工作的超过法定退休年龄人员(包括未享受职工养老保险待遇人员和退休返聘人员)、已享受一级至四级工伤伤残津贴或病残津贴人员、实习学生(包括签订三方实习协议或自行联系实习单位的实习学生和从业单位使用的勤工助学学生)、单位见习人员,以及在家政服务机构从业的家政服务人员等未建立劳动关系的劳动者(简称从业人员)。

此外,《办法》将村居两委人员,提供网约车、外卖、快递劳务等服务的新业态从业人员,依法组建的志愿服务组织招募从事特定公益活动(应急救援、公共卫生防控、大型活动等)的志愿者等特定人员也纳入了参保对象范围。

在《办法》试行期间,可根据评估情况动态调整适用的参保对象范围。据了解,国家将开展新业态从业人员职业伤害保障试点。为与国家相关试点衔接,对于新业态从业人员工伤保障问题,《办法》明确在国家出台相应规定后将遵从其规定。

(资料来源:http://www.sznews.com/news/content/2021-01/07/content_23871677.htm,有改动。)

> **思考与讨论**

请同学们根据以上案例思考:
1. 为什么要建立工伤保险制度?工伤保险不可以用意外伤害等商业保险代替吗?
2. 工伤保险的赔偿项目与人身损害的赔偿项目有哪些区别?

# 单元一 失业保险制度

## 一、失业保险制度的定义和失业保险待遇

### 1. 失业保险制度的定义

失业保险制度是指由单位与劳动者共同缴纳失业保险费及国家财政补贴等经费共同形成失业保险基金,以保障劳动者失业时的生活来源。符合申领条件的劳动者在法定期间获得失业保险金、享受失业保险待遇的制度。

### 2. 失业保险待遇

(1) 失业人员在领取失业保险金期间患病就医的,可以按照规定向社会保险经办机构申请领取医疗补助金。

(2) 失业人员在领取失业保险金期间死亡的,参照当地对在职职工的规定,对其家属一次性发给丧葬补助金和抚恤金。

(3) 单位招用的农民合同制工人连续工作满1年,本单位已缴纳失业保险费,劳动合同期满未续订或者提前解除劳动合同的,由社会保险经办机构根据其工作时间长短,对其支付一次性生活补助。

## 二、领取失业保险金的条件

(1) 按照规定参加失业保险,所在单位和本人已按照规定履行缴费义务满1年的。

(2) 非因本人意愿中断就业的。

(3) 已办理失业登记,并有求职要求的。

## 三、失业保险金的领取期限

### 1. 失业保险金的领取期限与累计缴费时间相关

(1) 累计缴费时间满1年不满5年的,领取失业保险金的期限最长为12个月。

(2) 累计缴费时间满5年不满10年的,领取失业保险金的期限最长为18个月。

(3) 累计缴费时间10年以上的,领取失业保险金的期限最长为24个月。

### 2. 重新就业后再次失业的领取期限

重新就业后再次失业的,缴费时间重新计算。领取失业保险金的期限可以与前次失业应领取而尚未领取的失业保险金的期限合并计算,但是最长不得超过24个月。

用人单位未按规定缴纳失业保险费致使劳动者无法领取失业保险金、享受失业保险待

遇的,由用人单位承担赔偿责任。

### 四、失业保险金领取程序和起算时间

(1) 用人单位备案。用人单位应将失业人员的名单自终止或者解除劳动关系之日起7日内报社会保险经办机构备案。

(2) 办理失业登记。失业人员持单位出具的终止或者解除劳动关系的证明,及时到指定的社会保险经办机构办理失业登记。

(3) 失业保险金的起算时间。失业保险金自办理失业登记之日起计算。

#### 案例一  李某某与重庆科冠仪表公司失业保险待遇纠纷

【(2020)渝05民终6385号】

**基本案情**

2019年10月8日,李某某与科冠仪表公司签订了劳动合同。劳动合同期限自2019年10月1日起至2020年9月30日止,工作岗位为生产装配,基本工资为1800元/月。2019年10月至2020年3月,科冠仪表公司为李某某缴纳失业保险。

2020年3月16日,李某某向科冠仪表公司邮寄《解除劳动关系通知书》,以"科冠仪表公司克扣、拖欠、未足额支付工资;未依法支付加班费,未依法缴纳社会保险费"为由提出解除劳动合同。在一审期间,李某某还向法院提交了两页科冠仪表公司零(部)件检验报告,日期分别为2018年4月10日和2018年4月16日,拟证明自己早于劳动合同签订时间在科冠仪表公司工作。

**仲裁结果**

2020年3月19日,李某某申请仲裁,要求科冠仪表公司支付劳动报酬、经济补偿金、失业保险待遇损失等费用。2020年5月20日,仲裁委员会作出超时未审结案件证明书[(2020)第678号]。

李某某诉至法院。

**一审判决**

以2018年4月10日零(部)件检验报告显示的时间确认双方建立劳动关系的时间。科冠仪表公司未按照李某某实际入职时间为李某某参加失业保险,李某某以科冠仪表公司未依法参保为由于2020年3月离职,属于《失业保险条例》规定的非因本人意愿中断就业,且无证据证明李某某在离职后重新就业,李某某符合领取失业保险金法定情形。但科冠仪表公司未按实际用工时间为李某某缴纳失业保险,李某某失

业保险累计缴费时间不满一年,导致李某某不能领取失业保险金。以李某某在2018年4月10日入职,劳动关系存续至2020年3月17日计算,科冠仪表公司应当缴纳的失业保险费为满一年不足两年,李某某应当领取3个月的失业保险金,但因科冠仪表公司未缴纳,造成李某某3个月的失业保险待遇损失,科冠仪表公司应予以赔偿。

李某某不服一审判决,提出上诉。

### 二审判决

一审判决认定事实清楚,适用法律正确,驳回上诉,维持原判。

### 评析

本案中劳动争议部门没有对李某某提出的仲裁申请进行实体审理,出具了一份《超时未审结案件证明书》。该证明书的意义在于,李某某向劳动争议仲裁委提出过仲裁申请,经过劳动争议仲裁的前置程序,李某某可以向法院提起诉讼。本案的另一个意义在于法院判决用人单位承担由于未按规定缴纳失业保险而导致劳动者的失业待遇损失。中国不是判例法国家,该案也没有被最高人民法院编入指导性案例,但在司法实践中有一定的意义,至少给法院、律师提供了一种思路,也给用人单位提个醒。

## 案例二 中国人保财险通辽市分公司与徐某失业保险待遇纠纷

**【(2020)内05民终1214号】**

### 基本案情

2006年10月30日,徐某与被告中国人民财产保险股份有限公司通辽市分公司订立劳动合同,自2006年11月1日起在被告处从事展业序列岗位工作。2009年10月27日、2014年11月1日,双方续订劳动合同。在2018年4月30日,双方解除劳动合同。劳动关系存续期间,被告自2012年1月1日起为原告缴纳失业保险费共计76个月。此前被告未为原告缴纳失业保险费,且已不能补缴。原告已领取2018年5月至2019年7月(共15个月)的失业保险金,并已报销享受失业保险待遇期间的医疗保险费。

### 仲裁结果

2019年10月9日,徐某提出仲裁申请。仲裁委员会以仲裁请求不属于劳动人事争议处理范围为由不予受理。

徐某不服仲裁裁决,诉至法院。

### 一审判决

徐某诉请法院要求判决被告承担失业保险金待遇损失为13 446元(1 494元×9个月),医疗保险费待遇损失为2 306元[(66 104元×4.5%+100)÷12×9个月]。法院经审理查明后支持了徐某的诉讼请求。

保险公司不服一审判决，提出上诉。

### 二审判决

因中国人保财险通辽市分公司未自用工起为徐某缴纳失业保险，且未缴纳的失业保险不能补缴，给徐某造成了失业保险金待遇的损失，进而影响了徐某在失业期间的医疗保险待遇。一审法院的判决并无不当，中国人保财险通辽市分公司的上诉请求不能成立，应予驳回。

### 评析

按照《失业保险条例》的规定，失业人员在领取失业保险金期间患病就医的，可以按照规定向社会保险经办机构申请领取医疗补助金。本案中用人单位未按规定为劳动者缴纳失业保险，不仅影响了劳动者在失业后的失业保险待遇，还影响了失业期间的医疗补助金领取额度，所以，法院判决用人单位承担赔偿责任。

（案例来源：中国裁判文书网，有改动。）

# 单元二 工伤保险制度

## 一、工伤保险的定义

工伤保险是指为在生产、工作中遭受事故伤害和患职业性疾病的劳动者提供医疗救治、经济补偿、职业康复等物质帮助的一种社会保障制度。

## 二、工伤保险待遇

劳动者被认定按照规定享受以下工伤保险待遇：

（1）住院治疗工伤的伙食补助费，以及经医疗机构出具证明，报经办机构同意，工伤职工到统筹地区以外就医所需的交通、食宿费用从工伤保险基金中支付。

（2）经劳动能力鉴定委员会确认的停工留薪期，劳动者在停工留薪期内，原工资福利待遇不变，由所在单位按月支付。

（3）经劳动能力鉴定委员会确认需要生活护理的，从工伤保险基金中按月支付生活护理费。

（4）因工致残被鉴定为伤残的，按规定享受一次性伤残补助金、伤残津贴、一次性工伤医疗补助金和一次性伤残就业补助金等待遇。

（5）因工死亡的，其近亲属按规定从工伤保险基金中领取丧葬补助金、供养亲属抚恤金和一次性工亡补助金。

### 三、工伤认定的条件

#### 1. 工伤的认定情形

（1）在工作时间和工作场所内，因工作原因受到事故伤害的。

（2）在工作时间前后，在工作场所内从事与工作有关的预备性或者收尾性工作受到事故伤害的。

（3）在工作时间和工作场所内，因履行工作职责受到暴力等意外伤害的。

（4）患职业病的。

（5）在因工外出期间，由于工作原因受到伤害或者发生事故下落不明的。

（6）在上下班途中，受到非本人主要责任的交通事故或者城市轨道交通、客运轮渡、火车事故伤害的。

（7）法律、行政法规规定应当认定为工伤的其他情形。

#### 2. 视同工伤的情形

（1）在工作时间和工作岗位上突发疾病死亡或者在48小时之内经抢救无效死亡的。

（2）在抢险救灾等维护国家利益、公共利益活动中受到伤害的。

（3）职工原在军队服役，因战、因公负伤致残，已取得革命伤残军人证，到用人单位后旧伤复发的。

### 四、申请工伤认定的时间和材料

#### 1. 申请工伤认定的时间

（1）用人单位应当自事故伤害发生之日或者被诊断、鉴定为职业病之日起30日内提出申请。

（2）用人单位没有提出申请的，工伤职工或者其直系亲属在事故伤害发生之日或者被诊断、鉴定为职业病之日起1年内提出申请。

#### 2. 提出工伤认定申请应当提交的材料

（1）工伤认定申请表。

（2）与用人单位存在劳动关系（包括事实劳动关系）的证明材料，一般指劳动合同和其他能证明存在用工关系的证明性材料，包括工资卡、工衣、工牌、门禁卡、工友证明等。

（3）医疗诊断证明或者职业病诊断证明书（或者职业病诊断鉴定书）。

如果经治疗伤情相对稳定后存在残疾、影响劳动能力的，可以一并提出劳动能力鉴定申请。

## 案例一 曾某某与海南联合建工集团工伤保险待遇纠纷

**【(2020)湘民再136号】**

### 基本案情

2014年8月26日,曾某某到海南联合建工承建的邵东金旺国际商贸城工地从事木工工作。海南联合建工未与曾某某签订劳动合同,也未为曾某某缴纳工伤保险。海南联合建工在中国平安财产保险股份有限公司为曾某某投保了平安建筑工程团体意外伤害险。2014年9月30日,曾某某在工地用砂轮机磨螺杆时被砂轮片击伤左眼,导致左眼球破裂、眼球穿通伤等。2015年3月26日,曾某某向邵阳市人力资源和社会保障局提出工伤认定申请。2015年5月4日,邵阳市人力资源和社会保障局做出邵工伤认字(2015)00173号《工伤认定决定书》,做出"曾某某受到的事故伤害,属于工伤认定范围,现予以认定为工伤"的认定结论。2015年12月23日,邵阳市劳动能力鉴定委员会做出邵劳鉴152003号劳动能力初次鉴定结论,认定曾某某为"伤残柒级"。曾某某受伤后,中国平安财产保险股份有限公司赔付曾某某意外伤害保险款177 234.71元。

### 仲裁结果

曾某某提出仲裁申请,请求裁决海南联合建工支付其一次性伤残补助金、一次性工伤医疗补助金、一次性伤残就业补助金、停工留薪期间工资、医疗费、护理费、鉴定费、住院伙食补助费、交通费。劳动争议仲裁委员会做出仲裁裁决,支持了曾某某大部分诉请。

海南联合建工不服仲裁裁决,诉至法院。

### 一审判决

一审法院认为,海南联合建工未为曾某某缴纳工伤保险,致使曾某某无法从社会保险机构享受工伤保险待遇,海南联合建工应该向曾某某支付上述工伤保险待遇。海南联合建工在中国平安财产保险股份有限公司投保了平安建筑工程团体意外伤害险,投保的目的就是减轻或免除其赔偿责任,所以曾某某从中国平安财产保险股份有限公司所获得的意外伤害保险款177 234.71元予以抵扣其应享受的工伤保险待遇。

曾某某不服一审判决,提出上诉。

### 二审判决

二审法院认为,曾某某上诉称其获赔的团体意外伤害保险不应抵扣其工伤保险待遇的上诉理由不能成立。

曾某某不服二审判决向检察院申诉,申请检察监督。

2020年2月13日,湖南省人民检察院做出湘检民(行)监〔2018〕43000000186号民事抗诉书,向湖南省高级人民法院提出抗诉。

2020年3月24日,湖南省高级人民法院做出(2020)湘民抗18号民事裁定,提审本案。

### 再审判决

再审查明的事实与二审判决认定的事实一致。由于海南联合建工未为曾某某购买工伤保险,应由海南联合建工承担曾某某的工伤保险待遇共计173 173.37元。但是海南联合公司在中国平安财产保险股份有限公司为曾某某投保平安建筑工程团体意外伤害险的目的是为保障员工在工作遭受事故伤害时获得医疗救治和经济补偿,分散或减轻公司的赔偿责任,降低企业风险,曾某某亦配合海南联合公司办理了该保险。曾某某因投保平安建筑工程团体意外伤害险已经获赔了177 234.71元。根据双方可推知的真实意思,曾某某从中国平安财产保险股份有限公司所获得的意外伤害保险款应抵扣其应享受的工伤保险待遇,海南联合建工无须再向曾某某支付173 173.37元。

### 评析

用人单位自用工之日起应当与劳动者签订书面劳动合同,也应当为劳动者缴纳社会保险,这是用人单位的法定义务。但建筑工程领域大量使用农民工,工人的流动性很强,再加上存在劳务分包,劳务分包单位用工极不规范,有的可能就是包工头领着一个"连队"在施工。建设主管部门三令五申规范用工,但总有监管不到位的地方。本案中,海南联合建工为曾某某购买了意外伤害险,购买的目的是降低用工风险,曾某某也配合购买了该保险,可以说,双方的意图是明显的。但用人单位是不是可以效仿此案购买意外伤害险来免除缴纳工伤保险的义务?答案是明确的:不可以。可是现实中的建筑领域用工量大、工人流动性强,为所有人员缴纳工伤保险不太现实。购买意外伤害险来减轻风险只是权宜之举,不符合法律规定。一案支持,但并不能说明司法领域都支持。执行法律不能打折扣。

## 案例二 李某与大同鹊山精煤公司工伤保险纠纷

**【(2019)晋民再246号】**

### 基本案情

李某系被告鹊山公司职工,鹊山公司为李某在左云县缴纳了工伤保险。2012年4月26日,李某因工作受到伤害,经鉴定为工伤六级。2014年1月13日,李某与鹊山公司签订了《关于工伤李某赔偿问题的处理协议》,双方已经按协议履行。2012年12月

28日,李某退休。2014年4月28日,李某经大同市劳动能力鉴定委员会因职业病鉴定为工伤四级、完全丧失劳动能力、特殊医疗依赖。

一审判决

李某在工作过程中受到伤害,构成工伤六级。事后,李某与被告鹊山公司对工伤损失达成赔偿协议,协议中损失的计算方法符合《工伤保险条例》中工伤保险待遇的规定,双方已经按照协议履行,所以对李某提出的工伤六级损失请求不予支持。李某在退休后申请职业病鉴定,职业病被鉴定为工伤四级。对于李某提出的一次性伤残补助金,因为鹊山公司已给李某缴纳了工伤保险,李某的一次性伤残补助金应该由工伤保险机构从工伤保险基金中支付,所以对该请求不予支持。另外,对李某提出的补足养老保险基金的请求,因为鹊山公司已经给李某缴纳了养老保险,所以对该请求不予支持。综上,判决驳回李某的诉讼请求。

李某不服一审判决,提出上诉。

二审判决

原审判决认定事实清楚,适用法律正确,判决结果适当,应予维持。依照《中华人民共和国民事诉讼法》第一百七十条第一款第一项的规定,判决:驳回上诉,维持原判。

李某不服二审判决向检察院申诉,申请检察监督。

山西省人民检察院做出晋检民(行)监〔2017〕14000000027号民事抗诉书,提出抗诉。山西省高级人民法院做出(2019)晋民抗23号民事裁定,提审本案。

再审判决

双方达成的《关于工伤李某赔偿问题的处理协议》已履行完毕。诉讼中李某提出该协议显失公平,但根据《中华人民共和国劳动合同法》第五十四条、第五十五条的规定,当事人自知道或者应当知道撤销事由之日起一年内行使撤销权,否则该撤销权消灭。在本案中,李某未在法定期间行使撤销权,也未提供证据证明工伤处理协议书存在可撤销的情形,撤销权消灭,该项请求依法不予支持。原判认定事实清楚,适用法律正确。李某的再审理由不能成立,依法不予支持。维持山西省大同市中级人民法院(2015)同民终字第120号民事判决。

评析

李某在再审中提出工伤赔偿协议显失公平欲行使撤销权,再审法院以撤销权经过一定时间而消灭不予支持。原《合同法》(现为《中华人民共和国民法典》)规定,撤销权行使的期间为一年,自知道或应当知道撤销事由之日起行使,否则该权利消灭。这一年时间被称为"除斥期间",无中断中止。《中华人民共和国民法典》第一百五十二条规定了撤销权消灭的情形,除斥期间仍为一年。当事人可以行使撤销权的情形规定在第一百四十七至第一百五十一条中,当事人因重大误解、欺诈、第三人欺诈、胁迫、显失公平,在违背真实意思的情况下实施民事法律行为,可以向法院或仲裁机构主张撤销。

## 案例三　杨某与蓟州新城民兴物业工伤保险待遇纠纷

### 【(2020)津01民终6402号】

**基本案情**

杨某出生于1966年3月3日。2017年6月7日,杨某入职民兴物业处从事保洁员工作,月工资为1 980元。2018年6月6日上午11时30分许,杨某在下班回家途中被一辆小型轿车倒车时撞倒受伤,诊断为左股骨颈骨折,住院12天。2019年5月20日,杨某提出工伤认定申请;2019年7月19日,做出认定工伤决定书。经劳动能力鉴定委员会鉴定,杨某符合伤残等级标准八级,确认杨某停工留薪期为9个月,其中不稳定期为2个月,恢复期为7个月。

**仲裁结果**

2020年7月21日,杨某提出仲裁申请。劳动争议仲裁委员会以杨某超过法定退休年龄为由不予受理通知书。

杨某不服仲裁裁决,诉至法院。

**一审判决**

最高人民法院行政审判庭根据《关于超过法定退休年龄的进城务工农民因工伤伤亡的,应否适用〈工伤保险条例〉请示的答复》(〔2010〕行他字第10号)意见,用人单位聘用的超过法定退休年龄的务工农民,在工作时间内因工作原因伤亡的,应当适用《工伤保险条例》的有关规定进行工伤认定。杨某按规定认定为工伤。因杨某入职时达到法定退休年龄,民兴物业未为杨某缴纳工伤保险。民兴物业作为用人单位在聘用杨某时即应知晓该风险,故民兴物业应依法按照《工伤保险条例》规定的工伤保险待遇项目和标准支付费用。在本案中,杨某应享受一次性伤残补助金、停工留薪期工资、住院伙食补助费、住院期间护理费等工伤保险待遇。杨某因已超过法定退休年龄,不再享受一次性工伤医疗补助金、一次性伤残就业补助金。因杨某未提供到统筹地区以外就医的相关证据,所以交通费不予支持。杨某主张的营养费、经济赔偿金于法无据,也不予支持。

杨某不服一审判决,提出上诉。

**二审判决**

杨某到民兴物业处从事工作时已经超过法定退休年龄,因超过法定退休年龄以后无法缴纳社会保险,故民兴物业未缴纳社会保险的原因并非民兴物业的责任。《天津市工伤保险条例若干规定》规定,工伤职工解除劳动合同时已达到法定退休年龄的并符合按月领取养老金条件的,不支付一次性工伤医疗补助金和一次性伤残就业补助金,故一审法院判决不支持上诉人关于一次性工伤医疗补助金、一次性伤残就业补助金的主张无误。杨某的上诉请求不能成立,应予驳回。

**评析**

　　这是一起超过法定退休年龄的务工人员发生工伤事故如何赔偿的案例。本案中有2点是非常明确的,一是录用超过法定退休年龄的工作人员无法缴纳工伤保险,发生事故认定为工伤的由用人单位按照《工伤保险条例》的规定承担赔偿责任;二是超过法定退休年龄的工作人员不再享受"一次性工伤医疗补助金和一次性伤残就业补助金"两项工伤保险待遇。天津市的工伤保险规定是十分明确的。

(案例来源:中国裁判文书网,有改动。)

## 知识地图

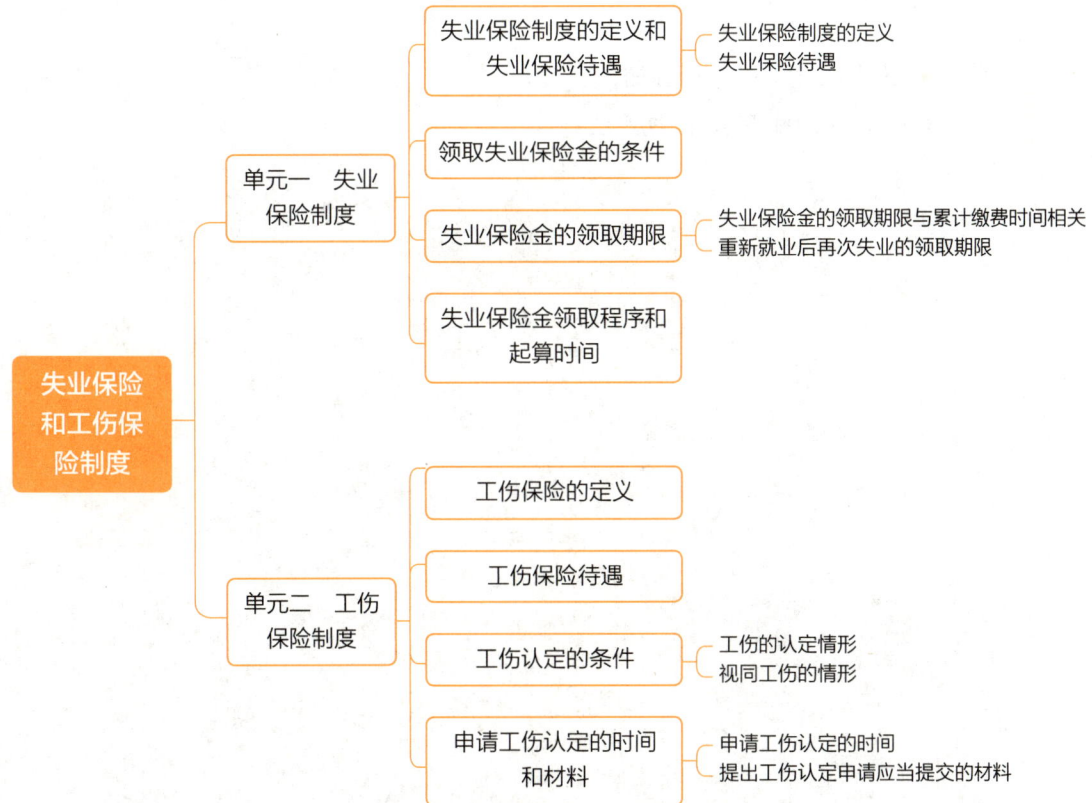

# 专题五　劳动争议仲裁和诉讼

### 言之有理

所谓公正司法,就是受到侵害的权利一定会得到保护和救济,违法犯罪活动一定要受到制裁和惩罚。

——习近平,选自《论坚持全面依法治国》

### 核心问题

1. 劳动争议仲裁的时效是如何规定的?
2. 劳动争议诉讼适用哪部诉讼法的规定?

> **导引阅读**

## 北京发布涉疫情劳动争议仲裁十大案例

北京市人力资源和社会保障局发布2020年涉新冠肺炎疫情劳动争议仲裁十大典型案例,涉及居家办公、试用期延长、劳动合同续订、带薪年休假、劳动合同解除等疫情防控期间较为常见的劳动争议。对案件进行释法分析和风险提示,有利于对同类案件的处置。

根据发布的内容,这些案例都与疫情特殊时期相关。例如,某科技公司通知员工刘某居家办公,随后该公司以"受市场影响业务不饱和""居家办公无法记录考勤"等理由降低包括刘某在内的居家办公员工月薪为北京市最低工资标准(2 200元)。刘某提出支付工资差额的仲裁申请,最终赢得仲裁委裁决支持。在本案中,涉事公司在疫情期间安排刘某通过电话、网络等灵活的工作方式居家办公,应当视为其正常出勤上班,在未经协商一致的情况下,公司单方降薪缺乏依据,故应予补发。

再如,孙某与某教育培训公司签订3年的书面劳动合同,试用期为3个月。受疫情影响,孙某在湖北过春节返京时间推迟,其公司延长了孙某一个月的试用期,工资仍按试用期支付。孙某以未足额支付劳动报酬为由离职,并要求补齐工资差额和赔偿金等,最终仲裁委裁决驳回了孙某的仲裁请求。在本案中,在特殊情形下,应当允许用人单位扣除因疫情影响而无法考察劳动者的期间,即适当延长试用期。

(资料来源:http://news.youth.cn/jsxw/202011/t20201119_12582736.htm,有改动。)

> **思考与讨论**

请同学们根据以上案例思考:

1. 受新冠肺炎疫情影响,有的企业强制通知员工集体降薪这一行为是否合法?如果不合法,正确的做法是什么?

2. 受新冠肺炎疫情影响,在疫情期间,企业是否可以在足额支付带薪休年假报酬的情况下,统筹安排员工休带薪年假?

# 单元一 劳动争议的定义和处理程序

## 一、劳动争议的定义

劳动争议是指劳动者与用人单位在劳动合同履行过程中围绕劳动权利和义务所发生的纠纷。劳动争议一般包括是否存在劳动关系的争议，辞退、辞职、离职的争议，工作时间、休息休假、社会保险、劳动报酬、工伤医疗费、经济补偿或者赔偿金等争议。

## 二、劳动争议处理的程序

发生劳动争议后，一般会有劳动者和用人单位双方协商的过程，经过协商达成和解协议，或经过第三方非仲裁机构的调解达成协议。如果双方无法达成和解协议或调解协议，一般会选择劳动争议仲裁，对仲裁裁决不服的可提起诉讼。劳动争议仲裁是进行劳动争议诉讼的前置程序。

# 单元二 劳动争议仲裁与诉讼的具体规定

## 一、劳动争议仲裁的时效与管辖

### 1. 劳动争议仲裁的时效

劳动争议申请仲裁的时效期限为1年。仲裁时效期间从当事人知道或者应当知道其权利被侵害之日起计算。

### 2. 劳动争议仲裁的管辖

劳动争议由劳动合同履行地或者用人单位所在地的劳动争议仲裁委员会管辖。

## 二、劳动争议仲裁裁决的效力

### 1."一裁终局"的终局裁决

下列劳动争议，除《中华人民共和国劳动争议调解仲裁法》另有规定的外，仲裁裁决为终局裁决，裁决书自做出之日起发生法律效力：

（1）追索劳动报酬、工伤医疗费、经济补偿或者赔偿金，不超过当地月最低工资标准12个月金额的争议。

（2）因执行国家劳动标准在工作时间、休息休假、社会保险等方面发生的争议。

### 2. 可以提起诉讼的仲裁裁决

（1）除上述劳动争议仲裁裁决外，当事人对其他劳动争议案件的仲裁裁决不服的，可以自收到仲裁裁决书之日起15日内向人民法院提起诉讼。

（2）期满不起诉的，裁决书发生法律效力。

### 三、劳动争议诉讼的具体规定

（1）劳动争议诉讼是民事诉讼，适用民事诉讼法的规定。

（2）拖欠工资的劳动争议诉讼的特殊规定。劳动者以用人单位的工资欠条为证据直接向人民法院起诉，诉讼请求不涉及劳动关系其他争议的，视为拖欠劳动报酬争议，按照普通民事纠纷受理，不需要经过劳动争议仲裁的前置程序。

## 知识地图

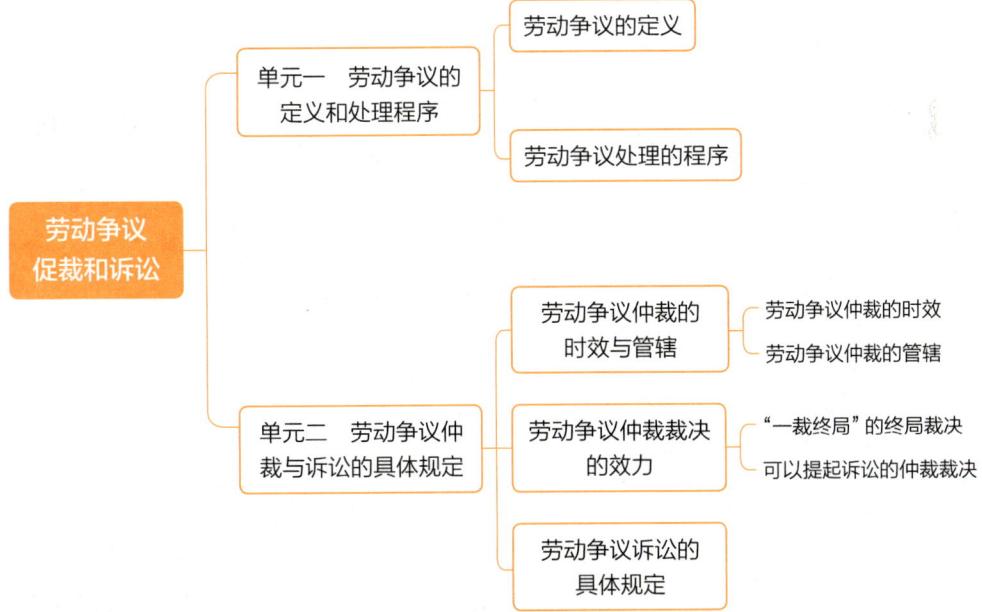

# 下篇

# 劳动实践篇

**实践情境一**　涵养劳动情怀　崇尚劳动光荣

**实践情境二**　践行志愿精神　感悟劳动崇高

**实践情境三**　贯彻发展理念　体悟劳动伟大

**实践情境四**　强化价值引领　体会劳动美丽

# 实践情境一
# 涵养劳动情怀　崇尚劳动光荣

## 项目一　传承农耕文化　体会辛勤劳动

微课视频

### 项目目标

#### 1. 知识目标

（1）深入了解中华农耕文化的智慧结晶，深刻理解人与自然和谐共生的理念。

（2）充分了解现代农业的新理念、新方法、新技术，正确把握现代农业的发展现状与前景。

#### 2. 技能目标

（1）学会使用传统农耕工具，掌握基本的农耕技能。

（2）了解并初步应用现代农业技术方法。

#### 3. 素质目标

（1）体悟中华农耕文化中的思想之美、技艺之美、器物之美，增强对中华优秀传统文化的认同感和自豪感。

（2）培养吃苦耐劳、团结协作的品质。

（3）提升创新意识和实践能力。

### 项目思路

本项目通过分组劳动实践，让学生在亲身体验中感受中华农耕文化的魅力，理解农业现代化的内涵，从而实现知识、技能和素质的全面提升。

### 知识快递

#### 1. 中华农耕文化

中华农耕文化源远流长、博大精深，是中华优秀传统文化的"根"和"魂"，是我国农业的宝贵财富。中华农耕文化承载着华夏文明生生不息的基因密码，彰显着中华民族的思想智慧和精神追求。千百年来，农耕的生产方式以及乡村的生活方式为中华儿女提供了生产生活的知识、为人处世的规范，中华民族长期的辛苦劳作孕育出的勤劳勇敢、齐心协力、尊老爱幼、助人为乐、节俭谦逊等优秀美德传承至今，形成了中华文化的独特基因。

## 2. 农业现代化

农业现代化是指将现代科学技术、管理方法和经营理念应用于农业生产过程,以提高农业生产效率、产品质量和市场竞争力,实现农业的可持续发展(图3-1-1、图3-1-2)。

图3-1-1 农业无人机
(来源:中国科技网)

图3-1-2 新型可移动式管道水培系统
(来源:人民网)

## 使用工具

实物工具:锄头、铁锹、镰刀、耙子、犁等传统农耕工具。
技术方法:智能农业技术、植保无人机、农业物联网、遥感监测等现代农业技术。

## 项目实施

(1)学生查阅资料了解中国农耕文化,掌握现代农业的发展现状、发展前景,以及面临的问题与挑战,明确主题项目开展的价值和意义。

(2)教师根据区域土质、气候条件,学校基本条件设施等情况确定农耕项目实施方案。以下内容仅供参考:

① 开展翻地整地、果蔬植物栽种、浇水除草、施肥护养、收割采摘等农耕项目。

② 开展盆栽蔬菜栽种、花草植物栽种、无水栽培等农耕项目。

③ 开展浇水除草、施肥护养、收割采摘等农耕项目。

④ 开展种植、参观、采摘、示范教育等项目,重点让学生了解、掌握现代化农业设施及光伏、无土栽培、温室自动化控制等先进的现代化农业技术。

(3)教师指导学生充分了解农耕项目所用农具的功能和使用方法,以及现代新型农业技术的操作流程和方式。

(4)邀请专业人士全程指导学生。

(5)明确项目分组、项目主题和组内分工。

## 📋 项目总结

（1）举办"农耕劳动分享会"，每组分享项目开展情况，分享内容包含但不限于项目开展的价值及意义、掌握的技能、反思感悟、未来展望等。分享形式由各组自行设计，可用PPT、图片、视频等方式呈现。

（2）学生按照项目具体实践情况，填写相关内容，形成"传承农耕文化　体会辛勤劳动"主题实践项目总结报告（参考表3-1-1），并提交。

表3-1-1　"传承农耕文化　体会辛勤劳动"主题实践项目总结报告

| 姓名与班级 | | 实践项目名称 | |
|---|---|---|---|
| 实践日期 | | 实践地点 | |
| 主要实践内容 | | | |
| 我的优势<br>（哪方面做得好，发挥了哪些能力） | | | |
| 我的短板<br>（哪方面存在不足，造成了怎样的不良影响） | | | |
| 未来展望 | | | |

（3）指导教师根据所要了解的内容自行设计项目评价问卷，掌握学生对本次项目开展情况及教师指导情况的评价与建议，为提升后续项目质量提供支撑。

## ⚠ 注意事项

（1）注意农耕工具的使用及实际气候条件，做好防暑、防沙等工作。同时，严格遵循量力而行的原则。

（2）加强安全教育，确保学生掌握安全操作规程。指导教师全程监督，确保实践活动安全有序地进行。

## 📝 项目评价

### 1. 教师评价

教师可参考表3-1-2对学生"传承农耕文化　体会辛勤劳动"主题实践项目进行评价。

表3-1-2 "传承农耕文化 体会辛勤劳动"主题实践项目评价表

| | 评价标准 | 分值 | 得数 | 总分 | 教师评价 |
|---|---|---|---|---|---|
| 农耕项目 | 项目准备充分 | 10 | | | |
| | 在实践过程中充分发扬辛勤劳动品质 | 10 | | | |
| | 掌握一种现代新型农业技术 | 10 | | | |
| | 其他表现优异 | 10 | | | |
| | 完成项目任务 | 10 | | | |
| 农耕分享会 | 形式创新 | 10 | | | |
| | 内容充实 | 10 | | | |
| | 感悟深刻 | 10 | | | |
| 项目总结报告 | 内容翔实 | 10 | | | |
| | 认识深刻,情感真挚 | 10 | | | |

## 2. 学生评价

（1）自我评价。学生可参考表3-1-3对个人参与"传承农耕文化 体会辛勤劳动"主题实践项目的整体情况进行真实的自我评价。

表3-1-3 "传承农耕文化 体会辛勤劳动"主题实践项目自我评价表

| | 姓名与班级 | | | |
|---|---|---|---|---|
| | 实践项目 | | | |
| | 实践内容 | | | |
| | 项目整体完成情况 | A.出色完成 | B.基本完成 | C.未完成 |
| 树德 | 参与实践项目的态度 | A.非常积极主动 | B.积极主动性一般 | C.消极被动 |
| | 通过辛勤劳动感受到农耕的辛苦与乐趣 | A.感受深刻 | B.有些许感受 | C.未感受到 |
| | 体会到"劳动创造幸福""有付出才有收获"的道理 | A.体会深刻 | B.有些许体会 | C.未体会到 |
| 增智 | 了解中华农耕文化,体会到农耕文化的博大精深 | A.深入了解 | B.初步了解 | C.未了解 |
| | 了解现代农业的新技术、新方式、新理念 | A.深入了解 | B.初步了解 | C.未了解 |

| | | | | |
|---|---|---|---|---|
| 增智 | 掌握常用农耕工具的使用方法 | A. 充分掌握 | B. 基本掌握 | C. 未掌握 |
| | 掌握具体项目内容相关的农耕技术 | A. 充分掌握 | B. 基本掌握 | C. 未掌握 |
| 强体 | 身体得到怎样的锻炼 | A. 得到充分锻炼 | B. 得到基本锻炼 | C. 未得到锻炼 |
| 育美 | 在实践过程中感悟劳动美 | A. 感悟深刻 | B. 有些许感悟 | C. 未感悟到 |

（2）项目评价。学生填写指导教师设计的项目评价问卷，对本次项目开展情况及教师指导情况给予真实的评价与建议。

# 项目二 诚信助农销售 践行诚实劳动

## 项目目标

### 1. 知识目标

（1）了解农村农副产品的销售现状以及农副产品滞销的主要原因。
（2）了解目前主流的新媒体营销方式，深入挖掘适用于农副产品营销的方式路径。

### 2. 技能目标

（1）掌握新媒体营销方法，能结合营销对象合理选择新媒体技术。
（2）提升数据分析能力、产品宣传文案设计和写作能力。

### 3. 素质目标

（1）深刻体会"劳动创造幸福"的道理，培养诚实劳动的品质、积极劳动的态度和勇于创新的精神。
（2）提升应用新媒体技术、创新营销模式、网络宣传文案创作等实践能力。
（3）通过实践项目的磨炼，增强抗压能力和意志力。
（4）在劳动过程中感悟协作之美、产品设计等创新创造之美。

## 项目思路

本项目采用"助农销售+新媒体营销"的形式开展，其中，营销方式可从短视频营销、直播平台营销、社交媒体营销、电商营销、自媒体平台营销、音频营销等主流新媒体营销方式中自由选取。

## 知识快递

### 1. 农副产品滞销的原因

（1）市场信息不对称。多数农民的市场信息获取渠道单一，市场供需情况分析能力不足，产品种植选择通常依据传统经验判断，且较易盲目跟风，导致产品供给与市场需求不匹配，导致产品滞销（图3-1-3）。

（2）产品生产标准滞后。农副产品生产标准未与现代农业和消费者需求对标，如农药残留不达标、产品包装简陋等，导致产品缺乏市场竞争力，进而滞销。

（3）产品营销方式陈旧。传统的营销方式往往忽视市场调研，导致无法制定有

图3-1-3　农副产品滞销景象
（来源：人民网）

效的营销策略；通常依赖传统的销售渠道，如农贸市场、路边摊等，而忽视电子商务、社交媒体等新兴渠道的销售潜力；缺乏品牌意识，没有形成独特的品牌形象和品牌故事，在消费者心中难以形成记忆点，影响品牌忠诚度建立；忽视消费者体验，包括产品包装、售后服务等，影响产品满意度和口碑传播。

### 2. 传统媒体营销

传统媒体营销是指利用传统媒体渠道，如电视、广播、杂志和报纸等，来推广和宣传产品或服务的营销方法。传统媒体营销的一大特点是单向传播，即媒体机构向大众传播，但没有大众信息反馈这一环节，大众只能被动地接受信息，却缺少发表意见的路径，而具有双向传播特点的新媒体营销的优势恰恰就在于此。

### 3. 新媒体营销

新媒体营销是基于特定产品的概念诉求与问题分析，对消费者进行针对性心理引导的营销模式，载体包括移动社交媒体平台、基于HTTP协议的Web页面、线上线下相结合的社区网络等。这些载体利用其成本低、传播速度快、覆盖面广、互动性强、精准度高、创意空间大等优势，成为产品品牌推广和广告营销的重要渠道。但也存在信息过载、可信度参差不齐等问题（图3-1-4）。

图3-1-4　部分新媒体营销平台

## 🔧 使用工具

实物工具：问卷、宣传册、农副产品样品等。

技术方法：网络调查、数据分析、社交媒体运营（如微信、微博、抖音等）。

## 📂 项目实施

（1）了解周边地区农副产品滞销的实际情况，并收集其原有销售路径、滞销原因、滞销量、销售价格等基本信息。对基本信息进行分析，了解滞销品在周边地区及互联网上的市场供求情况，确定助农销售对象。

（2）学生分组对不同对象开展助农销售项目。每组学生深入考察市场需求及助农对象的基本情况，充分了解目前主流的新媒体营销方式，并结合本组对象情况与各新媒体平台的运营特点，分析、讨论各新媒体渠道及新媒体营销方式与滞销产品、目标用户之间的联系，由此确定适合目标产品的营销渠道和方式。建议针对一个对象运用多种营销方式。

（3）观看相关的新媒体营销案例，基于消费者的角度，分析新媒体营销在情感、价值、思维等方面对消费者的影响，了解掌握消费者购买商品的心理。

（4）针对不同营销方式，分别制订营销项目方案及销售文案，产品的介绍须实事求是，不得夸大其词、以次充好。

（5）每组学生分别前往助农销售目标地点，向农民介绍产品滞销原因以及项目计划运用的营销方式，并鼓励农民参与整体营销项目，使其深入了解、学习新媒体营销的各个流程。

（6）每组学生按照各自的营销项目方案及任务分工逐步落实方案。在实施过程中需注意以下事项：

① 优化拍摄环境，合理构图、布光，须保证拍摄素材的真实性，不虚假宣传，不侵犯他人摄影作品等知识产权。

② 调研当地物流机构，综合考虑配送效率、服务质量、协议价格、赔付赔偿等因素后，为农民签订物流合作协议提供建议与支撑。

③ 充分调研市场，基于农户和消费者利益，完成产品定价。

④ 涉及客户信息的订单信息须妥善保管，确保客户信息安全。

⑤ 提供优质的售后服务，保障消费者权益，不欺瞒、不敷衍。

（7）学生完成既定项目任务，向农民介绍营销流程及经验，授人以渔。

## 📋 项目总结

（1）举办"成果展示会"，展示内容包含但不限于目标对象的调研信息、选择的营销方式及原因、项目具体流程及每个流程任务开展情况、销售文案、营销效果、项目哪个环节做到了诚实劳动、可优化的内容、思想收获、未来展望等。展示形式包括实践报告、PPT、视频短片等。

（2）每名学生按照项目具体实践情况，填写相关内容，形成"诚信助农销售 践行诚实劳动"主题实践项目总结报告（参考表3-1-4），并提交。

实践情境一 | 涵养劳动情怀 崇尚劳动光荣 197

表3-1-4 "诚信助农销售 践行诚实劳动"主题实践项目总结报告

| 姓名与班级 | | 实践项目名称 | |
|---|---|---|---|
| 实践日期 | | 实践地点 | |
| 主要实践内容<br>（助农产品介绍，采用哪种营销方式，参与哪些工作） | | | |
| 我的优势<br>（哪方面做得好，发挥了哪些能力，在团队中的作用） | | | |
| 我的短板<br>（哪方面存在不足，造成了怎样的不良影响） | | | |
| 未来展望 | | | |

（3）指导教师根据所要了解的内容自行设计项目评价问卷，掌握学生对本次项目开展情况及教师指导情况的评价与建议，为提升后续项目质量提供支撑。

## ⚠ 注意事项

（1）注意项目地点的实际气候条件，做好防暑、防虫等工作。

（2）通过网络调查和实地调研等方式，制订营销项目方案，撰写宣传文案，须体现直观性、可行性、新颖性。

（3）涉及农民本人的项目环节须确保农民本人亲自在场，一切项目流程须征得农民同意方可开展。

## 项目评价

### 1. 教师评价

教师可参考表3-1-5对学生"诚信助农销售 践行诚实劳动"主题实践项目进行评价。

表3-1-5 "诚信助农销售 践行诚实劳动"主题实践项目评价表

| | 评 价 标 准 | 分值 | 得数 | 总分 | 教师评价 |
|---|---|---|---|---|---|
| 助农销售项目 | 前期数据、信息调研充分 | 10 | | | |
| | 项目方案制订全面、合理 | 15 | | | |

续表

| 评价标准 | | 分值 | 得数 | 总分 | 教师评价 |
|---|---|---|---|---|---|
| 助农销售项目 | 销售文案编写规范、有创新性 | 15 | | | |
| | 项目过程充分发扬诚实劳动品质 | 10 | | | |
| | 掌握一种新媒体营销方式 | 10 | | | |
| | 完成项目任务 | 10 | | | |
| 成果展示会 | 内容充实 | 10 | | | |
| | 形式创新、感悟深刻 | 10 | | | |
| 项目总结报告 | 内容翔实,情感真挚 | 10 | | | |

## 2. 学生评价

（1）自我评价。学生可参考表3-1-6对个人参与"诚信助农销售 践行诚实劳动"主题实践项目的整体情况进行真实的自我评价。

表3-1-6 "诚信助农销售 践行诚实劳动"主题实践项目自我评价表

| | 姓名与班级 | | | |
|---|---|---|---|---|
| | 实践项目 | | | |
| | 实践内容 | | | |
| | 项目整体完成情况 | A.出色完成 | B.基本完成 | C.未完成 |
| 树德 | 参与实践项目的态度 | A.非常积极主动 | B.积极主动性一般 | C.消极被动 |
| | 在实践过程中始终践行诚实劳动 | A.非常同意 | B.一般同意 | C.不同意 |
| | 体会到"劳动创造幸福"的道理 | A.体会深刻 | B.有些许体会 | C.未体会到 |
| 增智 | 了解目前主流的新媒体营销方式 | A.深入了解 | B.初步了解 | C.未了解 |
| | 掌握一种新媒体营销方式 | A.充分掌握 | B.基本掌握 | C.未掌握 |
| | 掌握新媒体营销人员应具备的基本技能 | A.充分掌握 | B.基本掌握 | C.未掌握 |
| | 沟通协作能力得到提升 | A.充分具备 | B.基本具备 | C.未具备 |
| | 抗压能力得到提升 | A.充分形成 | B.基本形成 | C.未形成 |
| | 发现问题与解决问题的能力得到提升 | A.非常同意 | B.一般同意 | C.不同意 |
| | 创新精神与创新能力得到提升 | A.非常同意 | B.一般同意 | C.不同意 |
| 强体 | 身体得到怎样的锻炼 | A.充分锻炼 | B.基本锻炼 | C.未得到锻炼 |
| 育美 | 在实践过程中感悟劳动美 | A.感悟深刻 | B.有些许感悟 | C.未感悟到 |

（2）项目评价。学生填写指导教师设计的项目评价问卷，对本次项目开展情况及教师指导情况给予真实的评价与建议。

# 项目三 体验办公文化　促进协作劳动

## 项目目标

### 1. 知识目标
（1）了解办公室工作的基本内容，理解协作劳动在办公室工作中的重要性。
（2）熟悉项目中涉及的办公业务，掌握基本办公技能涵盖的内容及其锻炼方法和路径。

### 2. 技能目标
培养学生办公室工作人员应具备的基本办公技能，如办公软件和设备操作能力、良好的文字处理能力、强大的学习及时间管理能力等。

### 3. 素质目标
（1）树立保密、责任与协作意识，培养协作劳动的品质和爱岗敬业的职业精神。
（2）锻炼基本办公技能，提升沟通协作、语言表达、抗压等能力。

## 项目思路

本项目通过分组劳动实践，让学生在模拟办公室环境或校内外真实办公环境中体验职场生活，以实际操作和团队合作为主线，提高学生的综合素养。项目分为筹备、实施、总结3个阶段，注重理论与实践相结合，充分调动学生的积极性与参与度。

## 知识快递

### 1. 办公室礼仪
（1）着装规范。请穿着得体的职业装，这不仅展示专业形象，也是对他人的尊重。
（2）礼貌用语。在日常交流中使用"请""谢谢""对不起"等礼貌用语，体现教养和职业素养。
（3）尊重他人。尊重同事的意见和隐私，不随意翻看他人文件，不背后议论同事。
（4）守时守纪。按时参加会议和活动，这是对他人时间的基本尊重，也是职场的基本规则。

(5）保持整洁。保持个人工作区域整洁，共同维护一个干净、有序的办公环境。

### 2. 通用办公技能

（1）办公软件操作。熟练使用Word进行文档编辑、格式设置、排版等；掌握Excel的基本函数、数据整理、图表制作等功能；使用PowerPoint制作专业、美观的演示文稿。

（2）文件管理。有序地命名、存储和归档文件，便于快速检索；了解文件保密等级，确保信息安全。

（3）会议组织。策划会议议程，准备会议材料；负责会议记录，整理会议纪要。

（4）时间管理。制订工作计划，合理分配时间；使用日历、待办事项列表等工具，提高时间利用效率。

（5）沟通协调。与领导或同事有效沟通，明确表达自己的想法；协调跨部门资源，推动项目进展。

（6）网络搜索与信息筛选。利用网络资源进行有效搜索，快速找到所需信息；筛选和评估信息的相关性和准确性。

（7）数据分析和报告撰写。对数据进行基本分析，提取关键信息；撰写结构清晰、逻辑严谨的报告。

（8）团队建设。明确团队的目标，确保每个人都朝着共同目标努力；了解自己在团队中的角色和责任，发挥专长，为团队贡献力量；积极倾听，清晰表达，确保信息在团队中顺畅传达；通过团队合作活动，增进了解，建立信任；学会以建设性方式处理冲突，寻找共赢的解决方案；互相鼓励，提升团队士气。

## 使用工具

实物工具：计算机、打印机、投影仪、办公桌椅等。

技术方法：网络沟通平台（如企业微信、钉钉）、办公管理软件（如Teambition和Office Automation）、在线协作工具（如腾讯文档、WPS文档）等。

## 项目实施

（1）提前与校内相关学院和行政部门或者校外合作单位、企业沟通此次项目，征得相关单位、部门同意。

（2）邀请校内相关教师或合作单位相关人员进行岗前培训，向学生介绍各岗位职责、工作内容、办公技能要求和其他相关要求。根据各岗位职责要求、工作内容、所需人数和学生目前具备的基本技能水平等情况进行综合考量，分配岗位。

（3）学生要做好岗位功课，以及应对工作的心理准备和技能准备。

（4）学生按时到所分配的学院、部门、单位办公室报到，并按照指导教师或校外导师的要求，认真配合相关人员开展办公室工作。

（5）每日整理当天的工作成果，形成工作日志（表3-1-7）。

实践情境一 | 涵养劳动情怀 崇尚劳动光荣

表3-1-7 "体验办公文化 促进协作劳动"主题实践项目工作日志

| 姓名与班级 | | 实践日期 | |
|---|---|---|---|
| 工作单位及部门 | | 上班时间<br>下班时间 | |
| 重点工作事项<br>（若为协作完成的工作，<br>在末尾标※） | | | |
| 办公技能锻炼及提升情况 | | | |
| 自我剖析及反思 | | | |
| 指导教师（校外导师）评语 | | | |

## 项目总结

（1）项目实践结束后，指导教师或校外导师对学生的整体工作体验情况进行总结、评价。

（2）学生根据办公体验情况填写表3-1-8"体验办公文化 促进协作劳动"主题实践项目体验报告，并提交。

表3-1-8 "体验办公文化 促进协作劳动"主题实践项目体验报告

| 姓名与班级 | | 实践项目组 | |
|---|---|---|---|
| 实践日期 | | 实践地点 | |
| 主要实践内容<br>（做了哪些工作内容，工作<br>完成度，协作程度） | | | |
| 我的优势<br>（哪方面做得好，发挥了<br>哪些能力） | | | |

续 表

| 我的短板<br>（哪方面存在不足，造成了怎样的不良影响） | |
|---|---|
| 未来展望 | |

（3）指导教师根据所要了解的内容自行设计项目评价问卷，掌握学生对本次项目开展情况及教师指导情况的评价与建议，为提升后续项目质量提供支撑。

## ⚠ 注意事项

（1）学生应注意部分工作的保密性，不得将保密工作、数据泄露给他人，增强保密意识。
（2）项目期间，学生要注意办公室的安全保卫工作，加强安全用电、防火防盗意识。

## 项目评价

### 1. 教师评价

教师可参考表3-1-9对学生"体验办公文化 促进协作劳动"主题实践项目进行评价。

表3-1-9 "体验办公文化 促进协作劳动"主题实践项目评价表

| 评价标准 | | 分值 | 得数 | 总分 | 教师评价 |
|---|---|---|---|---|---|
| 办公体验项目 | 不迟到、不早退、不缺勤 | 10 | | | |
| | 积极塑造正确办公室文化 | 10 | | | |
| | 办公技能得到提升 | 10 | | | |
| | 工作日志清晰、规范 | 10 | | | |
| | 在实践过程中充分发扬协作劳动品质 | 10 | | | |
| 指导教师/校外导师评价 | 态度端正 | 10 | | | |
| | 积极进取 | 10 | | | |
| | 表现良好 | 10 | | | |
| 项目体验报告 | 内容翔实 | 10 | | | |
| | 认识深刻，情感真挚 | 10 | | | |

### 2. 学生评价

（1）自我评价。学生可参考表3-1-10对个人参与"体验办公文化 促进协作劳动"主题实践项目的整体情况进行真实的自我评价。

实践情境一 | 涵养劳动情怀　崇尚劳动光荣

表3-1-10　"体验办公文化　促进协作劳动"主题实践项目自我评价表

| | 姓名与班级 | | | |
|---|---|---|---|---|
| | 办公单位、部门及地点 | | | |
| | 实践内容 | | | |
| | 项目整体完成情况 | A. 出色完成 | B. 基本完成 | C. 未完成 |
| 树德 | 参与实践项目的态度 | A. 非常积极主动 | B. 积极主动性一般 | C. 消极被动 |
| | 在实践过程中积极践行协作劳动 | A. 非常同意 | B. 一般同意 | C. 不同意 |
| | 感悟到团结协作、敬业奉献的职业精神 | A. 感悟深刻 | B. 有些许感悟 | C. 未感悟到 |
| 增智 | 了解良好的办公室文化 | A. 深入了解 | B. 初步了解 | C. 未了解 |
| | 熟悉实践项目涉及的办公业务 | A. 非常熟悉 | B. 基本熟悉 | C. 未熟悉 |
| | 掌握办公软件和设备操作能力 | A. 充分掌握 | B. 基本掌握 | C. 未掌握 |
| | 表达能力得到提升（包含文字表达及语言表达） | A. 非常同意 | B. 一般同意 | C. 不同意 |
| | 学习及时间管理能力得到提升 | A. 充分形成 | B. 基本形成 | C. 未形成 |
| 强体 | 认识到良好身体素质的重要性 | A. 非常同意 | B. 一般同意 | C. 不同意 |
| | 身体得到怎样的锻炼 | A. 充分锻炼 | B. 基本锻炼 | C. 未得到锻炼 |
| 育美 | 在实践过程中感悟到敬业之美、协作之美 | A. 感悟深刻 | B. 有些许感悟 | C. 未感悟到 |

（2）项目评价。学生填写指导教师设计的项目评价问卷，对本次项目开展情况及教师指导情况给予真实的评价与建议。

# 项目四　还原纠纷案件　维护劳动权益

## 项目目标

### 1. 知识目标

（1）了解《中华人民共和国劳动法》《中华人民共和国劳动合同法》《中华人民共和国劳动争议仲裁调解法》《中华人民共和国劳动合同法实施条例》等法律法规和法院的审判制度。

（2）掌握案情、证据与法律之间的关系。

### 2. 技能目标
（1）掌握法庭审理案件的基本程序。
（2）通过证据收集、关联、庭审模拟等环节，提升逻辑思维、语言表达、问题分析能力。

### 3. 素质目标
（1）增强法治意识、维权意识，提升社会责任感和使命感，做到学法、知法、懂法、守法、用法。
（2）培育逻辑思维、缜密思维和敏捷思维。同时，通过将理论知识运用于实践项目，充分理解理论与实践相结合的重要性。
（3）在项目实践过程中感受和谐劳动关系之美，积极营造和谐社会氛围。

## 项目思路

本项目采用模拟法庭的形式开展。模拟法庭是一种教学实践活动，通过模拟真实法庭环境，帮助法律专业学生或对法律实践感兴趣的学生理解法律程序和提高法律实践技能，包括公共演讲能力、批判性思维和法律分析能力等。

## 知识快递

### 1. 模拟法庭的关键角色
（1）法官。负责监督整个法庭程序，确保程序公正进行，并对案件作出裁决。
（2）原告。提出劳动纠纷的诉求，提供证据支持自己的主张。
（3）原告律师。代表原告方提出诉讼请求，陈述案件事实，提供证据，进行法庭辩论。
（4）被告。针对原告的诉求进行答辩，提供反驳的证据和理由。
（5）被告律师。代表被告方回应原告的诉讼请求，提供辩护，反驳原告的证据和论点。
（6）证人。提供与案件相关的证词，可能会被双方律师交叉询问。
（7）法庭书记员。记录法庭程序和所有发言，确保庭审过程的每个环节都有书面记录，为案件的审理和可能的后续程序提供依据。
（8）法警。维护法庭秩序，执行法庭指令，确保庭审活动顺利进行，处理庭审中的突发事件。

### 2. 模拟法庭的一般流程
（1）开庭陈述。原告律师和被告律师分别向法庭陈述案件的基本情况。
（2）举证阶段。双方律师分别提供证据，包括物证、证人证词等。
（3）交叉询问。律师对对方证人进行询问，以检验证词的可靠性。
（4）法庭辩论。双方律师就案件的事实和法律问题进行辩论。
（5）法官总结。法官总结案件的关键点，并指导陪审团（如果有）进行审议。
（6）裁决。法官或陪审团根据证据和辩论作出裁决。

## 🛠 使用工具

实物工具:计算机、投影仪、模拟法庭道具(法槌、法袍等)。
技术方法:案例分析、小组讨论、模拟演练、现场点评等。

## 📂 项目实施

(1)团队组建与分工。为每组分配角色,如项目组长、法律研究员、模拟法庭角色等。

(2)资源准备。准备模拟法庭所需的场地、道具、设备等;确定并邀请专业指导教师,如法学教授、律师等。

(3)知识培训。安排法律知识讲座,涵盖《中华人民共和国劳动法》《中华人民共和国劳动合同法》等相关法律法规;进行劳动纠纷案例研究,分析不同类型的劳动争议。

(4)案件选取与还原。各小组从现实中选取或设计具有代表性的劳动纠纷案件;对案件进行深入研究,理解案件背景、争议焦点和法律依据,撰写案情分析报告;准备与案件相关的证据材料,如合同、工资条、通信记录等。

(5)模拟法庭准备与实施。各小组根据角色分工,准备法庭陈述、交叉询问等;安排模拟法庭的彩排,确保流程的顺畅;正式开庭,各小组按照法庭程序模拟案件审理,法官主持庭审,原告、被告、律师等角色各司其职;邀请专业指导教师对模拟法庭进行点评。

## 📋 项目总结

(1)每组学生将本组模拟庭审的流程、具体细节等内容整理形成模拟法庭庭审记录,记录须包含案由、开庭时间、开庭地点、参与庭审的各个角色名单等基本信息,以及庭前准备、法庭调查、法庭辩论、被告人最后陈述、审判长宣判等各个流程环节中每个角色的发言情况。

(2)学生根据项目实践情况填写表3-1-11"还原纠纷案件 维护劳动权益"主题实践项目体验报告,并提交。

表3-1-11 "还原纠纷案件 维护劳动权益"主题实践项目体验报告

| 姓名与班级 | | 实践项目组<br>(纠纷案例) | |
|---|---|---|---|
| 实践日期 | | 实践地点 | |
| 主要实践内容<br>(扮演什么角色,做了哪些准备工作和发言,工作完成度,协作程度) | | | |
| 我的优势<br>(哪方面做得好,发挥了哪些能力) | | | |

续表

| 我的短板<br>（哪方面存在不足，造成了怎样的不良影响） | |
|---|---|
| 未来展望 | |

（3）指导教师根据所要了解的内容自行设计项目评价问卷，掌握学生对本次项目开展情况及教师指导情况的评价与建议，为提升后续项目质量提供支撑。

## ⚠ 注意事项

（1）确保所有成员充分了解项目目标和流程，强调团队合作，确保所有成员都积极参与。
（2）维护模拟法庭的严肃性和正式性，确保实践活动的教育效果。
（3）注意保护个人隐私，在处理真实案例时避免泄露敏感信息。
（4）定期检查项目进度，及时调整计划以应对可能出现的问题。

## 项目评价

### 1. 教师评价

教师可参考表3-1-12对学生"还原纠纷案件　维护劳动权益"主题实践项目进行评价。

表3-1-12　"还原纠纷案件　维护劳动权益"主题实践项目评价表

| 评价标准 | | 分值 | 得数 | 总分 | 教师评价 |
|---|---|---|---|---|---|
| 模拟审理案件项目 | 服装穿着严肃、恰当 | 10 | | | |
| | 语言表达规范、有逻辑 | 10 | | | |
| | 模拟法庭剧本规范、详尽 | 15 | | | |
| | 庭审流程完整 | 10 | | | |
| | 审判结果准确、合理 | 15 | | | |
| 模拟法庭庭审记录 | 内容详细 | 10 | | | |
| | 格式规范 | 10 | | | |
| 项目体验报告 | 内容翔实 | 10 | | | |
| | 认知正确，情感真挚 | 10 | | | |

### 2. 学生评价

（1）自我评价。学生可参考表3-1-13对个人参与"还原纠纷案件 维护劳动权益"主题实践项目的整体情况进行真实的自我评价。

表3-1-13 "还原纠纷案件 维护劳动权益"主题实践项目自我评价表

|  |  |  |  |  |
|---|---|---|---|---|
|  | 姓名与班级 |  |  |  |
|  | 实践项目组 |  |  |  |
|  | 扮演角色 |  |  |  |
|  | 项目整体完成情况 | A. 出色完成 | B. 基本完成 | C. 未完成 |
| 树德 | 参与实践项目的态度 | A. 非常积极主动 | B. 积极主动性一般 | C. 消极被动 |
|  | 增强法律意识和法治观念 | A. 非常同意 | B. 一般同意 | C. 不同意 |
|  | 形成合法劳动的观念、意识 | A. 充分形成 | B. 基本形成 | C. 未形成 |
| 增智 | 了解劳动相关法律法规 | A. 深入了解 | B. 初步了解 | C. 未了解 |
|  | 熟悉法庭审理案件的基本程序 | A. 非常熟悉 | B. 基本熟悉 | C. 未熟悉 |
|  | 思维的逻辑性、缜密性得到提升 | A. 非常同意 | B. 一般同意 | C. 不同意 |
|  | 语言表达逻辑及能力得到提升 | A. 非常同意 | B. 一般同意 | C. 不同意 |
|  | 理论知识的应用能力得到提升 | A. 充分形成 | B. 基本形成 | C. 未形成 |
| 强体 | 认识到良好身体素质的重要性 | A. 非常同意 | B. 一般同意 | C. 不同意 |
|  | 身体得到怎样的锻炼 | A. 充分锻炼 | B. 基本锻炼 | C. 未得到锻炼 |
| 育美 | 在实践过程中感悟到和谐劳动关系之美 | A. 感悟深刻 | B. 有些许感悟 | C. 未感悟到 |

（2）项目评价。学生填写指导教师设计的项目评价问卷，对本次项目开展情况及教师指导情况给予真实的评价与建议。

## 项目五 识别日常危险 保障劳动安全

### 项目目标

#### 1. 知识目标

（1）理解劳动安全的重要性，了解劳动安全相关法律法规。

（2）掌握危险源识别的方法和风险评价方法。
（3）了解各类安全风险的控制措施。

### 2. 技能目标

（1）学会识别校园环境中存在的危险因素、确定潜在的危险源和可能发生的事故类型，提升安全防范能力。
（2）培养认真观察、思考的能力，努力营造安全、健康、美好的校园环境。
（3）学会正确佩戴防护用品，正确使用检测、应急等设备设施。

### 3. 素质目标

（1）强化责任意识，明确自己在校园安全中的责任和义务，通过识别危险源增强责任感，积极参与校园安全管理，共同维护校园安全稳定。
（2）培养对校园环境的观察能力，能够采取相应措施防范校园中潜在的危险；通过识别危险源的实践训练，提高应对突发事件的能力，包括快速判断、有效沟通和协作、采取适当的应急措施等。
（3）通过实地勘察与调研校园危险源，掌握保障职业安全健康、避险应急逃生的科学方法，提高劳动者的劳动保护能力和身体素质。
（4）在实践过程中理解控制管理系统、技术系统风险对美好生活的重要性，感受社会系统和谐之美。

## 项目思路

大学校园作为大学生学习和生活的重要场所，其安全问题直接影响师生的身心健康和校园稳定。随着校园规模的逐步扩大和校园生活的日益丰富多彩，校园安全问题日渐凸显。为确保每一名师生的安全与健康，我们必须高度重视劳动安全问题，并对校园内的潜在危险源进行细致入微的识别与评估。本项目采用"校园危险源识别＋评价"的形式开展，其中，校园危险源识别范围包括实训（实验）室、宿舍、食堂、教学楼、马路、器材设备存放处等区域。本项目旨在指导学生参与校园危险源的识别，提高校园安全管理水平，提升学生的安全劳动能力，加强校园危险源的识别与监控，从而营造一个安全、和谐、有序的校园环境。

## 知识快递

### 1. 相关法律法规、指南标准

《中华人民共和国安全生产法》《中华人民共和国职业病防治法》《高等学校实验室安全检查项目表》（2021）、《科研建筑设计标准》（JGJ 91—2019）、《危险源辨识、风险评价和控制措施策划指南》（T/COSHA 004—2020）。

### 2. 风险评估的基础知识

（1）风险。风险是指危害发生的概率与危害严重程度的组合，即：风险＝危害的严重性×危害发生的概率。其中，危害发生的概率（可能性）即事故潜在的发生频率；危害的严重性即事故可能造成的伤害、损失程度及影响的人数和区域大小。

（2）风险控制。风险控制的全过程包括：危险源识别—风险评估—风险减小（图3-1-5）。

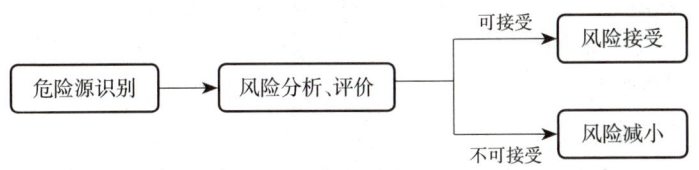

图3-1-5　风险控制过程

（3）校园危险源识别范围。

① 实训（实验）室：化学品存储与使用、生物样本、辐射源、高温设备等。

② 宿舍：火灾隐患、用电安全、高坠风险等。

③ 公共区域：交通安全、设施设备安全、食品安全等。

（4）校园危险源识别方法。

① 现场勘查：实地观察，记录潜在风险点。

② 问卷调查：收集师生对校园安全的意见和建议。

③ 专家访谈：邀请安全专家进行专业评估。

（5）风险评价方法。

① 风险矩阵分析法（LS）：风险矩阵分析法是一种半定量的风险评价方法。即在进行风险评价时，将风险事件的后果严重程度相对地定性分为若干级，将风险事件发生的可能性也相对地定性分为若干级，然后以严重性为表列、以可能性为表行制成表，在行列的交点上给出定性的加权指数（图3-1-6）。

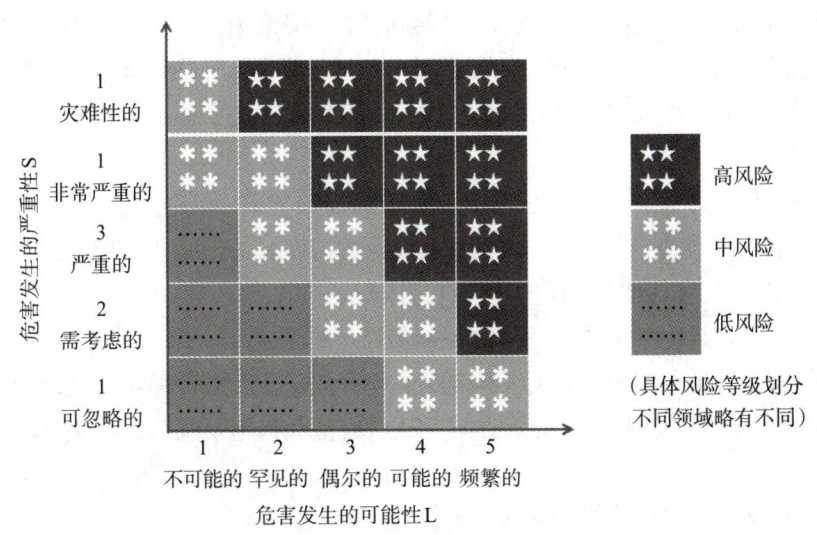

图3-1-6　风险矩阵分析法

② 安全检查表分析法（SCL）：安全检查表分析法是一种定性的风险分析辨识方法。即将一系列项目列为检查表进行检查分析，以确定系统、场所的状态是否符合安全要求，发现系统中存在的风险，提出改进措施。

③ 工作危害分析法（JHA）：工作危害分析法是一种定性的风险分析辨识方法。它是基于作业活动的一种风险辨识技术，用于有效识别人的不安全行为、物的不安全状态、环境的不安全因素和管理缺陷等。

（6）校园风险控制措施。

① 实训（实验）室安全：实施实训（实验）室准入制度、定期进行安全培训和演练等。

② 宿舍安全：限制使用高功率电器、增设消防设施和安全标识等。

③ 公共区域安全：设置斑马线和减速带加强交通管理、定期检查各类设施设备、实施食物留样制度等。

## 🛠 使用工具

实物工具：标识牌和警示标识、检测设备（如气体检测仪、噪声检测仪、辐射检测仪等）、防护用品（如安全帽、防护眼镜、手套、安全鞋等）、应急设备（如灭火器、急救箱、应急照明灯等）、记录本、笔等。

技术方法：专业培训、风险矩阵分析法（LS）、安全检查表分析法（SCL）、评审打分、项目报告等。

## 📂 项目实施

（1）前期准备。

① 宣传动员。通过校园媒体宣传项目的目的和意义。

② 知识培训。组织学生进行危险源识别和风险评价的培训。

③ 组建项目小组。班级内自由分组，并明确各自的职责和分工，确保项目的高效推进。

（2）实地勘查与分析。对校园内的各类活动设施、活动场所进行全方位的调研，运用专业的分析方法和工具，深入识别潜在的危险源，并详细分析危险源可能导致的后果，为后续的防范工作提供有力依据。

（3）数据收集与风险评估。将识别出的危险源按照类别、位置、危害程度、危害发生可能性等要素进行分类整理，建立一个详尽的危险源数据库。数据库要定期更新，确保信息的准确性和时效性。应用多种风险评价方法进行风险评价。

（4）成果展示。组织学生展示危险源识别和评价成果。

（5）制订安全规范与措施。针对不同类别的危险源，结合校园实际情况，制订科学合理的安全操作规范、预防措施和应急处置方案。这些规范和措施要既符合法规要求，又便于师生理解和执行。

（6）效果评估。通过评价指标对活动效果进行评估。

（7）数据更新。建立一套有效的危险源监控机制，定期对危险源进行巡查、检测与维护,确保各项安全措施得到有力执行。同时,对项目实施过程进行定期评估,及时发现问题并改进优化,确保项目的顺利推进和目标的顺利实现。

## 项目总结

(1) 由安全专业人员、教师等对各组的校园危险源识别结果打分,并给出相应的等级认定。

(2) 举办"校园危险源识别"结果认定报告会,各组指派1名学生分享汇报本组活动过程及结果,分享内容包括但不限于校园危险源识别知识、识别方法,校园内危险源排查情况、措施及方法,过程中遇到的问题及解决办法,收获与体会等。汇报形式自定,可用PPT、图片、视频等形式呈现。

(3) 每组提交1份实践活动记录,包括实施方案、任务分工、活动过程记录、照片、视频等。

(4) 每组按照项目具体实践情况,填写表3-1-14安全检查(SCL)分析记录表及表3-1-15"识别日常危险 保障劳动安全"主题实践项目总结报告,并提交。

表3-1-14 安全检查(SCL)分析记录表

检查区域:_____    检查内容:_____
分析小组:_____    分析日期:_____

| 序号 | 检查项目 | 危害 | 后果 | 现有控制措施 | L | S | R(风险等级) | 建议改正/控制措施 |
|---|---|---|---|---|---|---|---|---|
|  |  |  |  |  |  |  |  |  |
|  |  |  |  |  |  |  |  |  |
|  |  |  |  |  |  |  |  |  |

表3-1-15 "识别日常危险 保障劳动安全"主题实践项目总结报告

| 姓名与班级 |  | 实践项目组 |  |
|---|---|---|---|
| 实践日期 |  | 排查地点 |  |
| 主要实践内容<br>(危险源识别中承担的主要工作,工作完成情况及表现) | | | |
| 我的优势<br>(哪方面做得好,发挥了哪些能力) | | | |
| 我的短板<br>(哪方面存在不足,造成了怎样的不良影响) | | | |
| 未来展望 | | | |

（5）指导教师根据所要了解的内容自行设计项目评价问卷，掌握学生对本次项目开展情况及教师指导情况的评价与建议，为提升后续项目质量提供支撑。

## ⚠ 注意事项

（1）在识别危险源时，应严格遵守相关的安全规定和操作规程，包括穿戴合适的个人防护装备，如安全帽、手套、防护眼镜等。同时，应确保自己了解并遵循正确的操作步骤，避免因为操作不当而引发安全事故。

（2）在识别危险源时，需要时刻保持警觉，注意周围环境的变化，特别是在进入可能存在危险源的区域时，如实验室、设备房等，应特别小心谨慎。此外，还应避免在疲劳或分心的情况下进行危险源识别工作，避免因注意力不集中而发生意外。

（3）在识别危险源时，应确保自己正确使用工具和设备，避免因为使用不当而导致伤害。在使用前，应检查工具和设备的状态是否良好，是否存在损坏或故障。在使用过程中，应遵循正确的操作方法，避免因为误操作而引发安全事故。

## 项目评价

### 1. 教师评价

教师可参考表3-1-16对学生"识别日常危险 保障劳动安全"主题实践项目进行评价。

表3-1-16 "识别日常危险 保障劳动安全"主题实践项目评价表

| | 评 价 标 准 | 分值 | 得数 | 总分 | 教师评价 |
|---|---|---|---|---|---|
| 危险源识别项目 | 识别出的危险源与实际发生事故的匹配度高 | 10 | | | |
| | 提出的控制措施有一定的创新性，而且实用 | 10 | | | |
| | 活动后安全意识提升 | 10 | | | |
| | 实践过程中的操作符合标准 | 10 | | | |
| 实践项目记录 | 危险源识别过程记录翔实 | 10 | | | |
| | 在实践过程中对所遇到的问题处理得当，具有创新性 | 10 | | | |
| | 实践过程充分体现每名成员的参与 | 10 | | | |
| 项目体验报告 | 内容翔实 | 10 | | | |
| | 形式合理 | 10 | | | |
| | 认识深刻，情感真挚 | 10 | | | |

## 2. 学生评价

(1) 自我评价。学生可参考表3-1-17对个人参与"识别日常危险 保障劳动安全"主题实践项目的整体情况进行真实的自我评价。

表3-1-17 "识别日常危险 保障劳动安全"主题实践项目自我评价表

| | 姓名与班级 | | | |
|---|---|---|---|---|
| | 排查地点 | | | |
| | 排查内容 | | | |
| | 项目整体完成情况 | A. 出色完成 | B. 基本完成 | C. 未完成 |
| 树德 | 参与实践项目的态度 | A. 非常积极主动 | B. 积极主动性一般 | C. 消极被动 |
| | 提升劳动安全意识及责任意识 | A. 显著提高 | B. 有一定提高 | C. 未提高 |
| | 探索职业精神感悟 | A. 感悟深刻 | B. 有些感悟 | C. 未感悟 |
| 增智 | 了解危险源的相关知识 | A. 深入了解 | B. 初步了解 | C. 未了解 |
| | 问题协调、语言表达能力得到提升 | A. 显著提升 | B. 有一定提升 | C. 未提升 |
| | 逻辑思维能力得到提升 | A. 充分形成 | B. 基本形成 | C. 未形成 |
| 强体 | 认知到职业安全对身体素质的重要性 | A. 非常同意 | B. 一般同意 | C. 不同意 |
| 育美 | 在实践过程中感悟到社会系统和谐对美好生活的重要意义 | A. 感悟深刻 | B. 有些许感悟 | C. 未感悟到 |

(2) 项目评价。学生填写指导教师设计的项目评价问卷,对本次项目开展情况及教师指导情况给予真实的评价与建议。

# 实践情境二
# 践行志愿精神　感悟劳动崇高

## 项目一　推进社区发展　服务百姓生活

微课视频

### 项目目标

#### 1. 知识目标

（1）深入了解社会与个体之间的关系，认识社区服务的性质、工作内容和服务对象等。同时，了解社区的全新发展形态——智慧社区的建设思路及其为居民带来的更加智慧化、便捷化的服务模式。

（2）充分掌握防诈骗、日常安全、节能低碳绿色、文明养犬等宣传知识。

#### 2. 技能目标

增强公益服务能力，包括管理、服务、教育、监督、协调等相关工作能力。

#### 3. 素质目标

（1）增强社会责任感以及服务他人、服务社会的意识。培养团结协作精神，弘扬、践行"奉献、友爱、互助、进步"的志愿精神。

（2）通过项目了解社区日常工作内容，体会社区工作者的艰辛不易，深入了解智慧社区的服务模式与建设思路等。

（3）通过实践项目的磨炼，加强对具备良好身体素质重要性的认知，切实增强身体素质。

（4）感受项目实践过程中的奉献之美、友爱之美、互助之美、进步之美，树立正确的审美观。

### 项目思路

本项目采用"社区基本服务＋专题服务"的形式开展。社区基本服务，即协助社区工作者开展力所能及的社区工作；专题服务，指的是走进小区，分组为居民进行宣传服务、老人服务、清洁服务等。其中，宣传服务队可开展防诈骗宣传、日常安全知识宣传、节能低碳绿色宣传、文明养犬宣传等宣传工作；老人服务队可开展健身项目及器材的示范教学、常用手机软件及其功能教学、网络代缴日常生活费用等帮扶老人工作；清洁服务队可开展小区卫生清洁、清除小广告、重点区域消杀等清洁打扫工作。

## 📖 知识快递

### 1. 社区

社区是具有某种互动关系和共同文化维系力的，在一定领域内相互关联的人群形成的共同体及其项目区域。社区的特点是有一定的地理区域，有一定数量的人口，居民有共同的认识和利益，有较密切的社会交往。从社会学角度来讲，社区服务就是一个社区为满足其成员物质生活与精神生活需要而提供的社会性福利服务。社区工作的内容繁多，因此，让学生走进社区开展志愿服务，是锻炼学生劳动能力，培养学生服务精神的有效途径。

社区工作的主要内容包括以下5个方面：

（1）管理工作。在政府部门的指导下，在社区党组织的领导下，组织社区成员进行自治管理，搞好社区卫生、社会保障、文化、计生和治安等各项管理，完成社区成员代表大会，确定管理目标。

（2）服务工作。组织社区成员进行便民服务，动员和组织社区成员共驻共建，资源共享，办理社区公共事务和公益事业，组织志愿者队伍，办好社区服务业，协助政府落实城镇最低生活保障制度，介绍就业，开展优抚救济工作。

（3）教育工作。组织引导社区成员开展法制教育、公德教育、青少年教育和"两劳"人员教育，开展职业培训、文化娱乐和体育项目。开展五好文明创评项目，形成具有本社区特色的文化氛围，增强社区成员的归属感和凝聚力。

（4）监督工作。受社区成员代表大会成员指派，及时将监督意见向上级机关及部门反馈，对社区内物业公司履职情况进行监督。

（5）协助工作。配合、协助政府及其派出机构完成有关任务。

### 2. 智慧社区

智慧社区是充分应用大数据、云计算、人工智能等信息技术手段，整合社区各类服务资源，打造基于信息化、智能化管理与服务的社区治理新形态。近年来，我国一些地区已经开展了智慧社区的探索实践，建设了一批社区信息系统，一些企业和社会组织等也以智慧化的形式进入城乡社区，为群众提供了更加便捷的社区服务。这些"智慧"实践不仅方便了百姓生活，而且提升了社区治理水平，增强了居民的获得感、幸福感、安全感（图3-2-1）。

## 🔧 使用工具

实物工具：条幅、海报、宣传单、音箱、话筒、笔记本电脑等宣传工具，小铲子、扫把、拖把、抹布、酒精等清洁工具。

技术方法：讲座、广告、社交媒体等线上线下宣传方法，安装、卸载、清理等手机软件操作方法，消杀、清除等区域卫生清洁方法。

## 📋 项目实施

（1）确定项目方案，与学校附近社区沟通此次项目，征得同意后，组织学生填写"社区

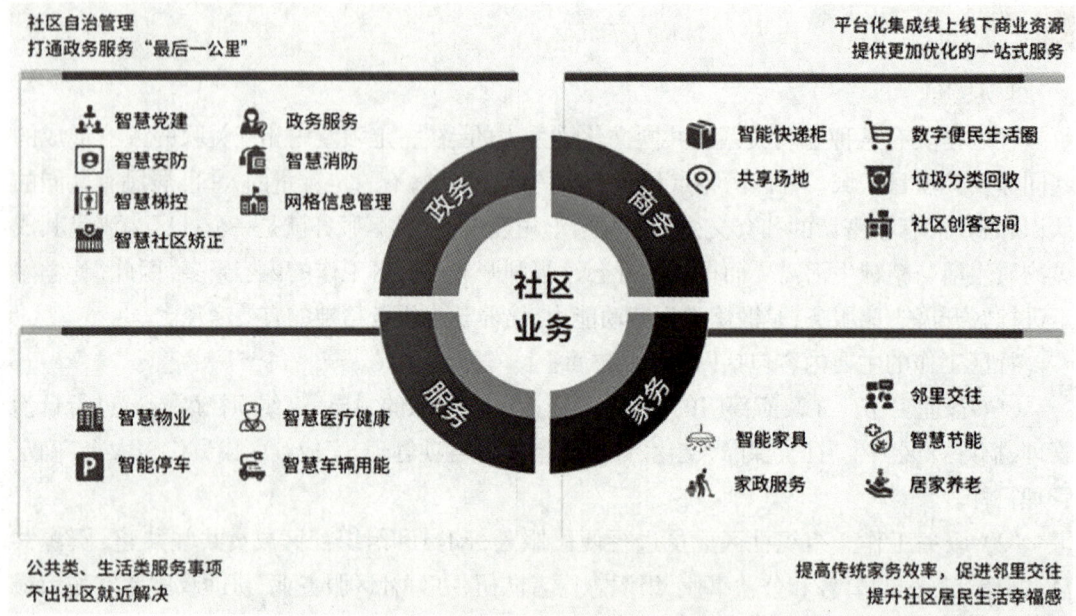

图 3-2-1　智慧社区建设要点
（来源：国家信息中心智慧城市发展研究中心官网）

志愿者注册申请表"。

（2）召开项目动员会议，让学生充分了解本次实践项目的目的、内容和意义。同时，邀请社区工作者进行指导，让学生了解社区和社区服务，进而增进对社会的了解。

（3）将学生分为社区服务组和居民服务组。社区服务组负责协助社区工作者开展力所能及的全面性社区工作；居民服务组需要走进居民小区，开展具体性服务工作。2组学生可按照具体工作任务及分工再次进行组队划分，形成多个志愿服务小队，如：协助社区工作的管理志愿队、服务志愿队、教育志愿队、监督志愿队、协调志愿队，走进居民小区的宣传服务队、老人服务队、清洁服务队等。

（4）社区服务组按照分工，深入了解负责的社区发展情况和工作内容，提前了解智慧社区相关内容，并提前储备相关技能。居民服务组讨论并确定各小队的项目方案，包括具体项目内容、成员分工、项目流程、项目准备等，并提前掌握项目所需的知识和技能。

（5）按照分组情况开展项目，社区服务组按时到社区办公室报到，居民服务组按照项目方案，走进居民小区开展相关服务项目。

（6）社区服务组按照工作分工，认真、勤恳、高效地协助社区工作者开展相应工作。针对不懂的工作内容要秉持"多问多学"的原则。同时，结合社区实际情况，努力为发展智慧社区献计献策。

（7）居民服务组根据分配队伍情况及各队职责，分别开展服务项目，可参考以下项目内容：

① 宣传服务。

开展防诈骗知识宣传。随着信息传播方式的发展,诈骗手段也在不断更新,群众由于缺乏对最新骗局的了解、应变防范能力不足等原因,易受冒充领导、冒充燃气公司人员、保健品销售欺诈等各类诈骗的侵害。可以采取恰当方式为社区群众普及防诈骗知识与技巧,提高群众的自我防范意识与能力,切实保障群众的合法权益。

开展防火防盗防震日常安全知识宣传。日常生活中,群众未能采取有效防范措施,给安全事故及不法分子留下了可乘之机。可以为小区居民普及防火、防盗、防震的知识及注意事项,保障广大群众的人身财产安全。

开展节能低碳绿色宣传。可以向小区居民普及生活垃圾分类知识,有效改善城乡环境,促进资源回收利用,引导居民树立生态文明理念,提升居民践行绿色生活方式的能力。

开展文明养犬宣传。随着人们的生活水平显著提高,越来越多的人开始饲养宠物狗,但接踵而来的是遛狗不拴绳、犬只随地便溺、吠声扰民等各种不文明现象。因此,可以在居民区发放《文明养犬倡议书》进行宣传,呼吁家中养犬的居民依法养犬、文明养犬、安全管理,营造整洁有序、安全和谐的生活氛围。

② 老人服务。

健身项目及器材的示范与教学。教授一些适合老年人强身健体的项目,如太极拳、广播体操、颈椎操等,并正确示范、指导小区内健身器的使用。

常用手机软件应用指导。随着时代的发展,新科技的普及在给社会大众带来便利和福祉的同时,也给很多老年人带来了数字鸿沟和对新科技的恐惧。通过常用手机软件使用讲解示范,如安装手机App、账号注册、网上缴费、手机杀毒、手机空间清理等,提升老年人的信息化应用能力。

③ 清洁服务。

拥有干净、整洁的环境是人们快乐生活的重要元素。可以通过开展小区卫生打扫无死角,清除小广告,健身器材区、儿童娱乐区等重点区域消杀等项目,切实改善居民的居住环境,提高居民的满意度和幸福感,为居民营造舒适、卫生、安全的生活环境。

## 项目总结

(1)每名学生填写表3-2-1社区服务项目记录表,并请社区工作人员针对学生的项目表现填写服务评价及意见。

表3-2-1 社区服务项目记录表

| 姓名 | | 学校 | |
|---|---|---|---|
| 学院 | | 班级 | |
| 服务社区 | | 服务项目 | |
| 服务时间 | | 服务地点 | |

续 表

| | |
|---|---|
| 个人主要服务<br>内容简述 | |
| 我的优势<br>（哪方面做得好，发挥<br>了哪些能力） | |
| 我的短板<br>（哪方面存在不足，造成了<br>怎样的不良影响） | |
| "德智体美劳"方面<br>的收获与提升 | |
| 服务社区评价<br>及意见 | 服务社区盖章/签字：<br><br>　　年　月　日 |

（2）举办"社区服务汇报会"，各组分享志愿服务开展情况，分享内容包含但不限于项目内容、项目流程、掌握的知识与技能、项目成果、收获体会、后续提升等。汇报形式由汇报者自行设计，可用PPT、图片、视频等方式呈现。

（3）指导教师根据所要了解的内容自行设计项目评价问卷，掌握学生对本次项目开展情况及教师指导情况的评价与建议，为提升后续项目质量提供支撑。

## ⚠ 注意事项

（1）社区工作繁多、琐碎，社区服务组要时刻保持积极的心态，注意工作方法和技巧。

（2）居民服务组开展项目前须提前进行项目申请，拿到许可凭证后，方可开展居民志愿服务。

（3）项目实施前，提前将项目实践所需的工具准备齐全，提前了解各工具的使用方法。

（4）宣传服务队的宣传方式由学生自主设计，内容素材须通过权威网站、书籍、公众号等渠道查询、收集。

（5）老年服务队在讲解示范过程中须耐心细致，确保讲解说明通俗易懂。

（6）居民服务项目结束后，须清理项目活动场地。

## 项目评价

### 1. 教师评价

教师可参考表3-2-2对学生"推进社区发展　服务百姓生活"主题实践项目进行评价。

表3-2-2 "推进社区发展 服务百姓生活"主题实践项目评价表

| 评 价 标 准 | | 分值 | 得数 | 总分 | 教师评价 |
|---|---|---|---|---|---|
| 社区服务项目 | 参与项目全过程 | 10 | | | |
| | 态度认真、服务高效 | 10 | | | |
| | 内容充实、有意义 | 10 | | | |
| | 方式及方法规范、创新 | 10 | | | |
| 社区服务汇报会 | 汇报内容充实、形式创新 | 10 | | | |
| | 语言简洁明了、内容表达清晰 | 10 | | | |
| 项目记录表 | 内容翔实 | 10 | | | |
| | 认识深刻,情感真挚 | 10 | | | |
| | 社区评价良好 | 20 | | | |

### 2. 学生评价

（1）自我评价。学生可参考表3-2-3对个人参与"推进社区发展 服务百姓生活"主题实践项目的整体情况进行真实的自我评价。

表3-2-3 "推进社区发展 服务百姓生活"主题实践项目自我评价表

| | 姓名与班级 | | | |
|---|---|---|---|---|
| | 实践项目 | | | |
| | 实践内容 | | | |
| | 项目整体完成情况 | A.出色完成 | B.基本完成 | C.未完成 |
| 树德 | 参与实践项目的态度 | A.非常积极主动 | B.积极主动性一般 | C.消极被动 |
| | 社会责任感以及服务他人、服务社会的意识增强 | A.非常同意 | B.一般同意 | C.不同意 |
| | 实践过程中始终践行"奉献、友爱、互助、进步"的志愿精神 | A.非常同意 | B.一般同意 | C.不同意 |
| | 劳动服务能力和社会交往能力得到提升 | A.非常同意 | B.一般同意 | C.不同意 |
| 增智 | 了解社区服务的工作内容,体会到社区工作者的艰辛 | A.深入了解 | B.初步了解 | C.未了解 |
| | 了解社区全新发展模式"智慧社区"的服务模式和建设思路 | A.深入了解 | B.初步了解 | C.未了解 |
| | 管理、服务、教育、监督、协调等相关能力得到提升 | A.充分掌握 | B.基本掌握 | C.未掌握 |

续 表

| | | | | |
|---|---|---|---|---|
| 强体 | 认识到良好身体素质的重要性 | A.非常同意 | B.一般同意 | C.不同意 |
| | 身体得到怎样的锻炼 | A.充分锻炼 | B.基本锻炼 | C.未得到锻炼 |
| 育美 | 在实践过程中感悟到奉献之美、友爱之美、互助之美、进步之美 | A.感悟深刻 | B.有些许感悟 | C.未感悟到 |

（2）项目评价。学生填写指导教师设计的项目评价问卷，对本次项目开展情况及教师指导情况给予真实的评价与建议。

# 项目二 志愿服务基层 助力乡村振兴

## 项目目标

### 1. 知识目标

深入了解"三下乡"活动的意义，掌握乡村振兴的相关知识，深化对国家通用语言文字的认识。

### 2. 技能目标

提升组织协调、沟通交流、团队协作能力，培养实际操作、创新实践能力。

### 3. 素质目标

培养社会责任感、使命感，树立正确的价值观，提升服务基层、奉献社会的精神，铸牢中华民族共同体意识。

## 项目思路

本项目采用"三下乡"的形式开展。其中，"文化下乡"可采用支教、推广普通话、传统文化传承、优秀文艺作品展播等方式开展相应项目；"科技下乡"可采用科学理论普及、乡村科技宣传、支农惠农形势政策宣讲、网络信息服务等方式开展相应项目；"卫生下乡"可采用康复、护理、保健、健康管理等医疗卫生知识传播、宣讲方式开展相应项目。具体项目开展方式需要充分考虑学生的专业基础、知识储备等实际情况。

## 知识快递

### 1."三下乡"

"三下乡"是指文化下乡、科技下乡和卫生下乡，即文化、科技、卫生方面的内容知识在农村普及,促进农村文化、科技、卫生的发展,是一项旨在提高大学生综合素质的社会实践项目(图3-2-2)。

### 2. 乡村振兴

乡村是祖辈留给我们的宝贵遗产,是具有自然、社会、经济特征的地域综合体,具有丰富的生态价值、生产价值、生活价值、文化价值和社会价值,与城镇互促互进、共生共存,共同构成人类生活的主要空间。党的十九大作出了实施乡村振兴战略的重大决策部署。乡村振兴是包括产业振兴、人才振兴、文化振兴、生态振兴、组织振兴的全面振兴,实施乡村振兴战略的总目标是农业农村现代化,总方针是坚持农业农村优先发展,总要求是产业兴旺、生态宜居、乡风文明、治理有效、生活富裕。

图3-2-2 大学生"三下乡"活动中的手绘墙

### 3. 推广普及国家通用语言文字

国家通用语言文字是指在全国范围内被广泛使用的、具有法律地位的语言文字,通常由国家通过立法确定并推广。我国的国家通用语言文字是普通话和规范汉字。《中华人民共和国国家通用语言文字法》明确规定了普通话和规范汉字作为国家通用语言文字的地位,并强调其在维护国家主权、促进民族团结和社会发展中的重要作用。国家通用语言文字的推广普及,为我国各族群众了解外面的世界,发现广阔的天地,实现美好向往,打开了一扇窗;为他们提高职业技能,提升综合素质,助力个人成长,架起了一座桥。

## 🛠 使用工具

实物工具:调查问卷、宣传册、教学器材等。
技术方法:访谈法、观察法、数据分析、项目管理等。

## 📋 项目实施

(1)确定实践项目主题,根据主题思想拟定详细的项目策划方案,方案需包含项目的具体内容、项目形式和注意事项等。

(2)按照项目内容进行人员分组、任务分工,各组学生深入了解目标乡村的实际情况,再次对项目方案进行细化。

(3)每组学生通过翻阅书刊、上网查阅、教师或专家咨询等方式,收集、整理与项目内容相关的各项资料信息。

(4)各组学生按照项目方案分别开展"下乡"项目,可参考以下项目内容:

① 支教。

选定一所中小学开展支教项目,支教可通过多种形式展开,形式较灵活,但要区别于一般的课堂教学,要确保内容丰富,能够激发学生的兴趣。如:讲授生活中的奥秘、生活中的所见所闻等人文、自然科学类课程,传统礼仪教学与传统文化项目体验,基础英文及会话能力培养,优秀儿童歌曲教唱,地震自救、火灾预防、食品安全等知识普及,地震、防灾实地演习,趣味运动会,优秀儿童电影或纪录片播放,优秀青少年书籍、学习用品捐赠等。

② 推广普通话。

开展国家通用语言文字的调研项目,充分掌握目标乡村群众对于普通话的认识程度,讲普通话的能力水平等。然后,进行普通话的推广与普及,可采用张贴宣传条幅、标语牌、国旗下讲话,围读会,经典、美文诵读项目等形式开展。

③ 弘扬传统文化。

采用"看、听、演、学"的方式,使中华优秀传统文化在目标乡村传播、弘扬。"看":看典籍、经典影视剧、戏曲、民间传统艺术等;"听":听歌曲民谣、节日习俗、国学礼仪、典籍故事、文化讲座等;"演":演传统故事、相声评书、传统乐器等;"学":学传统手工艺、民俗物品、书法、家风家训等。

④ 普及科学理论及政策。

一方面,学生可以向乡村群众发放宣传资料,并采用讲座、报告会、板报、文艺演出等多种形式,面向广大农村干部和群众,着力宣传党和政府的一系列支农惠农的重大政策,建设社会主义新农村的重大战略部署,以及在农民增收方面采取的具体措施和取得的实际效果,帮助群众切实了解党中央在推进现代农业建设、加强农村基础设施建设、加快发展农村社会事业等方面的具体举措。另一方面,学生充分利用掌握的科技知识,针对农业生产的实际需要,采用讲座、举办农技培训班、网络信息服务、现场指导等方式,推广农业科技成果,传授农村实用技术,推动农村信息化建设,并积极开展康复、护理、健康管理等日常医疗卫生知识的宣传普及。

(5) 开展问卷调研项目,自行设计调研内容及问题,可针对"三农"问题、农村经济可持续发展、农村教育现状、农业生产项目的科技化水平、农民健康状况等内容设计问题,并形成调研报告。

## 项目总结

(1) 每名学生按照项目具体实践情况,填写表3-2-4 "志愿服务基层 助力乡村振兴"主题实践项目总结报告,并提交。

表3-2-4 "志愿服务基层 助力乡村振兴"主题实践项目总结报告

| 姓名与班级 | | 实践项目组 | |
|---|---|---|---|
| 实践日期 | | 实践地点 | |
| 主要实践内容<br>(开展哪类活动,采用哪种方式,参与哪些工作,工作成效等) | | | |

续 表

| | |
|---|---|
| 我的优势<br>（哪方面做得好，发挥了哪些能力，在团队中的作用） | |
| 我的短板<br>（哪方面存在不足，造成了怎样的不良影响） | |
| 未来展望 | |

（2）指导教师根据所要了解的内容自行设计项目评价问卷，掌握学生对本次项目开展情况及教师指导情况的评价与建议，为提升后续项目质量提供支撑。

## ⚠ 注意事项

（1）实践主题的拟定和项目形式、内容的选定，要充分考虑学生的知识储备、专业特点、个人能力等实际情况，切忌空谈和夸张。

（2）学生收集资料要确保信息的准确性、时效性等。

（3）严格遵守作息时间和项目日程安排，认真完成各项工作任务。

（4）统一行动，协调一致，服从指挥，尊重当地群众的民风、民俗，虚心学习基层经验和民族文化。

## 项目评价

### 1. 教师评价

教师可参考表3-2-5对学生"志愿服务基层　助力乡村振兴"主题实践项目进行评价。

表3-2-5　"志愿服务基层　助力乡村振兴"主题实践项目评价表

| | 评 价 标 准 | 分值 | 得数 | 总分 | 教师评价 |
|---|---|---|---|---|---|
| "三下乡"项目 | 项目主题明确、恰当 | 10 | | | |
| | 项目方案制订翔实、合理 | 10 | | | |
| | 项目内容相关资料准备充分 | 10 | | | |
| | 项目内容充实、有意义 | 10 | | | |

续 表

| 评价标准 | | 分值 | 得数 | 总分 | 教师评价 |
|---|---|---|---|---|---|
| "三下乡"项目 | 开展方式很好地体现了项目内容 | 10 | | | |
| | 完成项目任务 | 10 | | | |
| 调研报告 | 调研主题合理、问题设置恰当 | 10 | | | |
| | 调研数据具备进一步可研性 | 10 | | | |
| 项目总结报告 | 内容翔实 | 10 | | | |
| | 认识深刻,情感真挚 | 10 | | | |

## 2. 学生评价

（1）自我评价。学生可参考表3-2-6对个人参与"志愿服务基层　助力乡村振兴"主题实践项目的整体情况进行真实的自我评价。

表3-2-6　"志愿服务基层　助力乡村振兴"主题实践项目自我评价表

| | 姓名与班级 | | | |
|---|---|---|---|---|
| | 实践项目 | | | |
| | 实践内容 | | | |
| | 项目整体完成情况 | A.出色完成 | B.基本完成 | C.未完成 |
| 树德 | 参与实践项目的态度 | A.非常积极主动 | B.积极主动性一般 | C.消极被动 |
| | 社会责任感和服务群众、服务社会的意识增强 | A.非常同意 | B.一般同意 | C.不同意 |
| | 在实施过程中始终发扬艰苦奋斗、团结协作、勤俭节约的精神 | A.非常同意 | B.一般同意 | C.不同意 |
| | 体会到"生活不易",更加珍惜当下幸福生活 | A.体会深刻 | B.有些许体会 | C.未体会到 |
| 增智 | 了解我国国情、乡情、民情 | A.深入了解 | B.初步了解 | C.未了解 |
| | 体会到"知识就是力量",认识到知识的必要性和学习的重要性 | A.体会深刻 | B.有些许体会 | C.未体会到 |
| | 沟通协作能力得到提升 | A.非常同意 | B.一般同意 | C.不同意 |
| | 组织协调能力得到提升 | A.非常同意 | B.一般同意 | C.不同意 |
| | 分析问题与解决问题的能力得到提升 | A.非常同意 | B.一般同意 | C.不同意 |
| 强体 | 身体得到怎样的锻炼 | A.充分锻炼 | B.基本锻炼 | C.未得到锻炼 |
| 育美 | 在实践过程中感悟到奉献之美、友爱之美、互助之美、进步之美 | A.感悟深刻 | B.有些许感悟 | C.未感悟到 |

（2）项目评价。学生填写指导教师设计的项目评价问卷，对本次项目开展情况及教师指导情况给予真实的评价与建议。

# 项目三 服务文化场馆 助力文化发展

## 项目目标

### 1. 知识目标
（1）深入了解中华优秀传统文化所蕴含的哲学思想、科学智慧和美学价值。
（2）掌握公共文化场馆的基本构成、社会功能、运营模式及其志愿服务相关要求。

### 2. 技能目标
（1）培养志愿宣讲所需的沟通表达、组织协调和问题解决能力。
（2）提升运用多媒体工具进行文化传播和信息共享的技能。

### 3. 素质目标
（1）增强社会责任感和公民意识，培养奉献精神和团队协作精神。
（2）提升文化自信和审美素养，强化对中华优秀传统文化的认同和保护意识。

## 项目思路

本项目依据"外输中华文化 + 内拓国民素养"的思路开展。其中，"外输中华文化"就是向全世界传播、输送中华文化；"内拓国民素养"是通过公共文化场馆志愿服务，拓展、提升国民文化素质。具体项目开展方式需要充分考虑学生的专业基础、爱好特长、知识储备等实际情况。

## 知识快递

### 1. 公共文化场馆志愿者

公共文化场馆包括图书馆、博物馆、文化馆、美术馆等，主要承担文化遗产保护、文化知识普及、公民素质提升等社会功能。公共文化场馆志愿者是指以自己的时间和知识、技能、体力等，在公共文化场馆提供志愿服务的个人。公共文化场馆志愿者一般从事3类服务，即：社会教育，主要是讲解导览、公共教育、文化项目等（图3-2-3）；专业服务，主要是参与文创开发、藏品登记、专业研究、文献翻译、陈列展览等；辅助管理，主要是行政运行、信息咨询、环境秩序维护等（图3-2-4）。

图3-2-3 科技馆志愿者
（来源：学习强国）

图3-2-4 2022年北京冬奥会志愿者
（来源：新华社）

### 2. 志愿宣讲礼仪、仪态、语言

（1）志愿宣讲礼仪：着装得体，站姿端正，表情自然，使用礼貌用语。
（2）志愿宣讲仪态：保持微笑，眼神交流，手势适当，移动平稳。
（3）志愿宣讲语言：表达清晰，语速适中，语调亲切，避免专业术语。

## 使用工具

实物工具：导览设备（如扩音器）、导览牌或指示牌、场馆介绍宣传册、展示场馆历史特色或活动预告的展板海报、笔和记事本、互动游戏或教育玩具、急救包等安全设备、对讲机、志愿者统一服装和工作名牌。

技术方法：用于内部沟通和协调的即时通信软件、用于互动和推广的社交媒体管理工具、WPS等数据管理软件、图片和视频编辑软件、在线协作工具、虚拟现实（VR）或增强现实（AR）技术。

## 项目实施

（1）召开项目动员会议，让学生充分了解本次实践项目的目的、内容和意义，并按照项目的不同，综合考虑学生的专业特点、个人兴趣等因素将学生分组，分为"外输组"和"内拓组"。其中，"外输组"主要任务是向世界传播中华文化；"内拓组"主要是提供公共文化场馆志愿服务，为提升国民文化素质贡献力量。

（2）与图书馆、文化馆、博物馆、美术馆、科技馆、展览馆等公共文化场馆提前沟通联系，了解具体志愿服务内容、服务流程、所需服务人数等事项，并根据实际情况确定目标项目场馆。

（3）邀请目标项目场馆工作人员为"内拓组"学生进行岗前培训，介绍志愿服务内容、方式流程、基本技能、注意事项等。同时，学生通过参与培训、查阅制度文件、实地走访等方式充分了解志愿服务相关知识，提前训练所需的基本技能。

（4）"内拓组"学生按时到目标项目场馆报到，佩戴工作牌，在熟悉场地、工作内容、具体流程后，按照目标场馆工作人员要求开展活动。

（5）"外输组"学生充分发挥各自专业优势与兴趣特长，思考并挖掘文化传播的方式及路径，并形成项目策划方案。项目可通过周围实际与外部接轨的环境或媒体网站、自媒体平台等互联网信息传播渠道开展，如：邀请留学生诵读吟唱古诗词；在旅游景区向外国友人分享景区与中华文化的渊源；在自媒体平台发布中华文化相关的视频、文章；与外国友人划龙舟、包粽子共迎端午，猜灯谜、舞狮子共度元宵，体验民俗节日文化等。按照项目策划方案开展文化外输、传播活动。

## 项目总结

（1）"内拓组"学生填写表3-2-7公共文化场所志愿服务记录表，并请目标场所工作人员针对学生的项目表现填写服务评价及意见。

表3-2-7 公共文化场所志愿服务记录表

| 姓名 | | 学校 | |
|---|---|---|---|
| 学院 | | 班级 | |
| 服务场所 | | 服务时间 | |
| 个人主要服务内容及表现简述 | | | |
| 服务场所评价及意见 | | 服务场所盖章/签字：<br>　　　年　　月　　日 | |

（2）每名学生根据项目具体实践情况填写表3-2-8"服务文化场馆　助力文化发展"主题实践项目体验报告，并提交。

表3-2-8 "服务文化场馆　助力文化发展"主题实践项目体验报告

| 姓名与班级 | | 实践项目组 | |
|---|---|---|---|
| 实践日期 | | 实践地点 | |
| 主要实践内容<br>（做了哪些工作，工作开展方式及完成度） | | | |
| 我的优势<br>（哪方面做得好，发挥了哪些能力） | | | |
| 我的短板<br>（哪方面存在不足，造成了怎样的不良影响） | | | |
| 未来展望 | | | |

（3）指导教师根据所要了解的内容自行设计项目评价问卷，掌握学生对本次项目开展情况及教师指导情况的评价与建议，为提升后续项目质量提供支撑。

## ⚠ 注意事项

（1）公共文化志愿服务目标场馆的选取需综合考虑学生人数、专业、服务内容等情况，可以选择一个场馆，也可以选择多个场馆。在服务过程中，须时刻维护学校与志愿者的形象，并注意保护目标场馆内物品，以防造成物品破坏。

（2）进行安全教育，确保志愿者了解并遵守场馆的安全规定；在实践过程中，志愿者应穿着得体，避免携带危险物品。

（3）针对把握不准的内容须向相关教师或工作人员咨询、确认，确保文化普及和传播内容的严谨性、准确性。

（4）注意宣传报道，扩大项目影响力，营造良好的社会氛围。

## 项目评价

### 1. 教师评价

教师可依据学生分组情况，参考表3-2-9、表3-2-10对学生"服务文化场馆　助力文化发展"主题实践项目进行评价。

表3-2-9　"服务文化场馆　助力文化发展"主题实践项目评价表（内拓组）

| 评价标准 | | 分值 | 得数 | 总分 | 教师评价 |
|---|---|---|---|---|---|
| 公共文化场所志愿服务项目 | 参与项目全过程 | 10 | | | |
| | 项目期间未迟到、未早退 | 10 | | | |
| | 项目态度认真 | 10 | | | |
| | 充分掌握服务项目内容 | 20 | | | |
| | 具备基本服务能力 | 10 | | | |
| | 服务记录表内容翔实 | 10 | | | |
| | 工作人员评价良好 | 10 | | | |
| 项目总结报告 | 内容翔实 | 10 | | | |
| | 认识深刻，情感真挚 | 10 | | | |

表3-2-10　"服务文化场馆　助力文化发展"主题实践项目评价表（外输组）

| 评价标准 | | 分值 | 得数 | 总分 | 教师评价 |
|---|---|---|---|---|---|
| 文化外输项目 | 项目策划方案合理 | 20 | | | |
| | 项目内容充实、有意义 | 10 | | | |

| 评价标准 | | 分值 | 得数 | 总分 | 教师评价 |
|---|---|---|---|---|---|
| 文化外输项目 | 项目方式体现专业性、创新性 | 10 | | | |
| | 项目态度认真 | 10 | | | |
| | 针对涉及的中华文化了解充分 | 20 | | | |
| | 项目成果有助于文化传播 | 10 | | | |
| 项目总结报告 | 内容翔实 | 10 | | | |
| | 认识深刻,情感真挚 | 10 | | | |

### 2. 学生评价

(1) 自我评价。学生可参考表3-2-11对个人参与"服务文化场馆 助力文化发展"主题实践项目的整体情况进行真实的自我评价。

表3-2-11 "服务文化场馆 助力文化发展"主题实践项目自我评价表

| | 姓名与班级 | | | |
|---|---|---|---|---|
| | 实践项目 | | | |
| | 实践内容 | | | |
| | 项目整体完成情况 | A.出色完成 | B.基本完成 | C.未完成 |
| 树德 | 参与实践项目的态度 | A.非常积极主动 | B.积极主动性一般 | C.消极被动 |
| | 体会到文化普及与推广的意义 | A.体会深刻 | B.有些许体会 | C.未体会到 |
| | 对中华文化的认同感和自豪感增强 | A.非常同意 | B.一般同意 | C.不同意 |
| 增智 | 深刻认识到中华文化蕴含的思想、观念、品格、思维、智慧 | A.非常同意 | B.一般同意 | C.不同意 |
| | 掌握公共文化场馆志愿服务相关要求(内拓组) | A.充分掌握 | B.基本掌握 | C.未掌握 |
| | 语言表达能力得到提升 | A.非常同意 | B.一般同意 | C.不同意 |
| | 沟通协作能力得到提升 | A.非常同意 | B.一般同意 | C.不同意 |
| | 有效记忆能力得到提升 | A.非常同意 | B.一般同意 | C.不同意 |
| 强体 | 认识到良好身体素质的重要性 | A.非常同意 | B.一般同意 | C.不同意 |
| | 身体得到怎样的锻炼 | A.充分锻炼 | B.基本锻炼 | C.未得到锻炼 |
| 育美 | 在实践过程中感悟到奉献之美、友爱之美、互助之美、进步之美 | A.感悟深刻 | B.有些许感悟 | C.未感悟到 |

(2) 项目评价。学生填写指导教师设计的项目评价问卷,对本次项目开展情况及教师指导情况给予真实的评价与建议。

# 实践情境三
# 贯彻发展理念　体悟劳动伟大

## 项目一　敢想敢创敢秀　育人育质育新

微课视频

### 项目目标

**1. 知识目标**

正确理解创新理念，掌握常用创新工具及劳动成果布展的通用知识。

**2. 技能目标**

提高创意设计能力、创新作品制作能力和团队协作能力。

**3. 素质目标**

培养敢于挑战、勇于创新的精神品质，提升综合素质。

### 项目思路

本项目通过创意设计，引导学生发现日常生活中的不完美，激发学生的创新热情。学生以分组形式开展创新作品制作，体验创新过程，培养团队协作精神；通过创新作品成果展示，体会创新无处不在，小而美的创新是伟大创造的源头活水。营造浓厚的创造氛围，鼓励学生将创新理念融入日常生活，让生活更加美好。

### 知识快递

**1. 创新理念**

创新理念是指推动创新活动的基本原则和指导思想，它通常反映了对创新的价值追求和目标设定。党的十八届五中全会提出，坚持创新发展，必须把创新摆在国家发展全局的核心位置，不断推进理论创新、制度创新、科技创新、文化创新等各方面创新，让创新贯穿党和国家一切工作，让创新在全社会蔚然成风（图3-3-1）。

图3-3-1　上海青少年创新大赛
（来源：人民网）

### 2. 常用创新工具

常用创新工具是指帮助人们产生创意、解决问题和推动创新过程的各种方法和技巧，主要包括以下9种。

（1）头脑风暴（brain storming）：通过集思广益，快速产生大量创意的方法。

（2）思维导图（mind mapping）：通过图形化的方式，将思路和概念组织起来的工具。

（3）六顶思考帽（six thinking hats）：用6种不同颜色的帽子代表不同思考角度，系统性思考问题。

（4）TRIZ：一种解决发明和设计问题的理论，提供了一套解决问题的算法和工具。

（5）5W1H：通过问什么（What）、为什么（Why）、谁（Who）、何时（When）、何地（Where）和如何（How）来分析问题。

（6）设计思维（design thinking）：一种以人为中心的创新方法论，通过迭代的过程解决复杂问题。

（7）故事板（storyboard）：通过可视化的故事情节来展现产品或服务的使用场景和用户体验。

（8）原型设计（prototyping）：制作产品或服务的初步模型，用于测试和改进设计。

（9）SWOT分析：分析项目或组织的优势（Strengths）、劣势（Weaknesses）、机会（Opportunities）和威胁（Threats）。

### 3. 空间展示

空间展示是一种将产品、艺术品、研究成果等在特定三维空间进行展示的方法，它通过视觉艺术、设计布局和互动体验来吸引观众、传达信息，并留下深刻印象。

（1）设计原则：确保展示有清晰的主题，所有元素都围绕主题展开；使用色彩、形状、材质和灯光来创造视觉焦点；考虑人流路线，确保参观者可以流畅地参观整个空间；设计互动环节，提高观众参与度和增加记忆点。

（2）展示步骤：

① 策划阶段。确定展示目的和目标受众，制定展示主题和故事线，规划预算和资源分配。

② 设计阶段。绘制空间布局图，包括展品摆放、互动区域等，设计展品陈列方式，如悬挂、放置、嵌入等，选择合适的材料和色彩方案。

③ 实施阶段。准备展品和展示材料，安装展示架、展板、多媒体设备等，布置现场，包括灯光、音响和装饰。

④ 调试阶段。检查所有展品和设备是否正常运作，调整灯光和音响效果，确保最佳展示效果；进行模拟参观，调整人流动线和互动环节。

⑤ 开放阶段。正式对外开放，进行现场讲解和互动引导，收集观众反馈。

## 使用工具

实物工具：计算机、打印机、美工刀、胶水、彩纸、画笔等创意作品制作工具。

技术方法：思维导图、头脑风暴、TRIZ 理论、六顶思考帽等创新工具；展板设计、文案撰写、PPT 制作、演讲表达等展示技术。

## 项目实施

（1）召开项目启动会，介绍项目背景、目的和意义，分组并确定各组课题。
（2）各组针对课题进行讨论，运用创新工具进行创意设计，撰写项目策划书。
（3）各组按照策划书进行创新作品制作，定期汇报进度，调整方案。
（4）各组完成作品制作，布置展厅，进行成果展示，邀请师生参观。
（5）各组分享经验，评选优秀作品，颁发荣誉证书。

## 项目总结

（1）邀请每名参观创意成果展的师生填写调研问卷，汇总问卷数据，挖掘数据背后反映的现象与问题，多角度、多方面地了解项目开展的具体情况。
（2）每名学生按照项目具体实践情况，填写表 3-3-1 "敢想敢创敢秀　育人育质育新"主题实践项目总结报告，并提交。

表 3-3-1 "敢想敢创敢秀　育人育质育新"主题实践项目总结报告

| 姓名与班级 | | 实践项目组 | |
|---|---|---|---|
| 实践日期 | | 实践地点 | |
| 主要实践内容<br>（创意成果展示的主要内容，成果中所包含的创意内容有哪些） | | | |
| 我的优势<br>（创意作品中体现了哪些个人优势、突出特点） | | | |
| 我的短板<br>（哪方面存在不足，造成了怎样的不良影响） | | | |
| 未来展望 | | | |

（3）指导教师根据所要了解的内容自行设计项目评价问卷，掌握学生对本次项目开展情况及教师指导情况的评价与建议，为提升后续项目质量提供支撑。
（4）活动结束后，做好展会场地的清洁、整理工作。

## ⚠ 注意事项

(1) 确保项目实施过程中的安全,遵守实验室及场地管理规定。
(2) 注重团队合作,充分发挥每个人的特长,共同完成任务。
(3) 做好项目进度管理,充分利用现有资源,提高项目实施效率,确保项目按计划推进。
(4) 注重创新成果的原创性、实用性,力求解决实际问题。

## 项目评价

### 1. 教师评价

教师可参考表3-3-2对学生"敢想敢创敢秀 育人育质育新"主题实践项目进行评价。

表3-3-2 "敢想敢创敢秀 育人育质育新"主题实践项目评价表

| 评 价 标 准 | | 分值 | 得数 | 总分 | 教师评价 |
|---|---|---|---|---|---|
| 创意成果制作 | 创新思路体现创新性 | 10 | | | |
| | 按照计划准时完成成果制作 | 10 | | | |
| 创意成果展项目 | 创意成果项目方案制作精良 | 20 | | | |
| | 参与展会的设计、布置、展示等环节 | 10 | | | |
| | 主题鲜明,布置有新意 | 10 | | | |
| | 创意成果呈现的方式符合成果自身内容、有新意 | 10 | | | |
| | 创意成果展圆满举办 | 10 | | | |
| 项目调研问卷 | 问卷内容设置合理、有深度 | 10 | | | |
| | 问卷数据呈现的项目开展情况 | 10 | | | |

### 2. 学生评价

(1) 自我评价。学生可参考表3-3-3对个人参与"敢想敢创敢秀 育人育质育新"主题实践项目的整体情况进行真实的自我评价。

表3-3-3 "敢想敢创敢秀 育人育质育新"主题实践项目自我评价表

| 姓名与班级 | | | |
|---|---|---|---|
| 实践项目 | | | |
| 实践内容 | | | |
| 项目整体完成情况 | A.出色完成 | B.基本完成 | C.未完成 |

续　表

| | | | | |
|---|---|---|---|---|
| 树德 | 参与实践项目的态度 | A.非常积极主动 | B.积极主动性一般 | C.消极被动 |
| | 在实践过程中始终践行创新劳动 | A.非常同意 | B.一般同意 | C.不同意 |
| | 体会"创新是发展的第一动力"的道理 | A.体会深刻 | B.有些许体会 | C.未体会到 |
| 增智 | 了解所选项目现阶段的发展 | A.深入了解 | B.初步了解 | C.未了解 |
| | 细化项目方案 | A.非常细致 | B.基本细致 | C.不细致 |
| | 掌握项目所使用的创新方法、了解创新的意义 | A.充分掌握 | B.基本掌握 | C.未掌握 |
| | 沟通协作能力得到提升 | A.充分具备 | B.基本具备 | C.未具备 |
| | 发现问题与解决问题的能力得到提升 | A.非常同意 | B.一般同意 | C.不同意 |
| | 创新精神与创新能力得到提升 | A.非常同意 | B.一般同意 | C.不同意 |
| 强体 | 身体得到怎样的锻炼 | A.充分锻炼 | B.基本锻炼 | C.未得到锻炼 |
| 育美 | 在实践过程中感悟劳动美 | A.感悟深刻 | B.有些许感悟 | C.未感悟到 |

（2）项目评价。学生填写指导教师设计的项目评价问卷，对本次项目开展情况及教师指导情况给予真实的评价与建议。

# 项目二　共建最美校园　共助协调发展

## ⏰ 项目目标

### 1. 知识目标

掌握协调理念、空间设计、空间美学等相关知识，深化对生产、生活、生态空间统筹规划与建设的认识。

### 2. 技能目标

强化团队协作、沟通表达、创新设计、统筹规划等能力，提升实际操作和解决问题的技能。

### 3. 素质目标

增强社会责任感、使命感，提升环保意识、审美观念，提高综合素养。

## 📖 项目思路

在教学、生活、办公、休闲等校园空间,开展"'最美校园角'规划设计大赛"。各组可围绕以下主题进行规划设计:

最美景观角,打造具有特色的校园景观,提升校园环境品质;

社团角,展示社团文化,促进社团交流与发展;

专业角,体现专业特色和成果,激发学生学习兴趣;

读书角,营造良好的阅读氛围,提高学生阅读兴趣;

外语角,提供外语交流平台,提升学生外语水平;

书法绘画角,展示学生才艺,弘扬中华优秀传统文化。

各组在设计过程中,要加强组间交流和协调,充分考虑不同空间功能的差异性、互补性和审美和谐(图3-3-2、图3-3-3)。

图3-3-2 校园读书角
(来源:新华网)

图3-3-3 树木新创意
(来源:人民网)

## 📙 知识快递

### 1. 协调理念

协调理念是指在不同的系统、元素或个体之间寻求平衡与和谐,以实现整体优化和持续发展的思想和方法。在校园环境建设中,协调理念主要包括以下6个方面:

(1)人与自然和谐共生。尊重自然,保护生态环境,减少对自然资源的破坏;生态优先,提倡使用绿色建筑和可持续材料。

(2)人与人之间公平发展。确保不同群体在校园生活中的权益,促进师生之间的相互尊重和理解;鼓励资源共享,提高校园设施的利用效率,促进师生共同成长。

(3)功能与美学平衡。校园空间设计要满足教学、生活、休闲等多种功能需求,同时注重校园环境的审美价值,丰富校园文化内涵。

（4）传统与现代融合。在校园建设中融入传统文化元素，弘扬民族精神，同时结合现代设计理念和技术，使校园环境既具有历史底蕴又富有现代气息。

（5）局部与整体统一。校园各部分的设计和建设要服从整体规划，形成统一的风格和特色；在整体协调的基础上，允许不同区域展现个性化特点。

（6）短期与长期目标结合。规划设计要考虑长远发展，避免短期行为对长期发展造成不利影响，同时根据实际情况和发展需求，适时调整规划目标和实施策略。

### 2. 空间设计

空间设计是指对建筑室内外空间进行创造性和功能性的规划与布局，以满足人们的使用需求和精神追求。空间设计涉及对空间的形态、大小、比例、光线、色彩、材质、布局和流线等方面的综合考虑。它旨在创造实用、美观、舒适、安全的物理环境，同时体现设计者的创意和文化内涵。设计要素包括以下6点：

（1）功能分区。确定空间的主要功能和辅助功能；确保各区域间相互独立又相互联系。

（2）空间布局。考虑空间开放性或封闭性；合理规划空间流线，包括人行和视线流线。

（3）尺度与比例。空间大小和高度符合使用需求；比例和谐，符合审美标准。

（4）光线与色彩。利用自然光和人工光源创造适宜的光环境。

（5）材质与质感。选择适合的建筑材料和装饰材料；材料质感符合空间整体风格。

（6）家具与陈设。家具尺寸、形状和布局符合人体工程学；陈设体现空间文化和个性。

## 使用工具

实物工具：各类作品所需设计实施工具，条幅、海报、展板等宣传工具和展具。

技术方法：空间设计、区域规划、景观制作等方法。

## 项目实施

（1）召开项目启动会，明确项目目标、任务分工和时间节点。

（2）各组对校园空间进行实地调研，收集资料，分析现状。

（3）各组根据调研结果进行规划设计，提交设计方案讨论稿。

（4）各组召开设计方案讨论稿协调会，统筹空间设计，防止选题重复、功能和审美不协调。

（5）组织专家对设计方案进行评审，评选出优秀作品。

（6）优秀方案正式投入实施，打造最美校园角。

（7）对项目进行总结，分享经验，表彰优秀团队和个人。

## 项目总结

（1）汇总每队成果各个评分项的平均成绩，依据成绩评出"最美校园角"的优秀作品。如："最美校园角"最佳创意作品、"最美校园角"最佳主题作品、"最美校园角"最具意义作品、"最美校园角"最受欢迎作品等。

(2) 学生针对项目体验情况填写表3-3-4"共建最美校园 共助协调发展"主题实践项目体验报告,并提交。

表3-3-4 "共建最美校园 共助协调发展"主题实践项目总结报告

| 姓名与班级 | | 实践项目组 | |
|---|---|---|---|
| 实践日期 | | 实践地点 | |
| 主要实践内容<br>("最美校园角"项目中所选具体项目,项目完成情况,项目参与情况) | | | |
| 我的优势<br>(哪方面做得好,发挥了哪些能力) | | | |
| 我的短板<br>(哪方面存在不足,造成了怎样的不良影响) | | | |
| 未来展望 | | | |

(3) 举办"作品分享会",每个团队派1名学生分享介绍本队作品,分享内容包括作品的设计主题、设计思路、呈现内容、呈现地点、整体设计流程、作品的意义和价值、作品设计过程中印象最深刻的内容、收获与体会、反思与未来展望等。分享形式由分享者自行设计,可用PPT、图片、视频等方式呈现。

(4) 指导教师根据所要了解的内容自行设计项目评价问卷,掌握学生对本次项目开展情况及教师指导情况的评价与建议,为提升后续项目质量提供支撑。

## ⚠ 注意事项

(1) 确保项目实施过程中的安全,遵守学校相关规定。
(2) 注重团队合作,充分发挥每个成员的特长。
(3) 做好项目进度控制,确保按时完成各阶段任务。
(4) 注重创新,体现校园特色,提升项目品质。

## 项目评价

### 1. 教师评价

教师可参考表3-3-5对学生"共建最美校园 共助协调发展"主题实践项目进行评价。

表3-3-5 "共建最美校园 共助协调发展"主题实践项目评价表

| 评价标准 | | 分值 | 得数 | 总分 | 教师评价 |
| --- | --- | --- | --- | --- | --- |
| "最美校园角"规划设计方案 | 设计思路体现专业性、创新性 | 10 | | | |
| | 设计作品意义深远 | 10 | | | |
| | 方案流程可操作性强 | 10 | | | |
| "最美校园角"设计实施 | 作品主题鲜明,思想先进 | 10 | | | |
| | 内容合理,且与主题相呼应 | 10 | | | |
| | 呈现作品完整 | 10 | | | |
| | 作品能够体现学生认知美、创造美的能力 | 10 | | | |
| | 参观人员综合评分 | 10 | | | |
| 作品分享会 | 分享内容充实、形式创新 | 10 | | | |
| | 语言简洁明了、内容表达清晰 | 10 | | | |

## 2. 学生评价

（1）自我评价。学生可参考表3-3-6对个人参与"共建最美校园 共助协调发展"主题实践项目的整体情况进行真实的自我评价。

表3-3-6 "共建最美校园 共助协调发展"主题实践项目自我评价表

| | 姓名与班级 | | | |
| --- | --- | --- | --- | --- |
| | 办公单位、部门及地点 | | | |
| | 实践内容 | | | |
| | 项目整体完成情况 | A.出色完成 | B.基本完成 | C.未完成 |
| 树德 | 参与实践项目的态度 | A.非常积极主动 | B.积极主动性一般 | C.消极被动 |
| | 在实践过程中积极践行创造性劳动 | A.非常同意 | B.一般同意 | C.不同意 |
| | 感悟到团结协作、勇于探索的职业精神 | A.感悟深刻 | B.有些许感悟 | C.未感悟到 |
| 增智 | 了解本校校园文化 | A.深入了解 | B.初步了解 | C.未了解 |
| | 形成全面的整体设计方案 | A.非常全面 | B.基本全面 | C.不全面 |
| | 动手制作能力突出 | A.非常突出 | B.比较突出 | C.不突出 |

续表

| | | | | |
|---|---|---|---|---|
| 增智 | 表达能力得到提升（包含文字表达及语言表达） | A.非常同意 | B.一般同意 | C.不同意 |
| | 逻辑思维能力得到提升 | A.充分形成 | B.基本形成 | C.未形成 |
| 强体 | 认知到良好身体素质的重要性 | A.非常同意 | B.一般同意 | C.不同意 |
| | 手脑得到怎样的锻炼 | A.充分锻炼 | B.基本锻炼 | C.未得到锻炼 |
| 育美 | 在实践过程中感悟到创新之美 | A.感悟深刻 | B.有些许感悟 | C.未感悟到 |

（2）项目评价。学生填写指导教师设计的项目评价问卷，对本次项目开展情况及教师指导情况给予真实的评价与建议。

# 项目三 争当环保先锋 推动绿色发展

## 项目目标

### 1. 知识目标
（1）了解绿色发展理念的基本内涵。
（2）掌握垃圾分类的相关知识。
（3）熟悉全国节能宣传周的活动内容。

### 2. 技能目标
（1）提高垃圾分类和资源回收的实践操作能力。
（2）培养创新思维，学会变废为宝。

### 3. 素质目标
（1）增强环保意识，树立绿色发展理念。
（2）培养团队协作精神，提高沟通与组织能力。
（3）提升社会责任感，积极参与社会公益事业。

## 项目思路

本项目采用"践行垃圾分类+变废为宝"的形式开展，使学生在垃圾分类实践和变废为宝的创新实践中，践行绿色发展理念、营造绿色生活氛围。具体包括：组织学生学习垃圾分类知识，开展垃圾分类实践；引导学生发挥创意，将废弃物转化为有价值的物品；举办成果展示活动，推广绿色发展理念。

## 知识快递

### 1. 绿色发展理念

绿色发展理念是中国当前和未来一个时期始终坚持的发展理念,旨在通过生态文明建设实现人与自然和谐共生。这一理念强调将环境保护、资源节约和可持续发展融入经济、政治、文化和社会建设的各方面和全过程。具体措施包括推动绿色技术应用、优化产业结构、发展清洁生产、加强低碳技术研发及产业化等。此外,倡导绿色生活方式,提高公众环保意识也是重要方面。绿色发展不仅是中国经济转型升级的关键,也是全球生态安全的重要一环。

图3-3-4　2024年全国节能宣传周招贴画

（来源：国家发展和改革委员会官网）

### 2. 全国节能宣传周

全国节能宣传周活动是在1990年国务院第六次节能办公会议上确定的。从1991年开始,全国节能宣传周活动每年举办。不同年份的主题和具体日期可能会有所变化,但总体目标是通过广泛的宣传活动,倡导节能减排和绿色生活方式(图3-3-4)。

### 3. 垃圾分类

随着我国社会经济的高速发展和人口不断增长,城市每天会产生大量的生活垃圾。垃圾未经分类就回收或者任意丢弃都会造成环境污染。我国于2019年7月1日开始提倡垃圾分类。所谓垃圾分类,就是把垃圾按照种类进行划分,再进行分类收集、运输、处理,从而使其转变成公共资源。垃圾分类的目的是提高垃圾的资源价值和经济价值,意义在于提升垃圾的利用率和资源转化率,保护环境。目前,生活垃圾主要分为可回收垃圾、厨余垃圾、有害垃圾和其他垃圾。

(1) 可回收垃圾,是指适宜回收和资源再利用的物品,包括废纸、废塑料、废金属、废玻璃、废旧纺织物、废包装物等。

(2) 厨余垃圾,是指家庭日常生活中产生的厨余废弃物和集贸市场产生的易腐性有机废弃物,包括固体食物、蛋壳、瓜果皮核、茶渣和废弃菜叶、肉碎骨、腐肉等。

(3) 有害垃圾,是指对人体健康或者自然环境造成直接或者潜在危害的生活废弃物,包括废弃电池(镉镍电池、氧化汞电池、铅蓄电池等)、荧光灯管(日光灯管、节能灯等)、温度计、血压计、药品、油漆、溶剂、杀虫剂、消毒剂、胶片、相纸、农药及其包装物等。

(4) 其他垃圾,是指除有害垃圾、厨余垃圾、可回收物以外的生活废弃物,包括一次性纸尿布、餐巾纸、烟蒂、渣土等。

## 🛠 使用工具

实物工具：垃圾桶、分类标签、废弃物、创意制作材料等。
技术方法：互联网查询、问卷调查、数据分析、创意设计等。

## 📂 项目实施

（1）召开项目启动会，明确项目目标、任务分工和时间安排。

（2）组织学生通过讲座、网络等方式学习绿色发展理念、垃圾分类知识和全国节能宣传周活动内容，以及实践活动中需要掌握的安全知识。

（3）开展垃圾分类实践，让学生亲身体验垃圾分类的重要性；引导学生发挥创意，将废弃物转化为有价值的物品；组织学生进行成果展示，分享实践经验。

（4）召开项目总结会，总结项目成果和经验。

## 📋 项目总结

（1）每组形成活动总结报告，内容包含但不限于活动开展内容、个人职责、"变废为宝"活动的制作思路及过程、活动收获与体会等。

（2）学生按照项目具体实践情况填写表3-3-7"争当环保先锋　推动绿色发展"主题实践项目总结报告，并提交。

表3-3-7　"争当环保先锋　推动绿色发展"主题实践项目总结报告

| 姓名与班级 | | 实践项目名称 | |
|---|---|---|---|
| 实践日期 | | 实践地点 | |
| 主要实践内容<br>（参与项目实践的具体内容，参与情况） | | | |
| 我的优势<br>（哪方面做得好，发挥了哪些能力） | | | |
| 我的短板<br>（哪方面存在不足，造成了怎样的不良影响） | | | |
| 未来展望 | | | |

（3）指导教师根据所要了解的内容自行设计项目评价问卷，掌握学生对本次项目开展情况及教师指导情况的评价与建议，为提升后续项目质量提供支撑。

## ⚠ 注意事项

(1) 在进行捡拾、分类投放、可回收物整理时切记戴好口罩及一次性手套,使用四色垃圾袋及规定的卫生工具。

(2) 该实践项目也可以"全国节能宣传周""关灯一小时"等活动为主题进行设计。

## 项目评价

### 1. 教师评价

教师可参考表3-3-8对学生"争当环保先锋 推动绿色发展"主题实践项目进行评价。

表3-3-8 "争当环保先锋 推动绿色发展"主题实践项目评价表

| | 评 价 标 准 | 分值 | 得数 | 总分 | 教师评价 |
|---|---|---|---|---|---|
| 践行垃圾分类实践项目（宣传小队） | 实践地点及时间选取合理 | 5 | | | |
| | 宣传方式有特色 | 5 | | | |
| | 宣传内容合理、恰当 | 5 | | | |
| | 宣传效果良好 | 5 | | | |
| 践行垃圾分类实践项目（指导小队） | 实践地点及时间选取合理 | 5 | | | |
| | 指导过程未发生冲突 | 5 | | | |
| | 指导工作有成效 | 5 | | | |
| | 能够正确分类投放 | 5 | | | |
| 践行垃圾分类实践项目（执行小队） | 实践地点及时间选取合理 | 5 | | | |
| | 目标区域垃圾得到全面清理 | 5 | | | |
| | 能够正确分类投放 | 5 | | | |
| | 可回收垃圾整理、处置得当 | 5 | | | |
| "变废为宝"实践项目 | 完成作品制作 | 10 | | | |
| | 作品有想法、有新意 | 10 | | | |
| | 作品制作精良,体现认真态度 | 10 | | | |
| 项目总结报告 | 内容充实 | 5 | | | |
| | 收获与反思感悟深刻 | 5 | | | |

### 2. 学生评价

(1) 自我评价。学生可参考表3-3-9对个人参与"争当环保先锋 推动绿色发展"主题实践项目的整体情况进行真实的自我评价。

表3-3-9  "争当环保先锋 推动绿色发展"主题实践项目自我评价表

| | 姓名与班级 | | | |
|---|---|---|---|---|
| | 实践项目 | | | |
| | 实践内容 | | | |
| | 项目整体完成情况 | A.出色完成 | B.基本完成 | C.未完成 |
| 树德 | 参与实践项目的态度 | A.非常积极主动 | B.积极主动性一般 | C.消极被动 |
| | 通过实践感受到垃圾分类、绿色环保的乐趣 | A.感受深刻 | B.有些许感受 | C.未感受到 |
| | 增强自身的绿色环保意识 | A.增强 | B.一般 | C.没有 |
| 增智 | 了解垃圾分类的基本知识 | A.深入了解 | B.初步了解 | C.未了解 |
| | 充分展现创新精神,实现变废为宝,实现资源的再利用 | A.深入展现 | B.初步展现 | C.未展现 |
| | 团队合作良好、沟通交流顺畅 | A.非常好 | B.一般 | C.不理想 |
| | 问题处理方法得当、结果完美 | A.非常好 | B.一般 | C.不理想 |
| 强体 | 身体得到怎样的锻炼 | A.得到充分锻炼 | B.得到基本锻炼 | C.未得到锻炼 |
| 育美 | 在实践过程中感悟劳动美 | A.感悟深刻 | B.有些许感悟 | C.未感悟到 |

（2）项目评价。学生填写指导教师设计的项目评价问卷,对本次项目开展情况及教师指导情况给予真实的评价与建议。

# 项目四 开放宿舍空间 共筑美好家园

## 项目目标

### 1. 知识目标
了解开放发展理念,认识到宿舍文化在育人过程中的重要作用,提高宿舍管理知识水平。

### 2. 技能目标
培养团队协作、沟通表达、创意设计等能力,提升宿舍卫生整理、安全排查等方面的实际操作技能。

### 3. 素质目标

培养热爱生活、关爱他人、自觉维护公共环境的良好品质，增强包容开放、求同存异、各美其美、美美与共的意识，提升综合素质。

## 项目思路

本项目采用"宿舍开放日"的形式开展，让学生在团队协作、创意设计等环节中共同营造温馨和谐、整洁舒适的宿舍环境。实践活动主要包括以下流程内容：舍牌制作，设计具有宿舍特色的舍牌，展示宿舍风采；宿舍装扮，对宿舍进行创意装扮，营造温馨和谐的氛围；卫生整理，开展宿舍卫生大扫除，确保宿舍整洁干净；安全排查，对宿舍进行安全隐患排查，提高安全意识；开放分享，邀请其他宿舍同学参观交流，共同学习进步；由师生共同投票评选出"最美宿舍"。

## 知识快递

### 1. 开放发展理念

开放发展理念是中国特色社会主义新发展理念的重要组成部分，旨在解决发展的内外联动问题。其核心是坚持对外开放的基本国策，奉行互利共赢的开放战略，发展更高层次的开放型经济。

### 2. 宿舍文化

大学宿舍文化是学生生活的重要部分，在育人方面发挥着不可忽视的作用。宿舍文化通过集体生活空间，促进了大学生之间的相互学习与成长，同时也为他们提供了一个展示自我、探索自我、共同交流的空间。它不仅包括物质文化、制度文化，还涉及精神文化与行为文化等多个维度。在宿舍文化的形成过程中，个体良好的价值理念、心理特征、审美趣味、行为习惯也逐步强化。

## 使用工具

实物工具：彩纸、画笔、剪刀、胶水、清洁等工具。
技术方法：创意设计、团队协作、安全排查等。

## 项目实施

（1）召开项目动员会议，让学生充分了解本次实践活动的目的、内容和意义。

（2）每组学生在充分掌握宿舍管理相关规定的基础上进行集中思考、讨论，确定宿舍主题风格、宿舍名称、舍牌内容及制作创意、宿舍装扮细节等事项，形成宿舍改造方案。

（3）每组学生按照本组计划逐项开展项目实施。

① 舍牌制作。各组根据宿舍的主题风格为宿舍起一个恰当的名称，并按照创意思路进行宿舍名牌制作，舍牌上的内容至少包含宿舍号、宿舍名称、宿舍成员、宿舍简介等。舍牌呈

现方式不限,由每组自行设计。

②宿舍装扮。各组依据选定的主题风格和所备物品装扮宿舍。

③宿舍整理。每名学生对个人物品进行整理,确保物品摆放整齐、干净卫生。另外,打扫宿舍公共区域,保证宿舍整体卫生整洁、舒适。

④安全排查。每组学生认真检查宿舍门窗、水电、电器等设施、设备的安全状况,排除安全隐患,做好宿舍安全建设。

(4)宿舍开放日当天,邀请全校师生代表对"新"宿舍进行参观、提意见。参观过程中,每组指定一名成员对宿舍改造的思路、宿舍文化等相关内容进行讲解、介绍。

## 项目总结

(1)由教师、学生代表、宿管等人员对各组成果综合打分,评选出"最美宿舍"。

(2)举办"最美宿舍分享会",分享内容包括宿舍的主题风格、宿舍名称、舍牌制作的创意思路、活动中遇到的困难及解决方法、收获与体会等。分享形式由分享者自行设计,可用PPT、图片、视频等方式呈现。

(3)每组提交一份实践活动记录,包括宿舍改造方案、任务分工、活动过程全记录、照片、视频等。

(4)每名学生按照项目具体实践情况填写表3-3-10"开放宿舍空间 共筑美好家园"主题实践项目总结报告,并提交。

表3-3-10 "开放宿舍空间 共筑美好家园"主题实践项目总结报告

| 姓名与班级 | | 实践项目组 | |
|---|---|---|---|
| 实践日期 | | 实践地点 | |
| 主要实践内容<br>(改造宿舍过程中承担的主要工作,整体活动参与情况) | | | |
| 我的优势<br>(哪方面做得好,发挥了哪些能力,在团队中的作用) | | | |
| 我的短板<br>(哪方面存在不足,造成了怎样的不良影响) | | | |
| 未来展望 | | | |

(5)指导教师根据所要了解的内容自行设计项目评价问卷,掌握学生对本次项目开展情况及教师指导情况的评价与建议,为提升后续项目质量提供支撑。

## ⚠ 注意事项

（1）遵守宿舍管理相关规定，杜绝不合规操作，避免安全隐患。

（2）宿舍主题风格的选择应积极健康，符合大学生特点。遵循不奢侈、不浪费原则，合理利用资源，注重环保。

（3）注意个人安全及劳动工具的使用安全。

（4）宿舍开放日当天注意个人物品的保护，避免丢失。

## 项目评价

### 1. 教师评价

教师可参考表3-3-11对学生"开放宿舍空间　共筑美好家园"主题实践项目进行评价。

表3-3-11　"开放宿舍空间　共筑美好家园"主题实践项目评价表

| | 评 价 标 准 | 分值 | 得数 | 总分 | 教师评价 |
| --- | --- | --- | --- | --- | --- |
| "宿舍开放日"实践活动 | 主题风格积极健康 | 10 | | | |
| | 舍牌内容充实，有创意 | 10 | | | |
| | 宿舍装扮风格与主题相呼应 | 10 | | | |
| | 宿舍装扮符合不浪费、环保原则 | 10 | | | |
| | 未违规操作，无安全隐患 | 10 | | | |
| | 宿舍卫生整洁，物品摆放整齐 | 10 | | | |
| | 能够体现学生的创新、动手能力 | 10 | | | |
| | 获得"最美宿舍"称号 | 10 | | | |
| 实践活动记录 | 改造方案内容、过程详尽 | 10 | | | |
| | 记录完整，能够体现完整活动过程 | 10 | | | |

### 2. 学生评价

（1）自我评价。学生可参考表3-3-12对个人参与"开放宿舍空间　共筑美好家园"主题实践项目的整体情况进行真实的自我评价。

表3-3-12　"开放宿舍空间　共筑美好家园"主题实践项目自我评价表

| 姓名与班级 | | | |
| --- | --- | --- | --- |
| 实践项目组 | | | |
| 实践内容 | | | |
| 项目整体完成情况 | A.出色完成 | B.基本完成 | C.未完成 |

续 表

| | | | | |
|---|---|---|---|---|
| 树德 | 参与实践项目的态度 | A.非常积极主动 | B.积极主动性一般 | C.消极被动 |
| | 在实践过程中始终践行劳动伟大理念 | A.非常同意 | B.一般同意 | C.不同意 |
| | 体会到通过自己动手+团队合作的方式改造宿舍的乐趣 | A.体会深刻 | B.有些许体会 | C.未体会到 |
| 增智 | 了解本校校园文化,宿舍改造要依托校园文化进行 | A.深入了解 | B.初步了解 | C.未了解 |
| | 较好地适应团队合作,积极发挥个人在团队中的作用 | A.非常好 | B.比较好 | C.不满意 |
| | 较好地掌握改造工具的使用方法,注意使用安全,积极思考 | A.充分掌握 | B.基本掌握 | C.未掌握 |
| | 沟通协作能力得到提升 | A.充分具备 | B.基本具备 | C.未具备 |
| | 发现问题与解决问题的能力得到提升 | A.非常同意 | B.一般同意 | C.不同意 |
| | 创新精神与创新能力得到提升 | A.非常同意 | B.一般同意 | C.不同意 |
| 强体 | 身体得到怎样的锻炼 | A.充分锻炼 | B.基本锻炼 | C.未得到锻炼 |
| 育美 | 在实践过程中感悟劳动美、设计美、文化美 | A.感悟深刻 | B.有些许感悟 | C.未感悟到 |

（2）项目评价。学生填写指导教师设计的项目评价问卷,对本次项目开展情况及教师指导情况给予真实的评价与建议。

# 项目五 促进职普融通 共享职业发展

## 📌 项目目标

### 1. 知识目标

了解共享发展理念、职业教育与普通教育的区别与联系、劳动教育和职业启蒙教育的基本理念,明确职业教育的社会责任。

### 2. 技能目标

（1）掌握劳动教育和职业启蒙教育的基本方法。

（2）提升组织协调、沟通交流、课程开发和实践操作等能力。

#### 3. 素质目标

（1）体会一门课程从开发建设到课堂教学的不易，体会"授人以渔"的快乐和美好，牢固树立尊师重教观念。

（2）体会技能让生活更美好的内涵，增强技术技能人才的自我认同感、荣誉感。

### 项目思路

本项目采用"设计劳育实践课程+中小学生职业体验"的形式开展，组织高校师生、职业教育专家、中小学教师共同参与，建立师生教研共同体，借助职业教育专业和实训资源优势，为项目提供支持，面向中小学开发具有针对性的劳动教育课程。劳动教育实践课程可以选择"请进来""走出去"2种模式开展（图3-3-5）。通过实践课程，让中小学生了解各行各业，激发中小学生的职业兴趣，推动职业启蒙，促进职普融通，强化职业教育的社会认同。

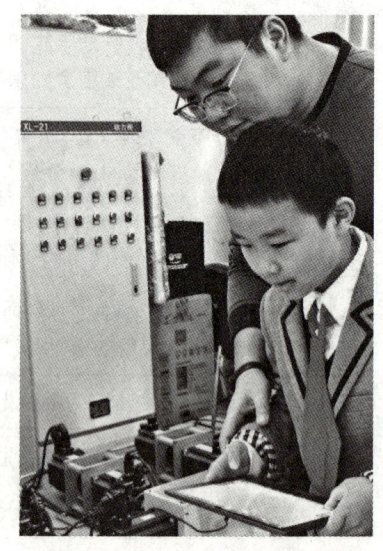

图3-3-5 小学生走进大学实验室
（来源：学习强国）

### 知识快递

#### 1. 共享理念

共享理念是一种强调资源、信息、成果等共同分享和利用的思想观念，其核心在于通过合作、互助和开放的方式，实现资源的最大化利用和价值的最大化创造。共享理念提倡整合分散的资源，通过优化配置，提高资源的使用效率，减少浪费。它强调多方参与者互利共赢，通过协同合作，创造更大的社会经济价值。共享理念倡导开放的态度，鼓励信息公开和流通，使更多的人能共享资源。共享理念注重公平原则，避免资源不公平分配。共享理念追求可持续发展，不仅满足当前需求，还考虑未来世代利益。

#### 2. 职业启蒙教育

职业启蒙教育是指通过一系列的教育活动，帮助青少年了解各种职业的特点、工作内容、发展前景和所需的技能和素质，从而引导他们根据自己的兴趣、能力和价值观进行初步的职业规划，激发他们对未来职业生涯的思考和探索。

#### 3. 职普融通

职普融通是指职业教育与普通教育之间的相互融合、相互沟通和相互补充，旨在打破两种教育体系之间的壁垒，实现教育资源的共享和优化配置，为学生提供更加多样化、个性化的教育选择和发展路径，从而促进教育公平，提高教育体系的整体效率。在实践中，可从以下3个层面着手：第一，资源融通，普通高校、职业院校和中小学之间共享教育资源，包括师资、实训基地、课程内容等；第二，信息共享，通过建立信息平台，共享职业教育的最新动态、研究成果、成功案例等；第三，成果公开，在更大范围内公开劳动教育实践课程、教学方法和研究成果等,供其他教育机构参考和借鉴。

## 使用工具

实物工具:教学器材、实训设备、劳动工具、办公用具等。
技术方法:信息技术、项目管理、课程开发等工具,BOPPPS等教学方法。

## 项目实施

(1)召开项目动员会议,让学生充分了解本次实践项目的目的、内容、意义、任务分工和时间节点。

(2)每组学生深入分析所学的专业知识和技能,充分挖掘能够体现职业特色的体验内容,并将其列为清单。

(3)召开小组讨论会,针对清单中的体验内容逐条进行分析,分析事项包括:内容与中小学生年龄阶段和成长阶段的匹配程度,课程所要达成目标的深度、广度与温度,所需的场所、设备、设施、资料、材料等资源支撑,学生团队体验指导的经验与能力能否胜任,是否需要教师及校内其余人员配合完成等。

(4)综合分析讨论后,确定最终职业体验内容,并围绕体验内容设计劳动教育实践课程,至少应包含课程目标、授课对象、课程结构、课程设置、课程资料、课程评价等基础性课程建设内容,并形成课程整体设计、职业体验活动方案、课程教案和课程评价表。

(5)每组按照课程设计和活动方案做好每名学生的分工,同时协调好相关资源及配合事项,全方位保障中小学生的职业体验活动顺利完成。

(6)各组学生按照活动方案设计及各自分工职责,示范、引导中小学生完成职业体验,填写课程评价表。

## 项目总结

(1)每组提交体现职业特色的体验内容清单、实践课程整体设计、活动方案和参与体验活动的全体中小学生填写的课程评价表。

(2)每名学生按照项目具体实践情况,填写表3-3-13"促进职普融通 共享职业发展"主题实践项目总结报告,并提交。

表3-3-13 "促进职普融通 共享职业发展"主题实践项目总结报告

| 姓名与班级 | |
|---|---|
| 实践项目组<br>(班级内部分组,无则删掉) | |
| 设计的劳动教育实践课程<br>(职业体验内容) | |
| 参与职业体验的中小学生学校与年级 | |

续表

| | |
|---|---|
| 职业体验活动日期 | |
| 职业体验活动地点 | |
| 主要实践内容<br>（设计课程以及职业体验活动中所做的工作,工作完成度与效果） | |
| 我的优势<br>（哪方面做得好,发挥了哪些能力,在团队中的作用） | |
| 我的短板<br>（哪方面存在不足,造成了怎样的不良影响） | |
| 未来展望 | |

（3）指导教师根据所要了解的内容自行设计项目评价问卷,掌握学生对本次项目开展情况及教师指导情况的评价与建议,为提升后续项目质量提供支撑。

## ⚠ 注意事项

（1）注重与中小学的沟通与协作,确保实践课程符合实际需求。

（2）学生在课程设计的过程中可以翻阅、查找相关资料,从网上查阅资料时要注意网站的权威性及内容的准确性。

（3）职业体验活动中,务必加强管理服务,强化安全保障,确保中小学生职业体验活动安全、有序开展。

## 项目评价

### 1. 教师评价

教师可参考表3-3-14对学生"促进职普融通　共享职业发展"主题实践项目进行评价。

表3-3-14　"促进职普融通　共享职业发展"主题实践项目评价表

| | 评 价 标 准 | 分值 | 得数 | 总分 | 教师评价 |
|---|---|---|---|---|---|
| 劳育实践课程设计 | 体验内容清单能够充分体现团队的思考和分析 | 10 | | | |
| | 确定的课程内容合理,与职业体验对象年龄阶段特点吻合 | 10 | | | |

续表

| 评价标准 | | 分值 | 得数 | 总分 | 教师评价 |
|---|---|---|---|---|---|
| 劳育实践课程设计 | 课程整体设计符合要求 | 10 | | | |
| | 职业体验活动方案表述清晰，可操作性强 | 10 | | | |
| | 课程设计过程参与度高 | 10 | | | |
| 中小学生职业体验活动 | 在团队中发挥了重要作用 | 10 | | | |
| | 安全、顺利完成个人任务，并配合团队顺利完成活动 | 10 | | | |
| | 中小学生体验评价良好 | 10 | | | |
| 项目总结报告 | 内容翔实，项目工作量饱满 | 10 | | | |
| | 认识深刻，情感真挚 | 10 | | | |

### 2. 学生评价

（1）自我评价。学生可参考表3-3-15对个人参与"促进职普融通　共享职业发展"主题实践项目的整体情况进行真实的自我评价。

表3-3-15　"促进职普融通　共享职业发展"主题实践项目自我评价表

| | 姓名与班级 | | | |
|---|---|---|---|---|
| | 实践项目组 | | | |
| | 实践内容 | | | |
| | 项目整体完成情况 | A.出色完成 | B.基本完成 | C.未完成 |
| 树德 | 参与实践项目的态度 | A.非常积极主动 | B.积极主动性一般 | C.消极被动 |
| | 体会到课程从开发建设到教学实施的不易 | A.体会深刻 | B.有些许体会 | C.未体会到 |
| | 项目有助于团结协作、交流互助、开放共享等理念的形成和培养 | A.非常同意 | B.一般同意 | C.不同意 |
| 增智 | 对所学的专业知识和技能有更加深入的了解 | A.非常同意 | B.一般同意 | C.不同意 |
| | 掌握开发一门课程所考虑的基本因素 | A.充分掌握 | B.基本掌握 | C.未掌握 |
| | 表达能力得到提升 | A.非常同意 | B.一般同意 | C.不同意 |

续 表

| | | | | |
|---|---|---|---|---|
| 增智 | 思考与分析问题的能力得到提升 | A.充分具备 | B.基本具备 | C.未具备 |
| | 解决问题的能力得到提升 | A.非常同意 | B.一般同意 | C.不同意 |
| | 创新与应用转化能力得到提升 | A.非常同意 | B.一般同意 | C.不同意 |
| 强体 | 认识到良好身体素质的重要性 | A.非常同意 | B.一般同意 | C.不同意 |
| | 身体得到怎样的锻炼 | A.充分锻炼 | B.基本锻炼 | C.未得到锻炼 |
| 育美 | 在实践过程中感悟劳动美、分享美 | A.感悟深刻 | B.有些许感悟 | C.未感悟到 |
| | 体会到"授人以渔"的快乐与美好 | A.体会深刻 | B.有些许体会 | C.未体会到 |

（2）项目评价。学生填写指导教师设计的项目评价问卷，对本次项目开展情况及教师指导情况给予真实的评价与建议。

# 实践情境四
# 强化价值引领　体会劳动美丽

## 项目一　体验基层工作　培育职业精神

微课视频

### 项目目标

**1. 知识目标**

（1）了解不同基层职业的历史背景、社会地位和职业发展趋势，深化对职业多样性的认识。

（2）掌握各个基层岗位的基本工作流程、操作规范和职业道德要求。

**2. 技能目标**

（1）培养动手能力和实际工作技能，如清洁、整理、维护等基础技能。

（2）锻炼沟通表达能力，提高与同事、上级和服务对象有效沟通的能力。

（3）增强自我管理能力，包括时间管理、情绪管理和任务管理，提高工作效率。

（4）培养问题解决能力，在面对日常工作中的问题时，能冷静分析并寻找解决方案。

**3. 素质目标**

（1）理解劳动不分贵贱，认识到基层工作对社会运行的重要性。

（2）培养同理心，能从基层劳动者的角度思考问题，理解他们的辛苦和付出。

（3）培养敬业、诚信、合作和创新等职业精神。

### 项目思路

本项目采用"角色扮演+总结分享"的形式开展。"角色扮演"是指扮演校内常见职业岗位角色，让学生体验基层工作岗位，体会平凡岗位的辛劳与收获，体会劳动不分贵贱、劳动创造价值的道理，尊重劳动和普通劳动者。

### 知识快递

**1. 平凡岗位创造不平凡的劳动价值**

环卫工、快递员、外卖员、服务员、保洁员、导购员、收银员、保安员……在我们身边，有很多这样的劳动者，他们在日常生活中随处可见，为我们的生活提供了基础的保障。他们是既平凡又伟大的劳动者，没有他们的贡献就没有我们日常生活的便利、整洁、稳定。因此，劳动不分贵贱,任何岗位都能创造价值,任何行业的劳动者都值得我们尊敬。

### 2. 部分校园内基层岗位介绍

（1）校内保洁员。校内保洁员是营造优美、舒适、整洁的校园环境的主要工作人员,需要使用保洁养护专用工具,负责校道、教室、楼道、卫生间等校内公共场所的废弃物清除、垃圾清理、设施养护等工作。工作时间相对固定,工作强度相对较大,工作内容相对复杂,需要从事该工作的劳动者具备较强的责任感。

（2）宿舍管理员。宿舍管理员是每名在校生日常接触最多的工作人员,主要负责督促住宿学生整理内务,清洁宿舍楼梯走廊,督促住宿学生下楼上课,保护学生在宿舍期间的人身及财产安全等。宿舍管理员在工作过程中应遵循爱护和关心学生、耐心周到、以身作则的原则。

（3）餐厅服务人员。餐厅服务人员是保障师生校内饮食健康安全的重要工作人员,主要工作职责是为师生提供安全、卫生的就餐服务,提供干净整洁的就餐环境,以及餐具的回收和清洗等清洁工作。餐厅服务人员工作时间相对集中,工作强度相对较大,需要从事该工作的劳动者秉持认真负责的态度。

（4）保安员。保安员是保证校园安全、维持校园秩序的主要工作人员,主要工作职责是校内巡逻、外来人员登记、校内车辆管理、疏导校门口交通、紧急情况处理等。校园保安员的工作内容比较复杂,责任也相对较大,需要从事该工作的劳动者具备较好的身体素质、较强的责任感,服从上级领导安排。

## 🛠 使用工具

实物工具：根据扮演的角色,可能需要使用清洁工具、图书整理工具、安全检查设备等。
技术方法：沟通技巧、时间管理、团队协作、问题解决等技术方法。

## 📁 项目实施

（1）与相关部门沟通此次实践项目并取得同意,了解各岗位的工作要求、所需人数等信息。

（2）召开项目动员会议,让学生充分了解本次实践项目的目的、内容和意义,并邀请相关岗位的工作人员进行岗位介绍,让学生了解各岗位的基本技能知识、岗位职责、工作时间、工作地点、工作要求等事项。

（3）组织学生对想要扮演的角色进行报名,将报名相同角色的学生分为一组,若出现报名人数不均衡的情况,可由学生自行协调或指导教师统一协调分配。

（4）各组学生进行岗前学习,明确岗位功能和职责,做好心理准备和技能准备。

（5）各组学生根据排班时间到各自所要体验的岗位报到并认真开展体验工作。

（6）每日体验工作结束后,每名学生要整理当天的工作成果,形成工作日志(参考表3-4-1),并请各岗位相关工作人员针对学生的整体表现进行打分,并填写评价及意见。

表3-4-1 "体验基层工作 培育职业精神"主题实践项目工作日志

| 姓名与班级 | | 实践日期 | |
|---|---|---|---|
| 体验的工作岗位 | | 上班时间<br>下班时间 | |
| 重点工作事项 | | | |
| 特殊事件及解决方式描述<br>(若有则填写,没有则填"无") | | | |
| 劳动技能锻炼及提升情况 | | | |
| 工作创新<br>(有助于提升工作效率或<br>改善工作状态的新模式、<br>新流程、新方法) | | | |
| 自我剖析及反思 | | | |
| 岗位人员评分(满分10分) | | | |
| 岗位人员评价及意见 | | | |

## 项目总结

(1)每名学生根据项目具体实践情况填写表3-4-2"体验基层工作 培育职业精神"主题实践项目总结报告,并提交。

表3-4-2 "体验基层工作 培育职业精神"主题实践项目总结报告

| 姓名与班级 | |
|---|---|
| 实践工作岗位 | |
| 实践时间及地点 | |
| 主要实践内容<br>(做了哪些工作,工作中的具体表现,<br>完成度) | |
| 我的优势<br>(哪方面做得好,发挥了哪些能力) | |

续 表

| | |
|---|---|
| 我的短板<br>（哪方面存在不足，造成了怎样的不良影响） | |
| 未来展望 | |

（2）举办"总结分享会"，每组学生派代表对本组项目体验的整体情况进行总结汇报，汇报形式由总结者自行设计，可用PPT、图片、视频等方式呈现。此外，每组有不少于三分之一的学生分享各自的项目体验经历、收获和感受。

（3）指导教师根据所要了解的内容自行设计项目评价问卷，掌握学生对本次项目开展情况及教师指导情况的评价与建议，为提升后续项目质量提供支撑。

## ⚠ 注意事项

（1）做好项目准备工作，详细了解各岗位工作内容及工作注意事项等。
（2）项目实施过程要遵照专业工作人员指导，并注意劳动工具的使用安全。
（3）学生应严格遵守各项工作纪律，并具备较强的责任心和踏实认真的工作态度。

## 项目评价

### 1. 教师评价

教师可参考表3-4-3对学生"体验基层工作 培育职业精神"主题实践项目进行评价。

表3-4-3 "体验基层工作 培育职业精神"主题实践项目评价表

| 评价标准 | | 分值 | 得数 | 总分 | 教师评价 |
|---|---|---|---|---|---|
| 角色体验 | 不迟到不早退，态度积极 | 10 | | | |
| | 掌握岗位基本劳动技能 | 10 | | | |
| | 能够有效解决工作遇到的问题 | 10 | | | |
| | 工作日志完整，填写规范 | 10 | | | |
| | 岗位人员评分平均分 | 10 | | | |
| 总结分享 | 积极参与项目总结及个人分享 | 10 | | | |
| | 总结分享的内容翔实、情感深厚 | 10 | | | |
| 总结报告 | 针对工作创新提出较好的想法和建议 | 20 | | | |
| | 认识深刻，情感真挚 | 10 | | | |

## 2. 学生评价

（1）自我评价。学生可参考表3-4-4对个人参与"体验基层工作　培育职业精神"主题实践项目的整体情况进行真实的自我评价。

表3-4-4　"体验基层工作　培育职业精神"主题实践项目自我评价表

| | 姓名与班级 | | | |
|---|---|---|---|---|
| | 实践体验岗位 | | | |
| | 实践内容 | | | |
| | 项目整体完成情况 | A.出色完成 | B.基本完成 | C.未完成 |
| 树德 | 参与实践项目的态度 | A.非常积极主动 | B.积极主动性一般 | C.消极被动 |
| | 体会到劳动不分贵贱 | A.体会深刻 | B.有些许体会 | C.未体会到 |
| | 体会每个岗位都能够创造劳动价值 | A.体会深刻 | B.有些许体会 | C.未体会到 |
| | 形成了尊重劳动者、尊重每个职业、珍惜劳动果实的劳动品质 | A.充分形成 | B.基本形成 | C.未形成 |
| 增智 | 了解了工作岗位所具备的一些基础知识 | A.深入了解 | B.初步了解 | C.未了解 |
| | 掌握了相关劳动工具正确使用方式 | A.充分掌握 | B.基本掌握 | C.未掌握 |
| | 挖掘发现了工作岗位原有工作方式的优缺点 | A.非常同意 | B.一般同意 | C.不同意 |
| | 发扬创新精神，创新了工作方式、方法、流程 | A.非常同意 | B.一般同意 | C.不同意 |
| | 沟通交流、解决问题等能力得到提升 | A.非常同意 | B.一般同意 | C.不同意 |
| 强体 | 认识到良好身体素质的重要性 | A.非常同意 | B.一般同意 | C.不同意 |
| | 身体得到怎样的锻炼 | A.充分锻炼 | B.基本锻炼 | C.未得到锻炼 |
| 育美 | 在实践过程中感悟到劳动之美 | A.感悟深刻 | B.有些许感悟 | C.未感悟到 |

（2）项目评价。学生填写指导教师设计的项目评价问卷，对本次项目开展情况及教师指导情况给予真实的评价与建议。

# 项目二 感悟榜样力量 弘扬劳模精神

## 项目目标

### 1. 知识目标
（1）了解劳模精神的起源、发展及其在新时代背景下的重要意义。
（2）掌握工匠精神的内涵，理解其在推动社会进步和经济发展中的作用。
（3）掌握人物采访的基本流程、技巧和方法，包括如何进行前期调研、设计采访问题、现场沟通等。

### 2. 技能目标
（1）提升沟通能力，包括语言表达、非语言沟通和倾听能力。
（2）掌握基本的摄影构图、光线运用和声音录制技巧。
（3）掌握视频剪辑软件的使用方法，完成视频剪辑、配音、字幕添加等后期制作工作。
（4）提高项目管理和时间管理能力。

### 3. 素质目标
（1）树立正确的劳动观念，尊重劳动、热爱劳动，理解劳动的价值和意义。
（2）通过榜样人物的感召，培养自己的职业精神，为未来职业生涯打下坚实基础。
（3）提升审美情趣，通过拍摄和制作过程感受劳动之美、榜样之美。

## 项目思路

本项目采用采访拍摄的形式开展，对劳模先进、优秀教师、优秀校友、家庭榜样等榜样人物进行"榜样说"视频拍摄。拍摄内容主要包括：榜样人物的工作事迹、成长经历、心路历程；榜样人物对劳模精神、工匠精神的理解和践行；榜样人物对大学生的期望和建议。发挥榜样人物和典型事迹的示范引领作用，使学生深刻领悟劳模精神、工匠精神的时代意义，树立正确的劳动价值观。

## 知识快递

### 1. 人物采访

人物采访是一种常见的新闻采集和调查研究方法，它涉及与特定人物进行对话，包括以下3个步骤：

（1）采访准备。明确采访的目的和主题，选择合适的采访对象；对采访对象进行深入研究,包括工作、成就、兴趣爱好及其与采访主题相关的经历;准备一系列开放式和封闭式问题,确保问题与采访目的相关,引导采访对象分享有价值的见解。

(2)采访过程。提前与采访对象建立联系,说明采访目的、时间和地点,获取同意;在采访开始时,营造轻松的氛围,让采访对象感到舒适和放松;正式采访开场白,简短介绍自己和采访目的;按照准备好的问题顺序提问,根据采访对象的回答适时深入或调整问题;认真倾听采访对象的回答,保持眼神交流,表现出兴趣和尊重;使用录音设备记录采访内容,同时做笔记,以备后续参考;感谢采访对象,询问是否还有其他想要分享的内容,并确认后续可能的联系。

(3)采访后的工作。将采访录音转换成文字,对照笔记整理出完整的采访记录;分析采访内容,提炼关键信息和观点。

### 2. 榜样

(1)榜样的内涵。榜样通常是指在某一领域或多个方面表现出色,具有值得他人学习和效仿的特质的人物或集体,包括:道德品质,如诚实守信、公正无私、乐于助人等,榜样的品质值得人们学习;专业能力,榜样的专业成就往往成为行业内的标杆;精神风貌,榜样的精神风貌体现在坚定的信念、积极的态度、勇于创新的精神等方面;社会贡献,榜样通过自己的行动对社会作出积极贡献,被广泛认可;人格魅力,榜样的个人魅力包括其独特的个性、领导力、亲和力等。

(2)榜样的作用。榜样人物的行为和成就能够为他人提供学习和效仿的范例,引导人们自我反思,树立正确的价值观和人生观,追求卓越;榜样人物的事迹和精神是社会文化的重要组成部分,有助于塑造和传承社会的主流价值观和文化传统;在各个领域,榜样的存在能够推动技术进步、管理创新和社会发展,他们的经验和智慧是宝贵的资源;在集体或团队中,榜样能够凝聚人心,增强团队凝聚力和战斗力,共同为实现目标而努力。

## 使用工具

实物工具:摄像机、话筒、三脚架、灯光设备等。
技术方法:视频拍摄、剪辑、后期制作等。

## 项目实施

(1)召开项目动员会议,让学生充分了解本次实践项目的目的、要求、内容和意义。

(2)学生可以单独开展项目实践,也可以根据项目内容和预选采访对象范围的一致性进行自由组队(为方便后续表述,以下将单独成组学生和团队成组学生统称为"每组学生")。

(3)列出采访提纲。每组学生收集榜样人物资料,全面了解榜样人物,围绕项目和采访主题设计采访问题,列出采访提纲,并将确定的采访提纲、采访时间和地点提前告知采访对象。

(4)制订视频拍摄方案。每组学生认真思考视频所要呈现的内容和所要体现的思想精神,确定视频拍摄的内容、角度和方法,同步考虑人员分工及拍摄资源,形成视频拍摄方案,方案要突出主题,体现创意。

(5)按照与采访对象约定的时间和地点开始正式采访活动,采访流程应按照前期确定的采访提纲进行,如遇特殊情况,应及时与采访对象沟通、协商,做好采访记录和视频录制。

(6)按照视频拍摄方案,拍摄除采访视频外的其余视频素材,并进行最终视频的剪辑。

## 项目总结

(1)联合学校相关部门举办"'榜样说'视频大赛",发布各组学生提交的最终视频,并组织、邀请全校师生进行投票,最终根据票数确定比赛名次。

(2)举办"成果分享会",获奖的小组指派1名学生对本组作品的想法、设计、制作等环节进行分享介绍,分享内容包含选定目标榜样人物的原因、采访问题的设置缘由、视频拍摄方案的创意、项目实施过程中遇到的问题及处理方式、聆听榜样事迹后的感受等。分享形式由分享者自行设计,可用PPT、图片、视频等方式呈现。

(3)每名学生按照项目具体实践情况填写表3-4-5"感悟榜样力量 弘扬劳模精神"主题实践项目总结报告,并提交。

表3-4-5 "感悟榜样力量 弘扬劳模精神"主题实践项目总结报告

| 姓名与班级 | |
|---|---|
| 实践项目组<br>(个人则写个人即可) | |
| 采访对象介绍 | |
| 主要实践内容<br>(采访与视频拍摄过程主要负责哪些工作,<br>工作的具体表现及完成度) | |
| 我的优势<br>(哪方面做得好,发挥了哪些能力) | |
| 我的短板<br>(哪方面存在不足,造成了怎样的<br>不良影响) | |
| 未来展望 | |

（4）指导教师根据所要了解的内容自行设计项目评价问卷，掌握学生对本次项目开展情况及教师指导情况的评价与建议，为提升后续项目质量提供支撑。

## ⚠ 注意事项

（1）做好前期资料收集工作，充分了解采访对象，以免产生误会。

（2）采访问题的设置要突出项目目标及主题，内容要有逻辑，能够体现采访对象积极向上的内心和引领、带动等榜样作用。

（3）尊重采访对象的观点，避免提出过于私人或敏感的问题。保持客观和中立，避免在采访中表达个人观点或偏见。

（4）遵守相关的法律和道德规范，保护采访对象的隐私，未经同意不透露敏感信息。

（5）确保采访设备（如录音笔、摄像机）正常工作，准备好备用电池和存储介质。

## 项目评价

### 1. 教师评价

教师可参考表3-4-6对学生"感悟榜样力量 弘扬劳模精神"主题实践项目进行评价。

表3-4-6 "感悟榜样力量 弘扬劳模精神"主题实践项目评价表

|  | 评 价 标 准 | 分值 | 得数 | 总分 | 教师评价 |
|---|---|---|---|---|---|
| 榜样人物采访+视频拍摄项目 | 采访前期准备充分 | 10 |  |  |  |
|  | 采访问题的设置能够突出项目目标和主题，前后内容具有逻辑性 | 20 |  |  |  |
|  | 视频拍摄突出主题、有创意 | 20 |  |  |  |
|  | 学生在采访与视频拍摄过程中均发挥了巨大作用 | 10 |  |  |  |
|  | 出色完成项目任务 | 10 |  |  |  |
|  | "榜样说"视频大赛获奖 | 10 |  |  |  |
| 项目总结报告 | 内容翔实 | 10 |  |  |  |
|  | 认识深刻，情感真挚 | 10 |  |  |  |

### 2. 学生评价

（1）自我评价。学生可参考表3-4-7对个人参与"感悟榜样力量 弘扬劳模精神"主题实践项目的整体情况进行真实的自我评价。

表3-4-7 "感悟榜样力量 弘扬劳模精神"主题实践项目自我评价表

| | 姓名与班级 | | | |
|---|---|---|---|---|
| | 实践项目组<br>（个人则写个人即可） | | | |
| | 实践内容<br>（承担的工作职责） | | | |
| | 项目整体完成情况 | A.出色完成 | B.基本完成 | C.未完成 |
| 树德 | 参与实践项目的态度 | A.非常积极主动 | B.积极主动性一般 | C.消极被动 |
| | 体会到榜样身上的爱岗敬业、默默奉献、勇于创新等优秀劳动品质 | A.体会深刻 | B.有些许体会 | C.未体会到 |
| | 感悟到榜样精神的示范引领作用 | A.感悟深刻 | B.有些许感悟 | C.未感悟到 |
| | 有助于树立正确的劳动价值观 | A.非常同意 | B.一般同意 | C.不同意 |
| 增智 | 掌握人物采访的一般流程、技巧 | A.深入掌握 | B.初步掌握 | C.未掌握 |
| | 逻辑能力与创新能力得到提升 | A.非常同意 | B.一般同意 | C.不同意 |
| | 沟通协作与表达能力得到提升 | A.非常同意 | B.一般同意 | C.不同意 |
| | 深入了解个人成长与职业发展 | A.非常同意 | B.一般同意 | C.不同意 |
| 强体 | 认识到良好身体素质的重要性 | A.非常同意 | B.一般同意 | C.不同意 |
| | 身体得到怎样的锻炼 | A.充分锻炼 | B.基本锻炼 | C.未得到锻炼 |
| 育美 | 在实践过程中发现、感悟到敬业美、奉献美、上进美、进步美 | A.感悟深刻 | B.有些许感悟 | C.未感悟到 |
| | 在实践过程中感悟到榜样精神的力量与美好 | A.感悟深刻 | B.有些许感悟 | C.未感悟到 |

（2）项目评价。学生填写指导教师设计的项目评价问卷，对本次项目开展情况及教师指导情况给予真实的评价与建议。

# 项目三 学习手工技艺 赓续工匠精神

## 项目目标

### 1. 知识目标

（1）了解剪纸、刺绣、陶瓷、木雕等传统手工艺的起源、发展历程及其在中国历史文化中的地位。

(2) 掌握手工艺的基本技法、材料选择、工具使用和相关的民俗文化知识。

(3) 认识手工艺与现代设计、艺术创作、生活美学之间的联系。

### 2. 技能目标

(1) 培养观察力、创造力、审美能力和动手实践能力,能够独立完成手工艺作品。

(2) 学会运用现代技术和创新思维对手工艺进行改良,提高作品的实用性和艺术性。

(3) 掌握手工艺教学和传承的基本方法,能够进行简单的技艺传授和推广。

### 3. 素质目标

(1) 增强文化自觉和文化自信,认识到传统手工艺是中华优秀传统文化的重要组成部分。

(2) 培养耐心、细心、责任心和敬业精神,涵养工匠精神。

## 项目思路

本项目采用展示手工技艺的形式开展,包括剪纸、刺绣、陶瓷、木雕等传统手工艺。学生可以采取自主学习或拜师学艺的方式,进行技艺学习及展示。在实践过程中,鼓励学生相互交流、分享经验,促进手工技艺传承、工匠精神赓续和文化创新发展。

## 知识快递

### 手工艺

手工艺是指以手工方式制作物品的技艺,它通常涉及特定的工艺流程、技巧和方法。手工艺是人类文明的重要组成部分,它体现了不同文化和历史时期的特点,是人类智慧和创造力的结晶。手工艺的基本特征有以下6点:

(1) 手工制作。手工艺的核心在于手工操作,其制作主要依靠人手技巧和力量。

(2) 技艺传承。手工艺往往通过师徒制或家族传承的方式从一代传至下一代。

(3) 个性化与独创性。手工制品受制作者个人技艺和风格影响,每件作品往往具有独特个性。

(4) 文化价值。手工艺品不仅具有实用价值,更承载着丰富的文化意义和历史信息。

(5) 材料多样。手工艺可以使用各种自然材料以及人工合成材料。

(6) 种类繁多。手工艺的种类繁多,包括剪纸、刺绣、陶瓷、木雕、玉雕、编织等。

随着时代的发展,手工艺也在不断创新,一些现代手工艺结合了新技术和新材料,使得传统技艺焕发出新的生命力。同时,手工艺的复兴和保护也成为全球范围内文化多样性和非物质文化遗产保护的重要内容。

## 使用工具

实物工具:剪刀、绣花针、绣线、彩纸、陶瓷泥、木雕刀等。

技术方法:剪纸技艺、刺绣技法、陶瓷制作工艺、木雕雕刻技巧等。

## 📁 项目实施

（1）课堂动员，让学生认识到中华优秀传统文化的博大精深，领略手工艺人的工匠精神，感受传统手工艺的魅力，布置课后实践项目任务。

（2）每名学生找到自己比较感兴趣的一项传统手工艺。

（3）收集资料，了解该项手工艺的发展历程和基本工具的正确使用方法。

（4）学生可选择以团队或个人形式完成作品，形成具体的项目实施方案及项目分工。

（5）选择相对便利的学习方式，如采用自主学习或拜访手工艺人等方式进行。根据所选的不同学习方式开展手工艺学习实践，要求学生个人或小组至少完成一件作品。

① 自主学习方式。学生自行通过网络查找相关手工艺品的制作教程，在准备充分的情况下，自行进行所选手工艺品的制作。采用拍照或摄影的方式全程记录活动开展过程，对遇到的问题要及时记录下来，并积极寻找相应的解决办法。

② 拜师学艺方式。学生自行请教传统手工艺人，认真、虚心地进行面对面的交流和学习，实地感受手工艺人对传统手工制作的热忱。全程记录活动开展过程，对学习过程中遇到的困难，采用自行思考和咨询请教相结合的方式解决。

## 📋 项目总结

（1）举办"手工艺学习心得分享会"，每名学生分享本次项目开展的具体过程、遇到的问题和解决方法、收获与心得体会等。分享形式由分享者自行设计，可用PPT、图片、视频等方式呈现。

（2）每名学生按照项目具体实践情况填写表3-4-8"学习手工技艺 赓续工匠精神"主题实践项目总结报告，并提交。

表3-4-8 "学习手工技艺 赓续工匠精神"主题实践项目总结报告

| 姓名与班级 | |
|---|---|
| 项目开展形式<br>（个人或者团队） | |
| 实践日期 | |
| 主要实践内容<br>（所选的手工艺品学习内容，完成情况） | |
| 我的优势<br>（哪方面做得好，发挥了哪些能力） | |
| 我的短板<br>（哪方面存在不足，造成了怎样的不良影响） | |
| 未来展望 | |

（3）指导教师根据所要了解的内容自行设计项目评价问卷，掌握学生对本次项目开展情况及教师指导情况的评价与建议，为提升后续项目质量提供支撑。

## ⚠ 注意事项

（1）手工艺制作是一项复杂且需要耐心的工作，需要学生在实践前做好相应的心理准备。

（2）本次实践会用到一些比较危险的工具，因此，学生要特别注意自己以及他人的人身安全。采取小组方式开展活动的学生，要求组长落实到位，负责工具的管理以及使用方式的监督。

（3）学生需要前期对所学手工艺有相对充分的了解，以便更好地理解和完成本次实践。

（4）采取"拜师学艺"的学生，在学习的过程中，要尊重师傅、虚心学习、坚持创新。

## 项目评价

### 1. 教师评价

教师可参考表3-4-9对学生"学习手工技艺 赓续工匠精神"主题实践项目进行评价。

表3-4-9 "学习手工技艺 赓续工匠精神"主题实践项目评价表

| | 评 价 标 准 | 分值 | 得数 | 总分 | 教师评价 |
|---|---|---|---|---|---|
| 手工学习体验项目 | 项目前期准备充足 | 10 | | | |
| | 掌握一种手工制作方法 | 10 | | | |
| | 学习过程中遇到问题能及时解决 | 10 | | | |
| | 学习态度端正 | 10 | | | |
| | 学习效果突出 | 10 | | | |
| 成果展示 | 完成手工艺品制作 | 10 | | | |
| | 项目成果契合项目主题 | 10 | | | |
| 项目总结报告 | 内容翔实 | 10 | | | |
| | 自我认识深刻 | 10 | | | |
| | 情感真挚 | 10 | | | |

### 2. 学生评价

（1）自我评价。学生可参考表3-4-10对个人参与"学习手工技艺 赓续工匠精神"主题实践项目的整体情况进行真实的自我评价。

表3-4-10 "学习手工技艺 赓续工匠精神"主题实践项目自我评价表

| | 姓名与班级 | | | |
|---|---|---|---|---|
| | 实践内容 | | | |
| | 项目整体完成情况 | A.出色完成 | B.基本完成 | C.未完成 |
| 树德 | 参与实践项目的态度 | A.非常积极主动 | B.积极主动性一般 | C.消极被动 |
| | 实践过程积极践行增强文化自信 | A.非常同意 | B.一般同意 | C.不同意 |
| | 感悟到传统文化的魅力 | A.感悟深刻 | B.有些许感悟 | C.未感悟到 |
| 增智 | 了解了所参与传统手工艺的基本知识及制作手工艺 | A.深入了解 | B.初步了解 | C.未了解 |
| | 熟练使用项目所需工具和材料 | A.非常熟悉 | B.基本熟悉 | C.未熟悉 |
| | 可以主动发现问题并积极自主解决问题 | A.非常同意 | B.一般同意 | C.不同意 |
| | 表达能力得到提升（包含文字表达及语言表达） | A.非常同意 | B.一般同意 | C.不同意 |
| | 在学习传统手工艺过程中充分体现创新意识 | A.充分体现 | B.基本体现 | C.未体现 |
| 强体 | 认识到良好身体素质的重要性 | A.非常同意 | B.一般同意 | C.不同意 |
| | 身体得到怎样的锻炼 | A.充分锻炼 | B.基本锻炼 | C.未得到锻炼 |
| 育美 | 在实践过程中感悟到传统手工艺之美、中国传统文化之美 | A.感悟深刻 | B.有些许感悟 | C.未感悟到 |

（2）项目评价。学生填写指导教师设计的项目评价问卷，对本次项目开展情况及教师指导情况给予真实的评价与建议。

# 参考文献

[1] 中央编译局. 马克思恩格斯全集[M]. 北京：人民出版社，2017.

[2] 中共中央党史和文献研究院. 毛泽东年谱[M]. 北京：中央文献出版社，2023.

[3] 邓小平. 邓小平文选[M]. 北京：人民出版社，1994.

[4] 习近平. 习近平谈治国理政[M]. 北京：外文出版社，2018.

[5] 喻敏. 城市的温度：广州志愿服务纪实[M]. 广州：花城出版社，2021.

[6] 罗婧. 仁爱遇上效率：中国语境下的志愿过程[M]. 北京：社会科学文献出版社，2021.

[7] 李山，轩新丽. 管子[M]. 北京：中华书局，2019.

[8] 贝克特. 棉花帝国：一部资本主义全球史[M]. 徐轶杰，杨燕，译. 北京：民主与建设出版社，2019.

[9] 戈登. 伟大的博弈[M]. 3版. 祁斌，编译. 北京：中信出版社，2019.

[10] 钱乘旦，高岱. 英国史新探：工业革命的新视角[M]. 北京：北京大学出版社，2018.

[11] 杨伯峻. 论语译注[M]. 北京：中华书局，2018.

[12] 钱理群. 论志愿者文化[M]. 北京：生活·读书·新知三联书店，2018.

[13] 纽波特. 深度工作：如何有效使用每一点脑力[M]. 宋伟，译. 南昌：江西人民出版社，2017.

[14] 彭南生，严鹏. 工业文化研究[M]. 北京：社会科学文献出版社，2017.

[15] 卜宪群. 中国通史[M]. 北京：华夏出版社，2016.

[16] 杨佳梅，张润平. 中国瓷器简明读本[M]. 北京：新华出版社，2016.

[17] 程俊英. 诗经译注[M]. 上海：上海古籍出版社，2016.

[18] 吴卓. 中国航天人的故事[M]. 北京：中国宇航出版社，2015.

[19] 方勇. 墨子[M]. 北京：中华书局，2015.

[20] 钟永圣. 传承与复兴：社会主义核心价值观的中华传统文化解读[M]. 北京：中国青年出版社，2015.

[21] 张岂之. 中华优秀传统文化核心理念读本[M]. 北京：学习出版社，2014.

[22] 葛能全. 钱三强年谱长编[M]. 北京：科学出版社，2013.

[23] 毛立红. 中国志愿服务法制化研究[M]. 北京：中国人民大学出版社，2013.

[24] 中国社会科学院历史研究所《简明中国历史读本》编写组. 简明中国历史读本[M]. 北京：中国社会科学出版社，2012.

[25] 许慎. 说文解字[M]. 徐铉，校定. 北京：中华书局，2012.

[26] 王振璞. 中国古代书法史稿[M]. 北京：人民日报出版社，2012.

[27] 王世舜，王翠叶. 尚书[M]. 北京：中华书局，2012.

[28] 朱耀廷，李树喜. 中国人才史纲[M]. 北京：北京大学出版社，2012.

[29] 陶纯，陈怀国. 国家命运：中国"两弹一星"的秘密历程[M]. 上海：上海文艺出版社，2011.

[30] 中国社会科学院考古研究所. 中国考古学·新石器时代卷[M]. 北京：中国社会科学出版

社,2010.

[31] 培根.新工具[M].许宝骙,译.北京:商务印书馆,2011.

[32] 叶永烈.钱学森[M].上海:上海交通大学出版社,2010.

[33] 方拥.中国传统建筑十五讲[M].北京:北京大学出版社,2010.

[34] 王晓燕,杨颖东,孟梦.全面加强新时代大中小学劳动教育——习近平总书记关于教育的重要论述学习研究之十三[J].教育研究,2023,44(01):4-15.

[35] 韩振峰,王露.习近平共同富裕观的理论探源、核心要义及价值意蕴[J].大连理工大学学报(社会科学版),2022,43(06):12-18.

[36] 梁伟军,章书玉.中国共产党的劳动政策变迁与经验启示[J].中南民族大学学报(人文社会科学版),2022,42(10):1-11+181.

[37] 刘佳.习近平对毛泽东劳动观的创造性发展[J].湖南科技大学学报(社会科学版),2022,25(06):9-14.

[38] 王勇,陈诗一,朱欢.新结构经济学视角下产业结构的绿色转型:事实、逻辑与展望[J].经济评论,2022,(04):59-75.

[39] 卢晓东,曲霞.大学劳动教育课程框架、特征与实施关键:基于劳动要素的理论视野[J].中国大学教学,2020(Z1):8-16.

[40] 张万里,宣旸,睢博,等.产业智能化、劳动力结构和产业结构升级[J].科学学研究,2021,39(08):1384-1395.

[41] 张万里,宣旸.产业智能化对产业结构升级的空间溢出效应——劳动力结构和收入分配不平等的调节作用[J].经济管理,2020,42(10):77-101.

[42] 陈美华.新中国成立70年来马克思主义劳动观中国化探索[J].毛泽东邓小平理论研究,2019,(11):58-66+108.

[43] 彭维锋.习近平总书记关于劳模精神的重要论述研究[J].山东社会科学,2019,(04):154-163.

[44] 李珂,蔡元帅.陶行知劳动教育思想对新时代加强大学生劳动教育的启示[J].思想教育研究,2019(01):107-110.

[45] 张琛,李珂.论黄炎培劳动教育思想的丰富内涵与当代启示[J].教育与职业,2019(02):93-97.

[46] 孙周兴.马克思的技术批判与未来社会[J].学术月刊,2019,51(06):5-12.

[47] 卢晓东.劳动,在人工智能时代意味着什么?[J].中国高等教育,2018(21):7-9.

[48] 李珂.习近平新时代中国特色社会主义劳动思想探析[J].思想教育研究,2018(01):12-16.

[49] 李珂,曲霞.1949年以来劳动教育在党的教育方针中的历史演变与省思[J].教育学报,2018,14(05):63-72.

[50] 刘向兵.新时代高校劳动教育的新内涵与新要求——基于习近平关于劳动的重要论述的探析[J].中国高教研究,2018(11):17-21.

[51] 李戈.国民经济恢复时期劳资关系治理的重新审视[J].求索,2017,(08):109-114.

[52] 尚庆飞,张明.毛泽东劳动观的历史生成及其当代价值[J].马克思主义研究,2011,(05):31-37.

[53] 王强.传承与超越:中国共产党"劳资两利"政策的历史探寻[J].求索,2010,(05):228-231.